Gunnar Bender
Lutz Reulecke

Handbuch des deutschen Lobbyisten

Gunnar Bender
Lutz Reulecke

Handbuch des deutschen Lobbyisten

Wie ein modernes und transparentes Politikmanagement funktioniert

Unter Mitarbeit von Martin David Ledwon

Frankfurter Allgemeine Buch
IM F.A.Z.-INSTITUT

Bibliografische Informationen Der Deutschen Bibliothek –
Die Deutsche Bibliothek verzeichnet diese Publikation in der Deutschen Nationalbibliografie; detaillierte bibliografische Daten sind im Internet über http://dnb.ddb.de abrufbar.

Gunnar Bender / Lutz Reulecke

Handbuch des deutschen Lobbyisten

Wie ein modernes und transparentes Politikmanagement funktioniert

F.A.Z.-Institut für Management-,
Markt- und Medieninformationen,
2. Auflage
Frankfurt am Main: 2004

ISBN 3-89981-005-8

Frankfurter Allgemeine Buch
IM F.A.Z.-INSTITUT

Umschlaggestaltung Rodolfo Fischer Lückert
Satz Umschlag F.A.Z.-Marketing/Grafik
Buchgestaltung Rodolfo Fischer Lückert
Druck Jütte-Messedruck, Leipzig

Inhalt

Geleitwort

Hans-Olaf Henkel
Präsident der Wissensgemeinschaft Leibniz (WGL);
zuvor Präsident des Bundesverbandes der Deutschen Industrie (BDI)

Lobbyarbeit – ja, der Beruf des Lobbyisten ist bei uns oft negativ belegt. Dabei sind in jeder Demokratie die Formulierung und die Wahrung der Interessen einer Gruppe, eines Berufsstandes einer Branche nicht nur akzeptiert, sie sind notwendig. Notwendig deshalb, weil die politischen Entscheider sonst kaum einen Überblick über die Folgen ihrer Entscheidungen oder dem Ausbleiben von Entscheidungen bekommen.

Das immer noch zu schlechte Image des Lobbying begründet sich nach meiner Erfahrung nicht mit der Arbeit der meisten Lobbygruppen selbst, sondern hat seine Ursache in den oft ungesetzlichen Auswüchsen, wie zum Beispiel des übermäßigen Drucks bis hin zur Bestechlichkeit. Ungesetzliches Verhalten oder anderes moralisch zweifelhaftes Gebaren Einzelner kann man aber nie einer ganzen Gruppe oder gar einem System vor die Tür legen. Schon deshalb ist Pauschalkritik an der Arbeit von Interessenvertretern unangebracht. Im Gegenteil: Die sich in der letzten Zeit häufenden so genannten „handwerklichen Fehler" vieler Gesetzesvorhaben hätten vermieden werden können, hätte man rechtzeitig die Betroffenen und ihre Vertreter befragt.

Modernes und transparentes Politikmanagement ist deshalb eine unabdingbare Voraussetzung in einer Demokratie. Dieses Buch stellt dafür eine hervorragende Basis zur Verfügung.

Berlin
im Mai 2003

Vorwort

Ende der neunziger Jahre herrschte in Berlin eine große politische Aufbruchstimmung: Nahezu zeitgleich mit dem Umzug von Bundestag und Bundesregierung von Bonn nach Berlin bauten viele Unternehmen, Verbände und Non-Profit-Organisationen Repräsentanzen in der Hauptstadt auf.

Ein neues politisches Schlachtfeld war eröffnet und neue Akteure erhielten ihre Chance in der noch frischen Berliner Republik. Doch schnell wurde klar, dass das Rad des politischen Lobbyings nicht unbedingt neu erfunden wurde. Während die meisten Vertreter der New Economy noch an den Grundstrukturen ihrer Lobbybestrebungen feilten, arbeiteten die etablierten Player längst an der Ausdehnung ihres Einflussbereichs. Der ehemalige IBM Deutschland Chef Erwin Staudt vermochte beispielsweise als Sprecher der Initiative D21 die Internetpolitik der Bundesregierung mitzuformulieren, während sein oberster Öffenlichkeitsarbeiter als Mitglied einer frisch gegründeten Internetkommission die CDU-Opposition beriet. Per Doppelpass zum Ziel lautete die Devise, und so manch ein Start-up-Unternehmer verpasste regelrecht den politischen Anschluss, weil entweder die Spielregeln des klassischen Lobbyings einfach unterschätzt wurden oder schlicht nicht bekannt waren.

Die Erlebnisse der letzten Jahre führten schließlich zu der Erkenntnis, dass die Grundlagen des klassischen Lobbyings in das Berlin des 21. Jahrhunderts überführt werden müssten. Die Zeit ist reif für ein modernes und transparentes Politikmanagement, durch welches tradierte Methoden und neue Strukturen gewinnbringend zusammengeführt werden können. Aus dieser Idee heraus sind wir mit dem Ziel angetreten, ein übersichtliches und praxisnahes Buch ohne wissenschaftliche Schnörkel für den Praktiker bereitzustellen.

Wir hoffen, dass es uns gelungen ist, Wege aufzuzeigen, die es dem deutschen Lobbyisten ermöglichen, Themen auf die politische Agenda zu platzieren bzw. auf bestimmte Vorhaben der politischen Akteure angemessen zu reagieren oder schließlich dafür Sorge zu tragen, dass gewisse Themen möglichst nicht mit Handlungsbedarf von Seiten der Politik belegt werden. Wir haben uns dabei ausschließlich auf den deutschen Lobbyisten konzentriert und weisen an dieser Stelle eindringlich darauf hin, als Akteur in Berlin immer den engen Dialog mit den Brüsseler Kollegen zu pflegen. Viel Arbeit kann erspart bleiben, wenn die Lobbyarbeit am richtigen Ort stattfindet.

Der Lobbyist steht heute mehr denn je im Wettbewerb mit seinen Kollegen, von denen es gilt, in Erfahrung zu bringen, ob sie gleich gerichtete Interessen oder diametrale Ziele verfolgen. Alle Lobbyadressaten sehen sich im Vergleich zu den Bonner Zeiten einer Unmenge von neu hinzugekommenen Interessenvertretern und Ansprechpartnern gegenüber. Das „Handbuch des deutschen Lobbyisten" will eine Orientierungshilfe geben und ist sowohl für den Berufsanfänger als auch für den erfahrenen Lobbyisten gedacht, der Themen nachschlagen oder vertiefen möchte.

In der Zeit, in der Enthusiasmus und Euphorie über die schier unbegrenzten Möglichkeiten des Internets das Geschehen sowohl in der Wirtschaft als auch in der Politik dominierten, lernten wir uns auf den in schneller Abfolge stattfindenden Lobbyveranstaltungen kennen. Der eine erlebte das Geschehen auf Seiten der Industrie und der andere auf Seiten der Politik. Wir befanden uns in der klassischen Situation des Adressaten und des Absenders von Lobbymaßnahmen. So konnte im vorliegenden Buch zum einen der Blickwinkel des Lobbyisten ebenso berücksichtigt werden wie die Sicht derjenigen, die sich täglich mit den Positionen und Forderungen der Lobbyisten auseinander setzen müssen.

Viele haben zum Gelingen dieses Buches beigetragen. Wir danken insbesondere all den Lobbyisten, Politikern und Ministerialbeamten, die uns stets mit Rat und Tat zur Seite standen. Einer wichtigen Lobbyregel folgend werden wir ihre Namen in diesem Buch nicht nennen. Namentlich nennen wir hingegen Martin David Ledwon, ohne dessen wertvolle Mitarbeit das Buch nicht zustande gekommen wäre. Wir danken darüber hinaus Christian Sommer, Miriam Hui sowie Max Christian Lange für ihre tatkräftige Unterstützung.

Dr. Gunnar Bender

Lutz Reulecke — im Juli 2003

Vorwort zur zweiten Auflage

Obwohl seit dem Erscheinen der ersten Auflage dieses Handbuches nur ein knappes Jahr vergangen ist, hat sich in der Welt der Lobbyisten in Deutschland einiges getan. Vieles davon haben wir vorausgesagt, einiges kam eher unerwartet. Wer konnte damit rechnen, dass Deutschland über eine ganze Branche munkeln würde, weil Florian Gerster das Image seiner Bundesanstalt für Arbeit aufpolieren wollte? Auch die Gesundheitsreform sähe anders aus, hätten nicht 140 Ärzte-, Apotheker- und Pharmaverbände kräftig Druck ausgeübt.

Publikationen zum weiten Feld des Lobbyismus haben mittlerweile Konjunktur. Ein kritischer Grundton ist dabei häufig nicht zu überhören. Lobbyisten dienen Partikularinteressen, setzen den Willen ihres Kunden mit allen Mitteln durch und agieren nicht selten in legalen Grauzonen. Nur ein übles Klischee? Vielleicht, denn Politik und Kommunikation waren seit jeher symbiotisch verbunden. Schon die Herrschenden in der Antike und im Mittelalter waren sich über die Bedeutung der öffentlichen Meinung und Möglichkeiten ihrer Beeinflussung im Klaren. Auch unter Friedrich dem Großen oder Bismarck wurden spezielle Institutionen zur Steuerung der öffentlichen Meinung eingerichtet. Heute haben sich lediglich die Kommunikationswerkzeuge, nicht aber die Motive geändert.

Welche Werkzeuge man im Jahr 2004 nutzen kann, um in Deutschland ein erfolgreicher Lobbyist zu sein, will das vorliegende Handbuch zeigen. Der rasche Abverkauf der ersten Auflage deutet darauf hin, dass wir diesem Anspruch gerecht geworden sind.

Dr. Gunnar Bender

Lutz Reulecke im September 2004

I Das Berufsbild des Lobbyisten in Deutschland

Die Reputation der Lobbyisten in Deutschland hat mit der „Scharping-Affäre" im Jahr 2002 vorerst einen neuen Tiefstand erreicht. Viele Bürger und sogar weite Teile der Fachöffentlichkeit verbinden mit dem Berufsbild des Lobbyisten einen undurchsichtigen Strippenzieher, der mit Geldkoffern ausgestattet im Hintergrund auf fragwürdige Weise für zweifelhafte Interessen tätig wird. Schuld daran sind die weithin bekannten Spendenaffären, bei denen als Lobbyisten klassifizierte Berater versucht haben, politische Entscheidungen zu kaufen.

Beruf mit schlechtem Image

Es ist daher verständlich, dass die Berufsbezeichnung „Lobbyist" heute immer seltener anzutreffen ist. Verbandsvertreter empfinden den Begriff mittlerweile gar als Schimpfwort. In Unternehmen mit einem amerikanischen Mutterhaus tragen die Lobbyisten heute Titel wie „Public Policy Manager", der deutsche Cheflobbyist wird zum „Leiter Politische Kommunikation".

Ist von Lobbyismus die Rede, wird häufig außer Acht gelassen, dass nicht nur Unternehmens- oder Verbandsinteressen durch Lobbyisten vertreten werden. Auch Umweltschutzorganisationen, Gewerkschaften, Deutsches Rotes Kreuz oder Verbraucherschutzverbände vertreten ihre Interessen gegenüber der Politik. Dabei handelt es sich gleichfalls um Lobbyarbeit: Mittel, Adressaten und die Art und Weise der Umsetzung der politischen Ziele unterscheiden sich im Prinzip nicht. Allen sollte eine Arbeitstechnik gemein sein, die sich nicht ausschließlich auf gute Kontakte stützt, sondern sich auf die Inhalte konzentriert und transparent alle Beteiligten in die Kommunikation einbindet. Es geht heute vor allem darum, Adressaten für wichtige Lobbythemen zu sensibilisieren und mit sachlichen Informationen zu versorgen. Die Adressaten sollen nicht allein durch den guten Kontakt vom Lobbyziel über-

Der Lobbyist von heute

zeugt werden, sondern durch klare und präzise vorgetragene Argumente.

Angesichts der stetig wachsenden Komplexität politischer und wirtschaftlicher Vorgänge kommt dem Lobbyisten in besonderer Weise heute auch eine beratende Funktion gegenüber der Politik zu. Er organisiert den regelmäßigen Ideenaustausch und trägt dafür Sorge, dass die politischen Akteure umfassend über wichtige Sachverhalte aus der Praxis informiert sind.

Das „Handbuch des deutschen Lobbyisten" unterscheidet drei Berufsausprägungen des Lobbyisten. Den Lobbyisten im Verband, den Unternehmenslobbyisten und den Lobbyisten in der Non-Profit-Organisation. Die beschriebenen Arbeitstechniken sind jedoch für alle drei Gruppen einschlägig. Der direkte Kontakt mit der Politik läuft nach den gleichen Mustern ab, denn das politische System beansprucht mit seinen demokratischen Entscheidungsprozessen für alle Lobbyisten gleichermaßen Geltung.

1 Der Lobbyist im Wirtschaftsverband

Politische Bedeutung der Verbände

Für das politische System der Bundesrepublik Deutschland ist die direkte Einbindung einer Vielzahl von Verbänden in die politische Entscheidungsfindung charakteristisch. In Berlin sind ca. 1.700 bundesweite Verbände als Interessengruppen beim Bundestagspräsidenten registriert, und fast 10.000 Menschen arbeiten in diesem Bereich. Die Bedeutung der Verbände auf der politischen Bühne gründet auf der Tradition, politische Entscheidungen im größtmöglichen gesellschaftlichen Einvernehmen zu treffen. Der Prozess der Konsensbildung wird bereits im Verband selbst gefördert. Die Verbandsposition repräsentiert einen Kompromiss aus den im Verband aufgehenden Einzelinteressen. Deshalb werden Verbände sowohl als Impulsgeber als auch als kritische Instanz während politischer Entscheidungsprozesse wahrgenommen und geschätzt.

Unterschiedliche Typen von Verbänden

Hinsichtlich des Tätigkeitshintergrundes wird prinzipiell zwischen vier Gruppen von Verbänden unterschieden, wobei aus der jeweiligen thematischen Ausrichtung das politische Gewicht erwächst.

Vereinigungen innerhalb des Wirtschafts- und Arbeitssystems

Unter diesem Sammelbegriff werden die Vereinigungen der Produzenten, Konsumenten, Berufe, Arbeitgeber und Arbeitnehmer zusammengefasst. Diese Verbände arbeiten an der Durchsetzung der wirtschaftlichen und sozialen Interessen ihrer Mitglieder und prägen so notwendigerweise die politische Debatte entscheidend mit. Neben den Wirtschaftsverbänden gehören auch die Gewerkschaften zu dieser Gruppe.

Vereinigungen im sozialen Bereich

Dies sind Zusammenschlüsse von Betroffenen, die auf die Verbesserung der sozialen Rahmenbedingungen abzielen. Verbände dieser Gruppe sind Wohlfahrtsverbände, Kriegsopferverbände sowie Verbände aus dem Familien-, Frauen- und Jugendbereich. Sie haben ein vergleichsweise großes politisches Gewicht.

Vereinigungen im Freizeitbereich

Hierzu zählen Verbände aus dem Bereich des Sports und der Freizeit. Der Einfluss auf politische Themenstellungen ist begrenzt. Der Deutsche Sportbund zum Beispiel ist mit 23 Millionen Mitgliedern dennoch eine gewichtige Stimme im politischen Meinungsgeflecht.

Vereinigungen im Bereich von Politik, Kultur und Religion

Diese umfassen neben den Kirchen auch politische (hier vor allem Umweltorganisationen) und wissenschaftliche Organisationen. Ihre Stimme ist von entscheidendem Gewicht bei grundlegenden, philosophisch-moralischen Politikentscheidungen, z.B. zum Abtreibungsrecht, zur Genomforschung oder zum Kulturföderalismus.

Aufgaben: Koordination und Information

Der Lobbyist im Wirtschaftsverband hat im Wesentlichen zwei Hauptaufgaben. Zum einen muss er die vielen im Verband organisierten wirtschaftlich geprägten Einzelinteressen koordinieren. Auf der anderen Seite tritt er selbst auf der politischen Bühne als Interessenvertreter auf. Die Politik wäre ohne den regelmäßigen Dialog mit den Verbänden nur sehr eingeschränkt in der Lage, sachgerechte Entscheidungen zu treffen.

Aufgaben des Verbandslobbyisten

Informationsleistung

ist die frühzeitige Information der Mitglieder über politische Regelungsvorhaben in dem jeweiligen Gebiet, über verbandsinterne Vorgänge sowie über Vorhaben und Aktivitäten von gegnerischen Verbänden. Der Verband identifiziert und analysiert relevante Themen und kommuniziert diese an seine Mitglieder.

Beratungsleistungen

sind beispielsweise das Herstellen und die Moderation von Kontakten zwischen Verbandsmitgliedern und Ansprechpartnern in der Politik, die Vorbereitung und Durchführung von Informationsveranstaltungen sowie die Unterstützung bei der inhaltlichen und formellen Vorbereitung von Gesprächen mit Entscheidungsträgern. Der Verband setzt sein Know-how und sein Netzwerk ein, um für seine Mitglieder möglichst vorteilhafte Kommunikationsmöglichkeiten zu schaffen.

Koordinationsleistung

ist die Herbeiführung einheitlicher Auffassungen im Verband oder die Bestimmung von Richtlinien zur Kommunikation zwischen den einzelnen Verbandsmitgliedern. Der Verband moderiert die Einzelpositionen, sodass ein geschlossenes Bild nach außen abgegeben wird.

Allianzleistung

ist unter anderem die Organisation verbandsübergreifender Bündnisse zur Durchsetzung gemeinsamer Ziele oder die gezielte Unterstützung der Politik bei öffentlich umstrittenen Regelungsvorhaben. Der Verband gestaltet aktiv ein breiteres Unterstützerumfeld für bestimmte relevante Themen.

Politische Repräsentanzleistungen

sind zum Beispiel das Lobbying gegenüber der Politik, die Vertretung bei Behörden oder gegenüber den Medien.

Dabei werden durch den Verband die Positionen seiner Mitglieder vertreten.

Die Einsicht, dass ein Verband vor allem durch seine Mitglieder stark und überlebensfähig ist, hat sich innerhalb der Verbände noch nicht hinreichend durchgesetzt. Gerade wenn mehrere Verbände miteinander um Mitglieder konkurrieren, ist es für den einzelnen Verband unverzichtbar, sich den Bedürfnissen der Mitglieder anzupassen. Der Verbandslobbyist ist im Rahmen seiner Aufgaben auch für dieses Segment mitverantwortlich. Besonders in kleineren Verbänden mit geringer Personaldecke ist die Kontaktpflege zu den Mitgliedern eine seiner Hauptaufgaben. Dabei stehen bei der Entscheidung potenzieller Mitglieder für einen Verband zwei Punkte im Vordergrund:

Bedeutung der Mitgliederpflege

- Image des Verbandes,
- Serviceleistungen des Verbandes.

Das Image, das ein Verband nach außen trägt, ist für Unternehmen, Organisationen oder Einzelpersonen häufig ausschlaggebend, sich für einen Verband zu entscheiden bzw. bei ihm zu verbleiben. Als so genanntes „soft value" bestimmt es vor allem die Wahrnehmung der Qualität der Verbandsleistungen. Die wichtigsten Eigenschaften sind dabei:

Verbandsimage als Wettbewerbsfaktor

- Fachliche Kompetenz und Zuverlässigkeit,
- Innovationsfreudigkeit und Zukunftsorientierung,
- Ansehen in der Fachöffentlichkeit, Qualifikation der Repräsentanten,
- Transparenz,
- Flexibilität und Individualität bei der Mitgliederbetreuung,
- Art und Umfang der Einflussnahmemöglichkeiten der Mitglieder.

Bei Befragungen von Mitgliedern wird immer wieder deutlich, dass die Flexibilität und Individualität der Mitgliederbetreuung und -orientierung oft nicht den Erwartungen entsprechen. Die innerverbandliche Arbeit muss diesen Erkenntnissen angepasst werden. Regelmäßige Mitgliederbefragungen eröffnen die Sicht auf Kritikpunkte und ermöglichen zügige und flexible Reaktionen.

Erwartungen der Mitglieder an den Verband

Die zweite wichtige Entscheidungsgrundlage sind die Erwartungen an Art und Umfang der durch den Verband erbrachten Leistungen. Die wichtigsten Erwartungen sind:

- Mitgliederinformation,
- Fort- und Weiterbildungsangebote,
- Interessenvertretung und Verbandspolitik.

Das Selbstverständnis eines Lobbyisten im Wirtschaftsverband

Cornelia Yzer, Hauptgeschäftsführerin des Verbands Forschender Arzneimittelhersteller (VFA) e.V.

Beraten statt blockieren

Verbände: Berater der Politik

Politik soll die Kunst des Machbaren sein. Machbarkeitsstudie und Implementierungsplan sind daher essenziell für jedes erfolgreiche Lobbyprojekt. Politikberatung, wie sie Verbände betreiben, erfordert mehr als das plakative Verbreiten von Eigeninteressen. Denn Verbände in Deutschland sind traditionell keine Pressure Groups und wären mit Blick auf unser politisch-kulturelles Umfeld auch nicht gut beraten, sich in diese Richtung zu entwickeln. Selbstverständlich sind Wirtschaftsverbände – ebenso wie Gewerkschaften, Sozialverbände und Tausende weiterer gelisteter Nicht-Regierungsorganisationen – Interessenvertreter. Doch sie sollten berücksichtigen, dass Politiker nicht dem Interesse einer einzigen Verbandsklientel verpflichtet sind, sondern eine Vielzahl von Interessen zum Ausgleich zu bringen haben. Erst wenn diese Balance auch als Verband ins Kalkül gezogen wird, kann ein umsetzbares Angebot bereitgestellt werden, das von einem kompetenten Berater erwartet werden kann. Und der Bedarf an Beratung ist hoch bei verantwortlichen Entscheidern. Die Komplexität von Entscheidungsprozessen hat ein nie zuvor gekanntes Ausmaß erreicht. Die engen internationalen Verflechtungen, die selbst bei nationalen Entscheidungen Weltsicht erfordern, tragen dazu ebenso bei wie die Erkenntnis, dass

Alleinstellung durch Expertise

politische Entscheidungen nicht nur Tagesprobleme abarbeiten, sondern auch nachhaltig sein sollten. Zudem hat sich in Deutschland die Personal- und Sachausstattung von Politikern derart auf das Wesentliche reduziert ist, dass externe Expertise unerlässlich ist. Der deutsche Abgeordnete verfügt nun einmal nicht über einen Mitarbeiterstab wie ein US-Parlamentarier, der es ihm erlaubt, seine politische Idee in einen umfassenden Gesetzentwurf gießen zu lassen.

Der Lobbyist als aktiver Gestalter

Wirtschaftsverbände bündeln nicht nur die Anliegen ihrer Mitglieder, sondern bringen auch divergierende Interessen von Wettbewerbern zum Ausgleich. Politisch oft erfolgreich erprobte Instrumente wie das der Industrie-Selbstverpflichtung wären ohne die Koordination der Verbände nicht realisierbar. Hierbei kommt die spezifische Expertise der Verbände gegenüber Unternehmen zum Ausdruck, denn sie können wirtschaftliche Anliegen politikfähig und gängig machen. Versteht sich ein Verband dagegen lediglich als Transporteur der Firmenwünsche, nimmt also keine eigene Funktion wahr, so wird er seinen Mitgliedern und ihren Anliegen oft einen Bärendienst erweisen. Ebenso wird ein Verband, der nur auf dem verbandsinternen Minimalkonsens abhebt, kaum über Schlagkraft verfügen. Denn dies bedeutet in der Regel die Verpflichtung zum Festhalten am Status quo, was eine Außenseiterrolle garantiert. Verbände dürfen sich nicht von Entwicklungen im gesellschaftlichen und politischen Umfeld abkoppeln. Sie müssen sich vielmehr mit ihren Vorstellungen auch der gesellschaftlichen Debatte stellen und ihr Handeln transparent machen.

Bescheidenheit und Überlegtheit als Kerntugenden

Dies alles verleitet manchen Lobbyisten zu der Annahme, er selbst sei der politische Macher. Abgesehen davon, dass diese Annahme von einem gehörigen Maß an Selbstüberschätzung zeugt, verkennt sie auch die Realität im demokratischen Gefüge. Der Lobbyist hat nicht die Legitimation zum Entscheiden, egal wie stark und wichtig die von ihm vertretene Interessengruppe ist. Der Lobbyist, der meint, die bessere Politik machen zu können, sollte sich direkt um ein Mandat bemühen und wählen lassen. Lobbyismus ist Dienstleistung. Wirtschaftsverbände bringen das spezifische Know-how ihrer Branche ein bis hin zu Erkenntnissen aus dem operativen Geschäft der Unternehmen. Sie liefern damit häufig einen zentralen, aber eben auch nur einen Baustein für das Fundament, auf dem politische Entscheidungen aufbauen. Valide Zahlen, Daten und entscheidungserhebliche Fakten sind das Pfund, mit dem Verbände wuchern können. Sie adressatengerecht und just-in-time zu liefern, macht das Können eines leistungsstarken Verbandes aus. Qualität statt Quantität und Professionalität statt planloser Aktionismus sollten die Leitschnur sein. Denn der Trend zum Over-Lobbying nimmt zwar zu, verkennt aber, dass Politik und Verwaltung ein ausgeprägtes Gespür für den Unterschied zwischen Beratung und Belästigung haben.

2 Der Lobbyist im Unternehmen

Trend zu eigenen Unternehmenslobbyisten

Seit dem Regierungsumzug nach Berlin kümmern sich auch in Deutschland immer mehr Unternehmen in eigener Regie um die Vertretung ihrer Interessen gegenüber der Politik. Die klassischen Interessenvertreter des alten korporatistischen Systems – wie Verbände, Gewerkschaften oder soziale Gruppen – werden von Umfang und Komplexität der Inhalte politischer Kommunikation zunehmend überfordert. Sie können die immer weiter auseinander driftenden Partikularinteressen oft nicht mehr ohne Hilfe von außen bearbeiten. Nach amerikanischem Vorbild beschäftigen daher viele Unternehmen heute eigene Lobbyisten und ergänzen so die Arbeit der Verbände.

Je nach Größe und Tätigkeitsfeld des Unternehmens werden ein oder mehrere Mitarbeiter damit betraut, die Kommunikation mit politischen Entscheidungsträgern zu koordinieren. Das Vertrauen der Politik in das Unternehmen wird erhöht, da die Entscheidungsträger den politischen Zielen ein Gesicht zuordnen können. Diese Kontinuität ermöglicht kurzfristig vereinbarte Gesprächstermine oder schnelle inhaltliche Abstimmungen zwischen Unternehmen und Politik.

Vielschichtigkeit der Aufgaben

Dem Unternehmenslobbyisten wird eine vielschichtige Arbeitsweise abverlangt. Ein fundiertes Wissen über Geschäftsfelder, Ziele und Struktur des eigenen Unternehmens ist dabei genauso wichtig wie der vollständige

Überblick über die interne Kommunikation. Die Positionen der Verbände, von konkurrierenden Unternehmen und anderen Interessengruppen sollte der Unternehmenslobbyist ebenfalls genau kennen.

Aufgaben des Unternehmenslobbyisten

Als interne Serviceeinheit ist es die zentrale Aufgabe von Unternehmenslobbyisten, den operativen Einheiten eines Unternehmens bei der Erreichung ihrer wirtschaftlichen Ziele unterstützend zur Seite zu stehen. Folgende Kriterien kommen dabei zusammenfassend zur Anwendung:

- Unterstützung der Unternehmensziele sowie der wirtschaftlichen Ziele der Unternehmenseinheiten durch geeignete Maßnahmen.
- Mitgestaltung und Formung der politischen Willensbildung und Entscheidungsfindung sowie der Formulierung der entsprechenden politischen Inhalte als Grundlage für die Erreichung der Unternehmensziele.
- Schaffung und Erhaltung eines bestmöglichen politischen Klimas sowie eines entsprechenden gesetzgebenden Umfeldes als Basis für die Implementierung der Business-Pläne.

Folgende Grundfunktionen der unternehmenseigenen Lobbyabteilung sollten gewährleistet sein, um mit einer angemessenen Ressourcen- und Kosteneffizienz den Geschäftszielen und der Unternehmensstrategie dienen zu können:

- Informationsgewinnung, -analyse und -aufbereitung

Umfassende Kenntnis der Akteure, Themen, Trends, Termine und Faktoren, welche die Erreichung der Unternehmensziele oder die wirtschaftlichen Vorgaben beeinflussen könnten.

- Internes Kommunikationsmanagement

Effiziente Kommunikation mit unternehmensinternen Entscheidungsträgern zur Rückkoppelung der Informationsanalyse und Koordination der erforderlichen Maßnahmen.

- Externes Kommunikationsmanagement

Umsetzung der geplanten Maßnahmen unter Einsatz aller Public-Affairs-Techniken in Abstimmung auf die verschiedenen Stakeholder zur Erreichung der definierten Ziele. Zentrale Rolle spielt hierbei die Pflege von Kontakten zu Verantwortlichen in Parlamenten, Ministerien und Behörden, wobei die Glaubwürdigkeit des Unternehmens letztlich von der Kompetenz und Integrität der vor Ort agierenden Inhouse-Lobbyisten abhängig ist.

Vor Ort in Berlin und im Unternehmen

Als logische Konsequenz aus diesen drei Grundfunktionen sollten sich die Unternehmenslobbyisten abwechselnd sowohl am Business-Standort als auch in Berlin aufhalten. Nur durch die unmittelbare Präsenz kann die erforderliche Informationsbeschaffung und -verarbeitung effektiv gestaltet und ein nachhaltiger Eindruck im Unternehmen und in der Hauptstadt hinterlassen werden.

Nicht nur Interessenvertretung

Der Lobbyist ist sowohl intern als auch extern aktiv: Nach außen tritt der Unternehmenslobbyist vorwiegend als Berater und Sachwalter der Interessen seines Unternehmens in legislativen und administrativen Prozessen auf. Er bringt in enger Abstimmung mit der Strategie und dem Leitbild des eigenen Unternehmens Themen auf die politische Agenda und regt Forschungsprojekte an. Das Setzen von Impulsen für gesellschaftliche und strukturelle Reformen ist Hintergrund dieser Aktivitäten. Die Koordination der Zusammenarbeit mit Verbänden und anderen Interessengruppen bildet einen anderen Eckpunkt der externen Aufgaben.

Wahrnehmungsmanagement

Neben der klassischen politischen Interessenvertretung wird sich ein wesentlicher Teil der Arbeit des Unternehmenslobbyisten in Zukunft mit dem so genannten politischen Wahrnehmungsmanagement (Public-Perception-Management) befassen müssen. Angesichts einer gestiegenen Sensibilität gegenüber aktuellen gesellschaftlichen Problemen wird von Unternehmen heute mehr erwartet als nur eine kurzfristig effiziente Versorgung mit Gütern oder Dienstleistungen. Gefordert wird zusätzlich die Rücksichtnahme auf ökologische, politische, kulturelle und humanitäre Belange oder generell die Übernahme sozialer Verantwortung in einem umfassenden Sinn. Wo Forderungen unerfüllt bleiben und es nicht gelingt, verständlich zu machen, warum sie nicht erfüllt werden können, geraten Unternehmen unmittelbar ins Schussfeld öffentlicher Kritik. Die Folge können unter anderem Imagebeschädigungen der Unternehmen sein. Daraus resultiert die Erkenntnis, dass sich der Unternehmenslobbyist der Zukunft immer mehr die Frage nach seiner Rolle in der Gesellschaft gefallen lassen muss. Die schnelle Wandlungsfähigkeit der öffentlichen Meinung und ihre zunehmende Relevanz für die Gestaltung politischer Prozesse zeigen die Bedeutung des Wahrnehmungsmanagements. Eine negative öffentliche Meinung könnte das Ende für alle Lobbybemühungen eines Unternehmens bedeuten. Oft werden diese Kernaufgaben jedoch nur in Reaktion auf politische Handlungsvorhaben ausgefüllt. Eine aktive gestalterische Handhabung sollte daher zukünftig Ziel eines jeden Unternehmenslobbyisten sein.

Rundum-Kommunikation

Intern sollte der Unternehmenslobbyist als direkter Berater der Geschäftsleitung fungieren, um so alle gesellschaftlichen Vorgänge hinsichtlich ihrer Relevanz für Unternehmensstrategie und -leitbild bewerten zu können. Oft regt er Änderungen der Haltung der Geschäftsführung zu bestimmten Themen an, um die Position des Unternehmens in der politischen Interessenvertretung zu verbessern. Darüber hinaus koordiniert der Unternehmenslobbyist den Kontakt vom Unternehmen zu den Verbänden. Er tritt als Sachverwalter der spezifischen Unternehmenspositionen im innerverbandlichen Kommunikationsprozess auf. Die Abstimmung gemeinsamer Vorgehensweisen mit Verbandslobbyisten wird auch über den Unternehmenslobbyisten durchgeführt. Eine oft unterschätzte Aufgabe der internen Arbeit des Unternehmenslobbyisten ist die Förderung und Kontrolle der internen, horizontalen Kommunikation. Die zügige und vollständige Information der Belegschaft oder bestimmter Fachabteilungen ist entscheidend für das Erscheinungsbild des Unternehmens. Gerade die kommunizierenden Bereiche wie Presseabteilung, Interne Kommunikation, Personalabteilung oder Rechtsabteilung müssen auf eine einheitliche Kommunikation vorbereitet werden.

Die Rolle im Unternehmen

Um die bestmögliche Gestaltung der Aufgaben des Lobbyisten im Unternehmen zu gewährleisten, sollte dieser direkt an die Geschäftsleitung berichten. Er bildet in seiner Funktion eine Stabsstelle der Geschäftsführung. Neben der Präsenz in der Hauptstadt sollte der Unternehmenslobbyist direkt am Unternehmenssitz angesiedelt sein. Das gewährleistet zum einen die unmittelbare Kommunikation mit der Geschäftsführung und die Ausrichtung der politischen Kommunikation an den wirklich geschäftsrelevanten Themen. Der direkte Draht zum Vorstand eines Unternehmens verleiht dem jeweiligen Lobbyisten außerdem ein größeres Gewicht auf der politischen Bühne. Beschlüsse des Managements können umgehend in die Argumentation gegenüber der Politik einbezogen und die Inhalte der politischen Kommunikation flexibel gestaltet werden. Auf der anderen Seite wird die Geschäftsleitung aus erster Hand über den Verlauf der Gespräche mit der Politik informiert.

Public-Affairs-Abteilungen

Viele Unternehmen, deren Geschäftsfelder einer starken politischen Regulierung unterliegen – wie beispielsweise die ehemaligen Staatsmonopolisten in den Bereichen Post, Telekommunikation, Energie oder Bahn – haben zur Abwicklung der politischen Kommunikation eigene Abteilungen eingerichtet. Die Politik- oder Public-Affairs-Abteilungen, oft mit Titeln wie „Regierungsangelegenheiten" oder „Government Relations" versehen, ermöglichen die Bündelung interner und externer Kommunikationsvorgänge.

Durch klare Zuständigkeiten der Mitarbeiter in der Public-Affairs-Abteilung wird eine sinnvolle Aufgabenverteilung unter den Unternehmenslobbyisten sichergestellt und eine spezialisierte inhaltliche Gestaltung des Lobbying ermöglicht. Je nach Größe der Abteilung wird bestimmten Kommunikationsvorgängen und Themen ein Sachbearbeiter zugeordnet. Unterschieden wird häufig auch zwischen Issues-Managern und Audience-Managern, wobei letztere untereinander oft je nach parteilicher Couleur als feste Ansprechpartner für die jeweiligen Adressaten fungieren. Der Vorteil ist, dass ein spezialisierter Sachbearbeiter eine wesentlich größere inhaltliche Tiefe in seinem Themengebiet erreichen kann als ein Einzelkämpfer, der punktuell alle aufkommenden Themen abdecken muss. Vor allem für die interne Kommunikation und die Zusammenarbeit mit den Verbänden sind eigenständige Sachbearbeiter ein Erfolgsfaktor für das Unternehmen.

Bei der Überlegung, eine eigene Public-Affairs-Abteilung einzurichten, sollte der Grundsatz „Lobbying ist teuer, aber kein Lobbying zu betreiben, kann unter Umständen viel teurer werden" eine entscheidende Rolle spielen. Die Professionalisierung der politischen Kommunikation eines Unternehmens wird zukünftig in noch größerem Maße für Erfolg oder Misserfolg der Lobbybemühungen verantwortlich sein. Mit einer Stabsstelle für politische Kommunikation, die über eigene finanzielle wie logistische Ressourcen verfügt, kann der geschäftliche Erfolg in der Regel angeschoben werden.

Das Selbstverständnis eines Unternehmenslobbyisten

Reinhold Kopp, Generalbevollmächtigter und Leiter Regierungsbeziehungen der Volkswagen AG

Aufgaben des Unternehmenslobbyisten

Die politischen Rahmenbedingungen werden heute in Deutschland und Europa von einer fast unüberschaubaren Vielzahl von Stakeholdern geprägt. Politik und Verwaltung, Parteien und Verbände, Wissenschaft und Nichtregierungsorganisationen (NGOs) beeinflussen vor dem Hintergrund einer gewaltigen Kommunikationslandschaft das politische, wirtschaftliche und gesellschaftliche Geschehen. In diesem Umfeld lebendiger Pluralität definiert sich die Aufgabe des Lobbyisten im Unternehmen im Wesentlichen durch folgende Parameter:

1. einen orientierenden Beitrag zu den Prozessen im Unternehmen zu leisten,
2. gegenüber Regierung, Parlamentarischen Institutionen, Ministerien und Behörden einen wertschöpfenden Beitrag zur Gesetzgebung und Verwaltungshandeln zu erbringen,
3. gute Beispiele der Unternehmen zur gesellschaftlichen Verantwortung zu kommunizieren und deren Rollen in der Zivilgesellschaft zu gestalten.

Lobbyist als Kommunikationsmittler

zu 1.: Durch die allgegenwärtige Verfügbarkeit von Informationen wandelt sich die Rolle des Lobbyisten im Unternehmen vom Informationsbeschaffer zum Kommunikationsmittler. Angesichts einer schnelleren und komplexeren Umwelt kommt es darauf an, frühzeitig Entwicklungen zu identifizieren und mit den wirtschaftlichen und technischen Planungen im Unternehmen abzugleichen. Der Lobbyist wirkt gemeinsam mit den Fachabteilungen darauf hin, dass pro-aktiv Positionen aufgebaut und in eine für Politik und Verwaltung verständliche Sprache übersetzt werden. Lobbyismus ist im Unternehmen eine strategische Aufgabe. Sie unterstützt die Leitung bei allen Fragen einer wertorientierten Unternehmensführung vom Unternehmensleitbild bis hin zur flexiblen Reaktion auf neue normative Ansprüche.

Professionelle Dienstleistung statt Kungelei

zu 2.: Die Kommunikation mit Politik und Verwaltung und den anderen öffentlichen Stakeholdern muss differenziert, sachbezogen und lösungsorientiert sein. Es werden wertschöpfende Beiträge zur Lösung von wirtschaftlichen und gesellschaftlichen Problemen erwartet. Legitime Unternehmensinteressen werden heute nicht mehr in erster Linie durch persönliche Freundschaften, Diskretion und Hinterzimmerkommunikation oder gar unangemessene Incentives für Politiker verfolgt. Es geht vielmehr um Politikberatung aus Sicht eines kompetenten gesellschaftlichen Akteurs.

Die Volkswagen AG zum Beispiel ist ein Dienstleister für individuelle Mobilität, die wiederum Voraussetzung für gesellschaftlichen Wohlstand und wirtschaftliches Wachstum darstellt. Es ist für die Zukunft des Unternehmens und seiner Beschäftigten existenziell, in einer hoch regulierten Umgebung bei der Gestaltung der Rahmenbedingungen von Produkten der Spitzentechnologie und neuen produktnahen Dienstleistungen mitzureden. Börsennotierte Unternehmen stehen unter strengen Anforderungen von Governance-Richtlinien. Sie haben sich freiwillig umfassenden Regelwerken im nationalen wie im internationalen Raum unterworfen und beachten so zum Beispiel die Leitlinien der OECD für multinationale Unternehmen. Von den Akteuren globaler Unternehmen erwartet man daher zu Recht Professionalität, umfangreiche technische, volkswirtschaftliche und ökologische Kenntnisse. Gerade Partikularinteressen werden öffentlich nur akzeptiert, wenn sie wahrheitsgemäß und glaubwürdig und im Kontext gesellschaftlicher Erfordernisse vorgetragen werden.

Politikberatung, die dauerhaft Einfluss nehmen will,

muss Impulse für gesellschaftlichen, strukturellen und technischen Wandel geben, z.B. durch das Initiieren von Forschungsprojekten, das Setzen von Standards oder ganz allgemein durch „Best Practices“. Politikberatung ist umso wirksamer, je kompetenter die Beratung als Dienstleistung für politische Entscheider in den legislativen und administrativen Prozessen wahrgenommen wird.

Gesellschaftliche Verantwortung von Unternehmen

zu 3.: Die Globalisierung und die mit ihr verbundene Nachhaltigkeitsdebatte hat die unverzichtbare Rolle der Unternehmen als unmittelbar am politischen Prozess Beteiligte geschärft. Zumindest die global tätigen Unternehmen treten im öffentlichen Dialog stärker neben die Verbände, weil sie selbst aktive Teilnehmer der Zivilgesellschaft sind. Immer stärker entwickeln Unternehmen individuell und kollektiv das Profil gesellschaftlicher Verantwortung in Initiativen wie Global Compact oder Econsense (Forum Nachhaltigkeit der deutschen Wirtschaft) und führen einen aktiven Dialog mit anderen gesellschaftlichen Anspruchsgruppen. Glaubwürdigkeit, Nachprüfbarkeit und Verlässlichkeit werden damit auch zum Gegenstand kontinuierlicher Berichterstattung. Die bestehenden Netzwerke des Lobbyismus weiten sich damit enorm aus und ihre Pflege wird aufwändiger.

Perspektiven

Perspektiven des Lobbyings

Ausgehend von den USA wird Lobbying zunehmend ein anerkannter Teil der Public Affairs in den Internationalen Organisationen, der EU und auch in den Nationalstaaten. Die Lobbyarbeit ist ein akzeptierter Teil der Meinungsbildung. Der Kommunikationsprozess zu Grün- und Weißbüchern, die Mitwirkung in Kommissionen und High-Level-Groups verlangen höhere Ressourcen, als sie bei vielen Unternehmen derzeit vorhanden sind. Die neue politische Kultur bringt auch in Deutschland eine deutliche Tendenz zu einem unverkrampfteren Umgang mit Politikberatung neuer Qualität. Unternehmen werden als Gegengewicht zur immer stärkeren Rolle von Nichtregierungsorganisationen benötigt, denn sie sind nicht einer einzigen Idee verhaftet, sondern stehen in breiter Verantwortung für Wohlstand, Beschäftigung, Staatseinkommen und gesellschaftlichen Wandel. Sie sind einer Reihe von Stakeholdern verpflichtet: Eigentümern, Kunden, Mitarbeitern, öffentlichen Körperschaften und Kreditgebern. Über die verschiedenen Interessengruppen gibt es einen inhärenten Zwang zur Weitung des Horizonts. Es ist für alle Beteiligten ein Lernprozess, wie diese Potenziale nutzbringend in den gesellschaftlichen Dialog eingebracht werden können.

3 Der Lobbyist in der Non-Profit-Organisation

Non-Profit-Organisationen sind vom Staat und von der Wirtschaft unabhängige Vereinigungen. Sie arbeiten nicht gewinnorientiert. In den meisten Fällen wird ihr Handeln durch weltanschauliche Wertvorstellungen motiviert.

Selbstverständnis der NPOs

Das Spektrum von Non-Profit-Organisationen reicht von weltweiten Initiativen wie Greenpeace oder Amnesty International über die lokale Bürgerinitiative gegen Mobilfunkmasten in der Nachbarschaft bis hin zu Autofahrerbewegungen gegen die Ökosteuer. All diese Gruppen haben spezifische Anliegen, die sich gegen Missstände richten, die es aus Sicht der Initiativen zu beseitigen gilt.

Die Basis einer Non-Profit-Organisation (NPO) bildet ein konkretes politisches Ziel. Meist handelt es sich dabei um ein soziales oder gesellschaftlich relevantes Anliegen wie z.B. den Umweltschutz. Oft sind auch lokale gesellschaftspolitische Probleme ursächlich für die Gründung. Manche NPOs richten ihre Tätigkeit auf einen konkreten Sachverhalt, wie zum Beispiel auf die Verhinderung der Erweiterung einer Fernverkehrsstraße in einem Naturschutzgebiet. Andere verfolgen zeitlich unbegrenzt eine Anzahl verschiedener Ziele in einem bestimmten Themenbereich. So tritt Greenpeace beispielsweise seit 1971 in diversen voneinander unabhängigen Projekten für den Umweltschutz ein. Die Themen- und Konfliktbereiche innerhalb des öffentlichen Lebens sind zunehmend weiter verzweigt. Die Politik kann immer häufiger nur einen geringen Teil dieser Themen aufgreifen. International tätige NPOs sind hier eine politisch geförderte Alternative zu der an diplomatischen Zwängen ausgerichteten offiziellen Politik. Eine enge Zusammenarbeit zwischen Regierungen und einigen NPOs ist die Folge.

Non-Profit-Organisationen oder Bürgerbewegungen werden meist direkt von der Bevölkerung initiiert und vorangebracht. Sie sind eine urdemokratische Institution und werden von Seiten der Öffentlichkeit und Politik auch dementsprechend wahrgenommen. Generell kommt ihnen im politischen Prozess eine besonders wichtige Bedeutung zu. Oft übernehmen NPOs von der Politik vernachlässigte Themen und bringen sie auf die politische Agenda, indem sie ihnen eine basisdemokratische Legitimation verschaffen. Dieser „Grassroots"-Faktor ist das wesentlichste Unterscheidungsmerkmal gegenüber sonstigen am politischen Meinungsbildungsprozess beteiligen Interessenvertretern.

NPOs bestimmen politische Agenda mit

Die Arbeit der NPOs konzentriert sich in der Regel auf den Dialog mit politischen Entscheidungsträgern. Professionelles Lobbying ist daher die Grundlage einer erfolgreichen Non-Profit-Organisation.

Imagewandel

Heute ist ein Imagewandel der Non-Profit-Organisationen festzustellen. Sie werden nicht mehr als defizitäre Organisationen mit unmoderner Organisationsstruktur wahrgenommen, sondern zunehmend als große, wichtige Akteure im Dienst des gesellschaftlichen Wandels angesehen. Im Zuge der größeren gesellschaftlichen Anerkennung steigt zudem die wirtschaftliche Bedeutung. NPOs sind schon lange nicht mehr nur Vereinigungen altruistischer Weltverbesserer, die für die gute Sache Freiwilligenarbeit leisten. Mit fast 1,5 Millionen Beschäftigten und Gesamtetats von ca. 70 Milliarden Euro haben die Non-Profit-Organisationen ein erhebliches ökonomisches Gewicht. Das wachsende öffentliche Ansehen und die zunehmende politische und wirtschaftliche Bedeutung tragen zum ständig wachsenden Erfolg bei der Durchsetzung ihrer Interessen bei.

Der Zusammenhang zwischen Fundraising und Lobbying

Non-Profit-Organisationen arbeiten in finanzieller Hinsicht nicht gewinnorientiert. Oft werden eingehende Mittel sofort für die Deckung laufender Ausgaben verwandt. Für jede Art von Lobbying muss aber auf ausreichende finanzielle Mittel zurückgegriffen werden können. Das so genannte Fundraising steht deshalb am Anfang der Arbeit einer Non-Profit-Organisation. Die meisten NPOs beschäftigen eigene Spezialisten, die ausschließlich mit dem Fundraising betraut sind.

Doch auch für den Lobbyisten ergeben sich aus der Notwendigkeit der Mittelbeschaffung einige Aufgaben. Der Lobbyist in der Non-Profit-Organisation muss die Akquise von Fördergeldern und die politische Einflussnahme als Einheit begreifen. Seine Lobbyarbeit ist ein wesentlicher Bestandteil des Fundraising. Der Lobbyist schafft maßgeblich das politische und öffentliche Klima, in dem die Interessen der jeweiligen Organisation am besten zu vertreten sind. Nur wenn die Öffentlichkeit von der Seriosität der Zielsetzung und der Qualität der Arbeit des Lobbyisten überzeugt ist, wird sie bereitwillig Ressourcen für die Arbeit der Organisation bereitstellen.

Eine häufig genutzte Möglichkeit, die Finanzplanung auf sichere Beine zu stellen, ist die Fördermitgliedschaft. Der BUND oder das DRK werben beispielsweise um eine solche regelmäßige Unterstützung durch zahlende Mitglieder. Neben der verlässlichen Finanzierung hat dieses Modell den Vorteil, dass die Zahl der Unterstützer über Umfragen hinaus quantifizierbar ist. Dadurch wird die politische Verhandlungsmasse erhöht. Der BUND mit laut Selbstaussage „hunderttausenden Unterstützern" repräsentiert eine signifikante Zahl von Wählern: Es lohnt sich also, die Entscheidungen über Finanzierungsquellen so weit wie möglich an deren Mehrwert für die Lobbyarbeit auszurichten.

Sonderstellung der NPO-Lobbyisten

Wie in anderen Bereichen muss auch der Lobbyist im Non-Profit-Sektor die politischen Anliegen der Organisation erfolgreich kommunizieren. Zwei wesentliche Merkmale beeinflussen seine Arbeit:

- Vertrauen

Non-Profit-Organisationen genießen in der öffentlichen Wahrnehmung einen Vertrauens- und Glaubwürdigkeitsvorsprung auf Grund des oben beschriebenen ideellen Hintergrunds ihres Engagements.

- Zuspitzung

Non-Profit-Organisationen können sich „weiter aus dem Fenster lehnen", um ihre Interessen zu artikulieren. Die

Aufgabe von NPOs, gesellschaftliche Missstände zu beheben oder zumindest an die Politik heranzutragen, legitimiert eine schonungslose Kommunikation.

Dieses Instrument der offenen, unverblümten Information erleichtert die Arbeit enorm. Enthüllende Berichte oder Zustandsbeschreibungen von Missständen können den Zugang zu einer Auseinandersetzung mit Entscheidungsträgern öffnen. Die Grundlage der Arbeit des Lobbyisten aus der Non-Profit-Organisation ist das Gemeinwohl. Kein Politiker wird sich einem Dialog entziehen, wenn eine interessierte Öffentlichkeit hinter zugespitzt formulierten Positionen steht. Wichtig ist jedoch, dass diese Argumente sachlich und wahrheitsgemäß vorgetragen werden.

Aufrichtigkeit als Pflicht

Im Vergleich zu Unternehmen oder Wirtschaftsverbänden haben Non-Profit-Organisationen durch ihre relative Unabhängigkeit und Flexibilität erhebliche Vorteile bei der Kampagnenführung und Außendarstellung. Anders als beispielsweise börsennotierte Unternehmen sehen sich Non-Profit-Organisationen nicht der Gefahr ausgesetzt, durch eine zu offensive oder provokante Kommunikation und Kampagnenstrategie Anleger oder Aktionäre zu verprellen. Unter Umständen trifft sogar das Gegenteil zu: Was für Wirtschaftsunternehmen schädlich ist, kann für Non-Profit-Organisationen einen Imagegewinn darstellen und positive Öffentlichkeit generieren.

Non-Profit-Organisationen sind meistens einem identitätsstiftenden Ziel verpflichtet und nicht den individuellen Interessen einzelner Mitglieder. Somit entfällt die langwierige und schwierige Suche nach einer Konsensposition, die nach außen vertreten werden kann. NPOs sind schneller handlungsfähig und bezüglich ihrer Kommunikationsstrategien weniger eingeschränkt.

Der Lobbyist der NPO sollte im Wesentlichen die gleiche Arbeitstechnik verinnerlichen wie seine Kollegen aus den Wirtschaftsverbänden und den Unternehmen, da er denselben demokratischen Entscheidungsprozessen unterworfen ist wie seine Kollegen.

Schwerpunkt Glaubwürdigkeit

Non-Profit-Organisationen bewegen sich oft in gesellschaftlichen Bereichen, die mit Ängsten und emotionalen

Erwartungen der beteiligten Bevölkerungskreise verbunden sind. Elektrosmog, Luftverschmutzung, Klimaerwärmung, Bildungsnotstand, Minderheitenrechte und soziale Notsituationen sind nur einige Kernthemen ihrer Arbeit. Auf Grund des emotionalen, moralischen Hintergrunds sind Non-Profit-Organisationen zu besonderer Aufrichtigkeit und einer uneingeschränkt ehrlichen Informationspolitik verpflichtet. Gerade über das Anbieten und Verbreiten von Informationen erreichen ihre Anliegen weite Teile der Öffentlichkeit. Falschinformation auf sensiblen Gebieten können zu Desinteresse, Ablehnung oder sogar Panik führen.

Lobbying als demokratische Notwendigkeit

Vertrauen und Glaubwürdigkeit haben sich zu wesentlichen Kriterien entwickelt, nach denen Experten, Entscheidungsträger und Organisationen beurteilt werden. Dies gilt umso mehr für Non-Profit-Organisationen, die durch ihr Engagement und ihren Hintergrund ohnehin einen gewissen Vertrauensvorsprung besitzen: Aktivisten aus Non-Profit-Organisationen gelten als „Überzeugungstäter".

Das Selbstverständnis eines Lobbyisten in der Non-Profit-Organisation

Prälat Dr. Karl Jüsten, Leiter des Kommissariats der deutschen Bischöfe

Interessenwahrnehmung gehört zur Demokratie wie das Mehrheitsprinzip oder das Wahlrecht. Vielfach ist diese Tätigkeit, die auf unterschiedlichste Weise von den zahlreichen Interessenvertretern wahrgenommen wird, deshalb auch gesetzlich geregelt wie etwa bei den Anhörungen des Bundestages oder der Länderparlamente. Lobbying ist eine Methode der in der Regel kontinuierlichen Einflussnahme auf Entscheidungsprozesse sowohl auf der Makro- als auch auf der Meso- und Mikroebene[1]. Die meisten Entscheidungen kommunaler, regionaler, nationaler, europäischer und anderer supranationaler Instanzen tangieren in der Regel die Interessen unterschiedlichster gesellschaftlicher Gruppen. Zum Wesensmerkmal der pluralistischen Demokratie gehört geradezu, „...dass die vielen in der modernen Lebenswelt vorhandenen wirkenden Kräfte – die differenten weltanschaulichen Richtungen, geistigen Ideen, gesellschaftlichen

Schichten, Gliederungen und Institutionen, wirtschaftlichen Interessen und Verbände, berufliche Rollen und Funktionen, politischen Gruppen, Parteien und Instanzen – ausdrücklich im Staat anerkannt und gutgeheißen werden, und dass ihnen ein gesicherter Raum freier Entfaltung eröffnet wird, und zwar insofern sie ihrerseits die staatliche, im Grundkonsens des ganzen Volkes oder der gewählten politischen Repräsentanten festgelegte verfassungsmäßige Ordnung bejahen und unterstützen oder zumindest repräsentieren."[2] Lobbyismus ist in der Demokratie nicht nur geduldet, sondern ein fester Bestandteil des Meinungsbildungsprozesses.

Integrität des NPO-Lobbyisten

Die Entscheidungsträger sind angesichts der immer komplexer werdenden Sachverhalte, die in immer kürzeren Zeitabständen zu beurteilen sind, außerdem darauf angewiesen, professionell aus den verschiedenen Bereichen beraten zu werden. Deshalb müssen Lobbyisten gut über die zur Verhandlung anstehenden Fragestellungen und Vorhaben informiert sein. Damit die Beeinflussung in dem gewünschten Sinne auch erfolgreich ist, sollte der Lobbyist kompetent, klug, regelkonform und verständlich seine Anliegen vortragen. Es schadet den Bemühungen, wenn durch die Art der Einflussnahme die guten Sitten bzw. die rechtlichen Rahmenbedingungen missachtet werden, wie etwa durch Korruption und Nötigung oder durch mangelnde Transparenz und Verschleierung. Zu Recht kommen Lobbyisten ins Gerede, wenn zur Durchsetzung bestimmter Interessen Geschenke oder Spenden erforderlich erscheinen. Sie schaden damit zuerst sich selbst, denn sie werden damit künftig von der Politik gemieden; sie schaden aber auch der Allgemeinheit, weil die an sich für die Demokratie wertvolle Arbeit der Lobbyisten insgesamt in Misskredit gerät. Sie tragen damit übrigens zu einem erheblichen Anteil mit dafür Verantwortung, dass der Berufstand bei vielen schlecht beleumundet ist. Sie diskreditieren die Mehrheit, die in der Regel seriöse Arbeit leistet.

Wachsende Bedeutung der NPO

Neben den Lobbyisten aus Wirtschaft und Politik werden die Interessenvertreter der so genannten Non-Profit-Organisationen immer einflussreicher. Ihre Zahl ist unübersehbar. Schon eine systematisierende Aufzählung aller Akteure in diesem Bereich fällt schwer. Teils vertreten sie die Interessen karitativer Organisationen wie die der

Wohlfahrtsverbände, teils vertreten sie Anliegen des Umweltschutzes, des Tierschutzes, der Entwicklungszusammenarbeit oder der Friedensarbeit, um nur einige zu nennen. Neben den üblichen Formen des Lobbyings suchen diese oftmals auch öffentliche Formen des Protests, manchmal auch unter Inkaufnahme von Regelverletzungen, weil sie sich von aus ihrer Sicht moralisch höherwertigen Zielen leiten lassen.

Sonderstellung der Kirchen

Aus ihrem Selbstverständnis nehmen die Kirchen eine Sonderstellung in dem weiten Feld der Beeinflussung politischer Entscheidungen ein. Sie sind weder Interessenverband, noch Non-Profit-Organisation, noch Nichtregierungsorganisation und schon gar nicht ein Unternehmen, auch wenn in ihrer großen Institution einzelne Untergliederungen sich als solche organisiert haben, wie etwa die karitativen Hilfswerke. Als Handlungsträgerinnen politischer Interessen haben die Kirchen eine Sonderrolle, die teils auf EU-Ebene, teils im Grundgesetz, teils in Länderverfassungen, teils in Konkordaten und in den mit ihnen korrespondierenden evangelischen Kirchenverträgen geregelt ist. Wie sie sich selbst als Handlungsträgerinnen politischer Interessen sehen, haben die Kirchen in ihrem gemeinsamen Wort zur wirtschaftlichen und sozialen Lage in Deutschland definiert: „Die Kirchen sind nicht politische Partei. Sie streben keine politische Macht an, um ein bestimmtes Programm zu verwirklichen. Ihren Auftrag und ihre Kompetenz sehen sie vor allem darin, für eine Wertorientierung einzutreten, die dem Wohle aller dient. Sie betrachten es als ihre besondere Verpflichtung, dem Anliegen jener Gehör zu verschaffen, die im wirtschaftlichen und politischen Kalkül leicht vergessen werden, weil sie sich nicht artikulieren können: den Armen, Benachteiligten und Machtlosen, den kommenden Generationen und der stummen Kreatur. Sie wollen auf diese Weise Voraussetzungen für eine Politik schaffen, die sich an den Maßstäben der Solidarität und der Gerechtigkeit orientiert.“[3]

Hauptstadtbüro als Professionalitätsbeweis

Institutionalisierter Ausdruck dieser dem Gemeinwohlprinzip verpflichteten Einflussnahme sind in Berlin die Verbindungsstellen zwischen den Kirchen und der Politik: das Büro des Bevollmächtigten des Rates der EKD (Evangelische Kirche in Deutschland) bei der Bundesrepublik Deutschland und der Europäischen Union und dem Kommissariat der deutschen Bischöfe – Katholisches Büro in Berlin.[4] Auf Länderebene gibt es für die evangelische und die katholische Kirche ähnlich arbeitende Einrichtungen. In ökumenischer Gesinnung versteht es sich von selbst, dass diese Büros eng zusammenarbeiten. Vor dem Hintergrund des hohen eigenen Anspruchs sowie angesichts des den Kirchen zustehenden Ranges in der Verfassung und der realen Bedeutung ihrer Teilhabe am staatlichen und gesellschaftlichen Willensbildungsprozess bedienen sie sich professioneller Instrumente und Verfahren der Einflussnahme. Neben fachlich qualifizierten und hoch motivierten Mitarbeiterinnen und Mitarbeitern können sie auf die Zusammenarbeit der verschiedenen kirchlichen Institutionen in den Diözesen bzw. Landeskirchen sowie in ihren jeweiligen Sekretariaten (der Deutschen Bischofskonferenz in Bonn bzw. des Rates der Evangelischen Kirche in Deutschland in Hannover), auf das Zentralkomitee der deutschen Katholiken und seiner Verbände bzw. die Synode der EKD vertrauen.

Aufgaben des Hauptstadtbüros

Die Aufgabenstellung der Büros der Bevollmächtigten vollzieht sich in drei Dimensionen:

1. *Die sozialanwaltliche Rolle:* Diese nehmen sie etwa wahr, wenn sie für den Schutz des ungeborenen Lebens eintreten, für die Achtung der Menschenrechte weltweit, für die Stärkung der Entwicklungszusammenarbeit, für die Asylbewerber und Migranten, insbesondere die aus humanitären Gründen, oder wenn sie die kirchliche Position in Fragen möglicher Kriegseinsätze der Bundeswehr gegenüber der Politik vermitteln oder für die Haltung der Kirchen zu den aktuellen medizinethischen Fragen werben.
2. *Die Vertretung kirchlicher Interessen:* Sie kann wohl am ehesten unter dem Begriff Lobbying gefasst werden, weil es sich hierbei oftmals um spezifisch kirchliche Anliegen handelt, wie etwa beim Erhalt des kirchlichen Dienst- und Arbeitsrechts, bei Regelungen im Baurecht oder im Steuerrecht.
3. *Die Seelsorge für alle, die in der Politik tätig sind:* Sie vollzieht sich ähnlich wie im Alltagsleben der Gemeinden.

Es gibt Gottesdienste, Gesprächsangebote oder Beistand in persönlichen Notsituationen.

Wegen dieser besonderen Art der Interessenwahrnehmung würden sich die kirchlichen Bevollmächtigten wohl selbst eher als Lobbyisten für Gott, die Menschen und das Gemeinwohl bezeichnen und insofern die Bezeichnung als Lobbyist einer Non-Profit-Organisation akzeptieren.

1 Blümle, Ernst-Bernd: Lobby, in: Staatslexikon. Recht – Wirtschaft – Gesellschaft, Hg. v. d. Görres-Gesellschaft, 3.Bd. 7. Aufl. Sp 929–932, Freiburg/Basel/Wien, 1987, Sp. 929

2 Schwan, Alexander: Ethos der Demokratie. Normative Grundlagen des freiheitlichen Pluralismus. Paderborn/München/Wien 1992, S. 74

3 Wort des Rates der Evangelischen Kirche und der Deutschen Bischofskonferenz zur wirtschaftlichen und sozialen Lage in Deutschland, „Für eine Zukunft in Solidarität und Gerechtigkeit", Hannover/Bonn, 1997, Ziff. 4

4 Die kleineren Kirchen sind in Deutschland durch Kontaktpersonen präsent und kooperieren, wo nötig, mit diesen Büros.

II Die Arbeitstechnik des Lobbyisten

Inhaltliche Vorbereitung

Die Arbeit eines politischen Interessenvertreters beginnt bereits weit vor dem unmittelbaren Dialog mit politischen Entscheidungsträgern. Ebenso wichtig wie der Dialog ist die inhaltliche Vorbereitung der politischen Kommunikation: Themen sind zu identifizieren und zu bewerten, Stellungnahmen müssen abgefasst und potenzielle Ansprechpartner wollen ausfindig gemacht werden. Hierfür ist ein beträchtlicher Zeitaufwand einzukalkulieren, da es gilt, die nach außen hin sichtbar werdende kommunikative Tätigkeit gründlich zu planen. Wer schlecht vorbereitet in Gespräche mit den falschen Adressaten geht, wird bald merken, dass er Schwierigkeiten haben wird, den nächsten Termin zu bekommen. Schnell spricht sich unter den politischen Entscheidungsträgern herum, welche Lobbyisten kompetent sind und welche unter die Kategorie „Zeitdieb" fallen.

Erst wenn der Lobbyist seine „Hausaufgaben" gemacht hat, kann er überzeugend und glaubwürdig nach außen hin auftreten. Hierzu stehen ihm umfangreiche Instrumente zur Verfügung, deren sachgerechte Bedienung viel Fingerspitzengefühl erfordert. Nicht zuletzt deshalb zahlen sich diplomatische Talente im Lobbyistenberuf besonders aus.

1 Identifizierung und Analyse relevanter Themen

Themenbestimmung

„An issue ignored is a crisis invited". Mit diesem Satz brachte Henry Kissinger die Bedeutung der strategischen Identifizierung und Analyse relevanter Themen für den Lobbyisten auf den Punkt. Grundlage jeder erfolgreichen Lobbyarbeit ist die präzise Auswahl und Beobachtung der für das eigene Anliegen wichtigen Themenbereiche. Für diesen Vorgang hat sich mittlerweile der Begriff „Issue Management" etabliert.

Der Lobbyist muss aus einem breiten Themenspektrum die relevanten Informationen herausfiltern. Dieser Prozess vollzieht sich idealerweise in drei Schritten.

- Zunächst erfolgt die breit angelegte Informationssichtung und -gewinnung (Scanning und Monitoring).
- Anschließend wird die Auswahl der für das eigene Anliegen relevanten Themen vorgenommen (Selektion).
- Und letztendlich findet das Sortieren der Themen nach ihrer Relevanz für das eigene Anliegen statt (Priorisierung).

Diese drei Phasen sind nicht als getrennte Abläufe zu verstehen. Vielmehr verschmelzen sie in der Praxis zu einem Arbeitsprozess.

Informationsgewinnung

Aktive Themensuche

Die Themensuche muss aktiv gestaltet werden. Der Lobbyist kann nicht darauf warten, dass alle wichtigen Sachverhalte an ihn herangetragen werden. Ebenso darf er nicht darauf vertrauen, dass Politiker ein Thema aus eigenem Antrieb auf die Agenda setzen.

Der Lobbyist nimmt seine inhaltlichen Gebiete selbstständig wahr und gestaltet den eigenen Themenpool aktiv. Im Anschluss muss die Entwicklung der als relevant eingestuften Themen dauerhaft verfolgt werden. Um diesen Prozess professionell und effizient zu gestalten, bedient man sich zweier Instrumente: Scanning und Monitoring.

Scanning – breit gefächerte Informationssuche

Umfassende Beobachtung der Öffentlichkeit

Scanning bedeutet die permanente und ungerichtete Beobachtung des gesellschaftlichen und politischen Umfelds mit dem Ziel, eventuell relevante Themen frühzeitig identifizieren zu können.

Alle Themen, die in irgendeiner Form in Beziehung zu dem Unternehmen, dem Verband oder der Organisation stehen könnten, werden zusammengetragen. Selbst Informationsquellen, die in keinem Zusammenhang mit den eigenen Interessen zu stehen scheinen, müssen in die Suche einbezogen werden. Oft übersieht der Lobbyist relevante Themen, da er seinen Blick nur auf die fachspezifischen Rubriken oder Publikationen richtet. Gerade eine unkonventionelle Suche steigert jedoch die Chance, auf wichtige Sachverhalte zu stoßen. Scanning eignet sich daher besonders als Instrument für eine zuverlässige Frühwarnung, um wichtige Inhalte rechtzeitig zu erkennen.

Die PR-Katastrophe „Brent Spar"

Spätestens mit der PR-Katastrophe „Brent Spar" wurde deutlich, dass ein Unternehmen, ein Verband oder eine Organisation selbst aus unerwarteter Richtung und überraschend mit schwerwiegenden Negativthemen konfrontiert werden kann. Im Fall der Ölplattform Brent Spar plante der Mineralölkonzern Shell, eine ausgediente Erdölbohrinsel im Atlantik zu versenken. Der massive Widerstand von Seiten der Umweltschutzorganisation Greenpeace gegen dieses Vorhaben traf den Ölkonzern völlig unvorbereitet. Greenpeace mobilisierte in einer länderübergreifenden Kampagne die Verbraucher zu einem Boykott von Shell-Tankstellen, was bereits nach nur einer Woche zu einem fünfzigprozentigen Umsatzrückgang im wichtigen deutschen Tankstellengeschäft führte. Als Reaktion auf den öffentlichen Druck sah Shell vorerst von der Versenkung der Bohrplattform ab.

Einer politischen Eskalation á la Brent Spar kann der Lobbyist nur dann wirkungsvoll entgegentreten, wenn er auf plötzliche gesellschaftliche Meinungsumschwünge oder Stimmungsänderungen vorbereitet ist. Hierzu müssen ständig alle Bereiche der öffentlichen Meinung nach Tendenzen und Stimmungen durchsucht werden. Es sind eben nicht die Wirtschaftsseiten der führenden Zeitungen, auf denen sich ein wachsendes ökologisches Bewusstsein innerhalb der Gesellschaft abzeichnet.

Monitoring – gezielte Themenbeobachtung

Gezielte Beobachtung eines Themas

Monitoring bezeichnet die zielgerichtete Beobachtung eines relevanten Themas in der öffentlichen Kommunikation. Dabei wird genau verfolgt, vor welchem Hintergrund, in welchen Medien, mit welchem Tenor und wie häufig der Sachverhalt besprochen wird.

Der mit Abstand größte Teil politischer Neuregelungen betrifft meist die bereits identifizierten Themenfelder.

Diese müssen deshalb fortwährend auf Veränderungen und neue Strömungen untersucht werden. Die systematische Suche nach neuen Trends und ein sensibler Blick für Veränderungen im Detail stellen daher die Kernaufgabe des Monitoring dar. Hierfür sind alle in Frage kommenden (Fach-)medien präzise auszuwerten.

Praktische Umsetzung von Scanning und Monitoring

Ein lückenloses Scanning und Monitoring ist kaum durchführbar. Im Grunde kann niemand alle relevanten Tageszeitungen im Detail studieren. Selbst die besten Clipping-Dienste wären damit überfordert. Es müssen deshalb Schwerpunkte gesetzt werden.

Nutzen persönlicher Kontakte

- Um der Menge an Informationen gerecht zu werden, ist die Nutzung des persönlichen Kontaktnetzwerks ein hervorragendes Instrument. In einer Analyse sollte daher geklärt werden, welche Kontakte wann und vor allem wie nützlich sein können. Ein informelles Gespräch hat häufig einen höheren Informationsgehalt als ein exzellenter Fachartikel. Gerade aus direkten persönlichen Kontakten können wichtige Informationen ungefiltert und aus erster Hand bezogen werden, und dies oft lange bevor das Thema auf der politischen Agenda landet oder in den Medien diskutiert wird.

Professionelle Unterstützung

- Ein weiterer Baustein der möglichst umfassenden Informationsgewinnung ist die Medienresonanzanalyse – d.h. die gründliche Auswertung einer Auswahl von Medien aller Art mit dem Ziel, die Gewichtung verschiedener Themen zu erfahren. In erster Linie sind die jeweils gängigen Fachzeitschriften, aber auch große nationale wie internationale Wirtschafts- und Tageszeitungen zu verfolgen. Neben der Beobachtung der „klassischen" Print- und Rundfunkmedien kommt mittlerweile dem Internet ein hoher Stellenwert zu. Während die „klassischen" Medien den Vorteil einer etablierten Verbreitung unter den Meinungsbildnern bieten, überzeugt das Online-Medium durch den schnellstmöglichen Überblick über das aktuelle Meinungsspektrum. Nachteilig bei allen Medien ist, dass sie sich fast ausschließlich mit Themen befassen, deren (Krisen-)Potenzial bereits öffentlich ist. Dennoch empfiehlt es sich, die Informationsquelle Internet als eine Art Frühwarnsystem in die Informationsgewinnung und -gewichtung mit einzubeziehen.

Checkliste Scanning/Monitoring	
Netzwerkanalyse	Medienresonanzanalyse
eigenes Unternehmen/Organisation	Tageszeitungen
Fachtagungen	Fachzeitschriften
Verbandstreffen	TV & Rundfunk
Anregungen/ Kritik von NGOs	Internet
Parlamentarische Abende und andere	Ständige Rechtssprechung
Veranstaltungen	informelle Gespräche

Angesichts der ungeheuren Medienvielfalt ist das selbstständige Betreiben einer gründlichen Medienresonanzanalyse zeitaufwändig und personalintensiv. Zusätzlich zu den unbedingt notwendigen eigenen Bemühungen kann daher professionelle Unterstützung in Form spezialisierter Agenturen in Anspruch genommen werden.

Themenauswahl

Sachliche Analyse statt Intuition

Das Zusammentragen von Themen und Trends allein liefert noch keine verwertbaren Erkenntnisse. Das gesammelte Material muss im nächsten Schritt einer Selektion unterzogen werden. Aus der Masse der neuen Themen und Trends sind dabei diejenigen herauszufiltern, die für das eigene Anliegen von Bedeutung sind. Bei der Themenauswahl ist das Anwenden von sachlichen Analyserastern einem intuitiven Vorgehen vorzuziehen. Solche Raster beinhalten im Idealfall alle für den Verband, das Unternehmen oder die Organisation relevanten politischen Indikatoren. Die einzelnen Auswahlkriterien sind nicht zu verallgemeinern, sondern werden durch die spezifischen Interessen des Verbandes, des Unternehmens oder der Organisation vorgegeben.

Mittelbar relevante Themen

Die Relevanz von Themenbereichen mit unmittelbarem Bezug ist in der Regel offensichtlich. Daneben gibt es jedoch eine Reihe von politischen Fragen, welche den Verband, das Unternehmen oder die Organisation nur mittelbar berühren, die aber nicht unterschätzt werden dürfen. Dies könnte für den Getränkehersteller zum Beispiel eine LKW-Steuer sein, die sein Produkt nicht direkt berührt, aber auf den Endpreis erhebliche Auswirkungen hat, sofern sein Vertriebssystem nicht die Schiene nutzt. Steht dieser Hersteller nun in einem Preiskampf mit weiteren Wettbewerbern, die auf andere Transport- und Vertriebsmöglichkeiten zurückgreifen können, sind Wettbewerbsnachteile höchst wahrscheinlich.

Eine erhöhte Sensibilität von manchen gesellschaftlichen Themen in der Bevölkerung führt dazu, dass auch auf den ersten Blick völlig abwegige Themen zunehmend Beachtung finden müssen. So sind Themenbereiche wie der Umweltschutz längst nicht mehr exklusive Probleme der Chemie- oder Automobilindustrie.

Unsensible Themenbeobachtung durch Intel

Welche fatalen Folgen eine fehlerhafte Selektion haben kann, verdeutlicht folgendes Beispiel aus dem Chip-Unternehmen Intel Corp. Das Unternehmen wurde durch einen Mathematikprofessor auf einen Rechenfehler in einem ihrer Computerchips hingewiesen. Der Mitarbeiter, der die Information entgegennahm, erachtete sie als irrelevant. Daraufhin wandte sich der Professor an Interessengruppen im Internet, seine Information verbreitete sich und wurde zum öffentlichen Thema. Der geschätzte Gesamtschaden durch Rückrufaktion, Kursverlust und Imageschaden betrug über 100 Millionen US$ – ein Schaden, der hätte verhindert werden können, wenn das Unternehmen den kritischen Kunden ernst genommen hätte.

Priorisierung

Wenn ein Thema als relevant eingestuft wurde, so bedeutet dies noch nicht zwangsläufig, dass ein gesteigerter Handlungsbedarf besteht. Durch die Priorisierung eines Themas werden sein Bedeutungsgrad und ein optimaler Handlungszeitpunkt definiert.

Identifizieren von Handlungsbedarf

Ein stetiger Priorisierungprozess kann einfach etabliert werden. Fünf Faktoren sollten dabei berücksichtigt werden:

- Relevanz,
- Dringlichkeit,

- Risiko,
- Chance,
- Beeinflussbarkeit.

Den Indikatoren kommt dabei folgende Bedeutung zu:

Relevanz zeigt die Wichtigkeit des Themas an. Die Bestimmung der Relevanz erfolgt durch ein enges Abgleichen mit den eigenen politischen Lobbyzielen.

Dringlichkeit gibt den zeitlichen Rahmen der Bearbeitung des Themas vor. Fehlen äußere Vorgaben (Termine für Ausschusssitzungen oder Gesetzeslesungen, Fristen bei der Einreichung von Stellungnahmen), muss ein ständig aktualisierter, individueller Bearbeitungszeitplan erstellt werden.

Risiko untersucht ausgehend von einem Worst-Case-Szenario mögliche Rückwirkungen auf die eigene politische Reputation und negative Wechselwirkungen mit anderen Themen.

Chance betrachtet ausgehend von einem Best-Case-Szenario das Potenzial eines Themas für die eigene politische Reputation.

Beeinflussbarkeit beschreibt die realistischen Chancen der Möglichkeit der Einflussnahme und der politischen Durchsetzung der eigenen Ziele.

Themenpriorisierung Flutkatastrophe/Straßenbauvorhaben

Das Beispiel ist bewusst einfach und holzschnittartig konstruiert. Es soll lediglich zeigen, dass eine kluge Priorisierung Möglichkeiten und Grenzen späterer Lobbybemühungen vorhersehbar macht.

Im Sommer 2002 wurde der Osten Deutschlands von einer großen Überflutung heimgesucht. In der Folge wird in der Presse verstärkt über die negativen Folgen der Bodenversiegelung in Auegebieten größerer Flüsse hingewiesen. Innerhalb der Bevölkerung beginnt sich eine breite Unterstützung für Umweltgruppierungen zu regen, die gegen einen Straßenbauplan in den Elbauen nahe Dessau eintreten. Der Ausbau einer Straße ist für die Entwicklung eines regionalen Industrieparks wichtig. Die Positionen der Umweltgruppen wurden bisher von der Politik in wesentlichen Teilen nicht berücksichtigt, da der wirtschaftlichen Entwicklung Vorrang vor Umweltschutzzielen eingeräumt wurde.

Der Lobbyist eines Unternehmens, das in diesem Industriepark Investitionen in Höhe von mehreren hundert Millionen Euro getätigt hat, wird im Zuge des Scanning auf das Thema aufmerksam. Durch das Monitoring wird das Thema als relevant für die Belange des eigenen Unternehmens identifiziert. Der Bau der Straße hat einen wesentlichen Einfluss auf das Erreichen der mittelfristigen Geschäftsziele des Unternehmens. Nun gilt es anhand der Themenpriorisierung den weiteren Handlungsverlauf auszurichten. Verschärft wird die Ausgangslage für den Lobbyisten dadurch, dass der Bund als wichtiger Geldgeber an der Baumaßnahme beteiligt wird.

Relevanz

Das Thema wird als besonders relevant eingestuft. In der Folge der Flutkatastrophe gewinnt – untermauert durch Umfragen – die Umweltpolitik an Bedeutung für die öffentliche Meinung. Die Umfragewerte von Bündnis 90/Die Grünen steigen an. In ersten Äußerungen werden Bauprojekte in sensiblen Bereichen des ostdeutschen Flusssystems in Frage gestellt. Obwohl das Straßenbauprojekt noch nicht explizit erwähnt wurde besteht die Gefahr, dass es in die Schusslinie grüner Umweltpolitik gerät.

Dringlichkeit

Die Dringlichkeit, das Thema in die Lobbyingaktivitäten aufzunehmen ist hoch. Die Bundestagswahlen stehen unmittelbar vor der Tür. Noch ist die Rot-Grüne Koalition in den Umfragen Wahlverliererin. Die Gefahr besteht, dass die neue Popularität umweltpolitischer Themenzusammenhänge dazu führt, dass als Konsequenz aus der Flutkatastrophe schnelle Entscheidungen getroffen werden. Die gegen das Projekt auftretenden Umweltverbände haben ihre Positionen vermehrt in der Presse positionieren können. Um die Unternehmensposition angemessen vertreten zu können, ist es nötig, schnellstmöglich zu handeln.

Risiko

Der „worst case" wäre eine umfassende Einstellung aller durch den Bund geförderten Maßnahmen für Straßenbau in hochwassergefährdeten Gebieten in Flußnähe. Erste Überlegungen, den Wasserwegeplan für den Osten Deutschlands einzufrieren, bestätigen die Überlegungen. Aggressives Engagement für eine Aufrechterhaltung der Bauabsichten könnte dem Image des Unternehmens erheblich schaden. Die bisher sehr gute Zusammenarbeit mit der Landespolitik wird gefährdet, wenn zu offensives Lobbying betrieben wird.

Chance

Die Arbeitslosenquote in der Region liegt derzeit über 20 Prozent. Die Schaffung neuer Arbeitsplätze hängt direkt mit dem Straßenausbau zusammen. Tritt das Unternehmen für den Straßenausbau ein und setzt sich eventuell über eine Kompromisslösung durch, kann das zu einer Imageverbesserung massiv beitragen. Durch eventuelle Zugeständnisse in Verhandlungen kann zusätzlich eine einvernehmliche Lösung mit umweltbewegten Bedenkenträgern zu erhöhtem Ansehen des Unternehmens auf Seiten der Ausbaukritiker führen.

Beeinflussbarkeit

Angesichts der katastrophalen wirtschaftlichen Situation scheint die Durchsetzung der Unternehmensinteressen möglich. Die Politik ist besonders darum bemüht, negative Schlagzeilen auf dem Gebiet der Wirtschaftspolitik zu vermeiden. Auf der anderen Seite ist das Umweltthema zu wichtig, als dass es gänzlich zu Gunsten wirtschaftlicher Zusammenhänge fallen gelassen wird. Eine Durchsetzung der Interessen des Unternehmens scheint am ehesten durch einen breit angelegten Kompromiss möglich.

2 Identifizierung der Adressaten

Nachdem die relevanten Themen identifiziert und bewertet sind, müssen die spezifischen Ansprechpartner innerhalb der Politik oder in anderen Organisationen ausfindig gemacht werden.

Mapping als Methode zur Bestimmung der Adressaten

Bestimmung der Stakeholder

Ausgangspunkt ist die möglichst genaue Kenntnis aller Akteure innerhalb eines Themenfeldes. Diese Akteure werden auch als „Stakeholder" bezeichnet. Darunter fallen alle Parteien, Organisationen, Verbände oder Einzelpersonen, die in irgendeiner Form einen kommunikativen Anteil an einem bestimmten Thema haben könnten.

Ein Instrument zur Bestimmung der Stakeholder ist das so genannte Mapping. Die weiterführende Unterscheidung der Stakeholder hinsichtlich ihrer inhaltlichen Position, ihrer tatsächlichen Machtposition und ihrer potenziellen Einflussmöglichkeiten wird in einer so genannten Mapping-Analyse vorgenommen.

Rechtlicher Ansatz

Es wird zwischen einem rechtlichen und einem politischen Ansatz bei der Mapping-Analyse unterschieden.

- Im rechtlichen Ansatz werden alle Beteiligten gemäß ihrer formell anerkannten Stellung im Entscheidungsverfahren identifiziert. Hier stehen vor allem staatliche Akteure im Mittelpunkt, die nach ihrer rein formalen Entscheidungsgewalt sortiert werden. Dazu kann man die gängigen Informationsquellen (z.B. Literatur über die Staatsorganisation) nutzen, um sich einen Überblick über die Hierarchien bei der politischen Entscheidungsfindung ein Bild zu verschaffen.

Stakeholder beim rechtlichen Ansatz

- Bundeskanzler
- Fachlich zuständiger Minister
- Abgeordnete der Regierungsparteien
- Abgeordnete der Opposition

Der rechtliche Ansatz dient in erster Linie dazu, in komplexen Gesetzgebungs- und Regelungsverfahren den Überblick darüber zu behalten, wer der formelle Entscheidungsträger ist.

Politischer Ansatz

- Die weiteren gesellschaftlichen Akteure und die Kraft der öffentlichen Meinung werden beim rechtlichen Ansatz nicht berücksichtigt. Deshalb wird die Mapping-Analyse um eine politische Komponente erweitert, in der tatsächliche Machtzusammenhänge aufgedeckt werden sollen. Gesellschaftliche Stakeholder und ihre öffentliche Wirkung stehen hierbei im Vordergrund. Dies lenkt den Fokus der Analyse auf Verbände, Kommissionen, Berater, Medien und öffentliche Meinungsmacher. Diese haben zwar von ihrer formellen Stellung betrachtet zum Teil keinen unmittelbaren Einfluss auf den politischen Entscheidungsprozess. Ihr tatsächlicher Einfluss kann aber im Einzelfall wesentlich höher zu gewichten sein als beispielsweise bei einem mit dem Thema betrauten, formal zuständigen Entscheidungsträger. Eine Stakeholder-Hierarchie, sortiert nach den tatsächlichen Machtzusammenhängen, könnte so aussehen:

Stakeholder nach tatsächlichem Machtzusammenhang

- Abteilungsleiter X im Ministerium Y
- Fachpolitischer Sprecher X der Regierungspartei Y
- Fachjournalist X
- Oppositionsabgeordneter mit Meinungsführerschaft
- Verbandspräsident X

Genaue Kenntnis der politischen Abläufe

Der Lobbyist sollte sich unbedingt mit dem institutionellen Aufbau der einzelnen Organe vertraut machen. Dazu gehört die genaue Kenntnis der Entscheidungsabläufe, Zuständigkeiten und Weisungsbefugnisse. Zuständigkeiten können sich gegebenenfalls zwischen den Ministerien überlappen. Die genaue Kenntnis der formellen und informellen Kommunikationswege ist unerlässlich. Reaktionen der Stakeholder können somit teilweise antizipiert werden. Bei entsprechender Vorbereitung kann man sich auch frühzeitig um Allianzen mit bestimmten Stakeholdern bemühen. Die Betrachtung der Positionen anderer Akteure gibt den Spielraum vor, in dem eine Lösung gesucht werden kann. Je kontroverser die Meinungen zu einem Thema sind, desto geringer ist der Lösungsspielraum. Jeder Lobbyist sollte sich dessen bewusst sein, bevor er vorschnell Meinungen äußert und so vielleicht eine einvernehmliche Lösung unmöglich macht. Da politische Entscheidungen nie eindimensional sind, sollten immer mögliche Wechselwirkungen mit anderen Themen und Beteiligten geprüft werden, bevor eine Position öffentlich vertreten wird.

Checkliste Mapping

- Wer ist beteiligt?
- Welche Meinungen werden vertreten?
- Wer ist Meinungsführer?
- Hat meine eigene Position eine Mehrheit?
- Kann ich durch Allianzen eine Mehrheit schaffen?
- Welche Wechselwirkung mit anderen Themen/Beteiligten gibt es?

Potenzielle Adressaten im politischen Umfeld

Der Lobbyist muss sich die für ihn relevanten Stakeholder stets individuell zusammenstellen. Dafür sollte er die potenziellen Adressaten im politischen System genau kennen und einordnen können.

Die Regierungsmitglieder

Bedeutung der Arbeitsebene

Mehr als 80 Prozent aller zum Gesetz erhobenen Vorlagen im Bundestag stammen von der Bundesregierung selbst: Sie ist die bestimmende Instanz bei politischen Entscheidungen auf Bundesebene. Es erscheint daher auf den ersten Blick nahe liegend, Lobbying vorwiegend auf die Kommunikation mit den Ministern und Staatssekretären in der Regierung auszurichten. Dies wäre jedoch ein Fehlschluss. Denn hinter der Bundesregierung steht ein großer bürokratischer Apparat, der die politischen Rahmensetzungen von Seiten des Bundeskanzlers, der Bundesminister und

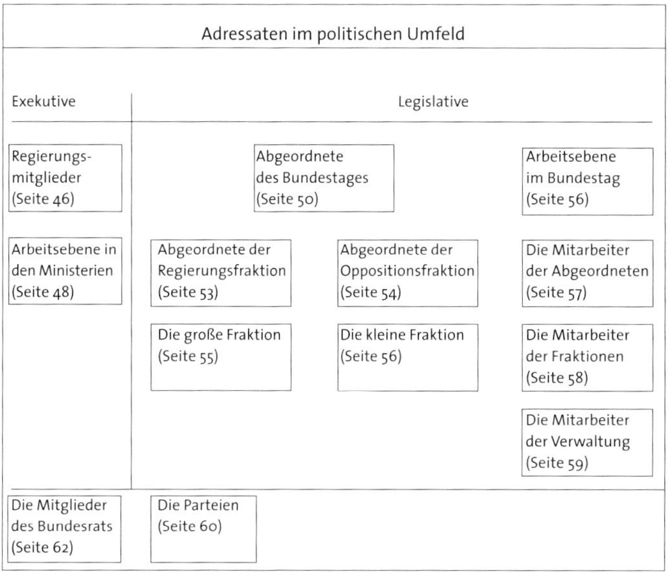

den dazugehörigen Parteien in verwertbare politische Vorlagen umsetzt. Modernes Lobbying sollte daher an allen zugänglichen Stellen der politischen Entscheidungsfindung ansetzen.

Aufgaben und Funktion eines Bundesministers und der politischen Leitungsebene bei der Entscheidungsfindung

Der Minister ist umgeben von einem vielschichtigen Geflecht politischer Interessengruppen. In der Bundesregierung verwaltet der Minister sein Ressort (Ressortkompetenz) innerhalb der politischen Richtlinien, die ihm vom Bundeskanzler vorgegeben werden (Richtlinienkompetenz). Die Entscheidungen, die er innerhalb dieser Richtlinien trifft, sind mit anderen Ministern abzustimmen und unterliegen in jedem Fall der Beschlussgewalt des Kabinetts (Kollegialprinzip). Die gesamte Regierungsarbeit ist Gegenstand einer regelmäßigen Abstimmung zwischen den Koalitionären (im Falle einer Koalition) zum einen, den Fachpolitikern der Koalitionsfraktionen und sogar der Oppositionsfraktionen auf der anderen Seite. Die Pflege dieser vielfältigen politischen Verflechtungen wird im Wesentlichen von Seiten der Ministerialbeamten wahrgenommen. Der Minister fungiert zum einen als politischer Impulsgeber und oberster Verantwortungsträger seines Ministeriums, zum anderen als Kommunikator politischer Entscheidungen seines Ministeriums nach außen.

Der Minister steht der so genannten politischen Leitungsebene aus parlamentarischen und beamteten Staatssekretären und Abteilungsleitern im Ministerium vor. Die Leitungsebene im Ministerium wird vorrangig nach parteipolitischen Erwägungen besetzt. In erster Linie koordiniert sie die Ministerialbürokratie und deckt darüber hinaus situationsabhängig Aufgaben aus allen Bereichen des Ministeriums ab. Dazu gehört die Umsetzung politischer Entscheidungen und die Pflege notwendiger formeller und informeller Kontakte zwischen den Ministerien und anderen politischen Instanzen. Die Wahrnehmung dieser administrativ-kommunikativen Pflichten ist aufs engste mit den höchsten Beamten der Arbeitsebene abgestimmt (zur Arbeitsebene siehe unten).

An der immensen Arbeitsbelastung des Ministers und seinem relativ geringen Anteil an der fachlichen Arbeit wird ersichtlich, dass eine direkte Kommunikation mit dem Minister nur in besonderen Fällen sinnvoll erscheint. Auf der anderen Seite eröffnen sich durch die weit verzweigten Vorgespräche zu ministeriellen Entscheidungen eine ungeahnte Anzahl von Ansprechpartnern für die Platzierung von Themen. Man sollte sich daher genau über die Kommunikationswege und Kompetenzverteilungen innerhalb einer politischen Institution informieren.

Die Kommunikation mit Regierungsmitgliedern

Generell gilt: Lieber den guten Kontakt zu einem Abteilungsleiter nutzen, um sich beim Minister Gehör zu verschaffen, als direkt den Minister anzusprechen und zu riskieren, dass dieser das Anliegen nicht mit entsprechendem Engagement verfolgt.

Die Arbeitsebene in den Ministerien

Die Arbeitsebene in den Ministerien umfasst diejenigen Beamten, die im Hause die fachliche Arbeit verrichten. Diese schreiben Entwürfe für Gesetze und Verordnungen und bereiten die Entscheidungen des Ministers inhaltlich vor.

Die Ministerien sind intern streng hierarchisch aufgebaut. Es gilt daher, den Dienstweg zu beachten. An der Spitze der Arbeitsebene stehen die Unterabteilungsleiter des Ministeriums. Diese sind direkt den Abteilungsleitern der politischen Leitungsebene nachgeordnet. Die Unterabteilungsleiter koordinieren den Arbeitsablauf im Haus. Ihnen nachgeordnet arbeiten Referatsleiter. Die fachliche Zuarbeit in den Referaten leisten Referenten und Sachbearbeiter. (Der Organisationsplan des Bundesministeriums für Wirtschaft und Arbeit ist als Beispiel im Anhang, S. 185–187, eingefügt, ebenso einige ausgewählte Internetverweise auf entsprechende weitere Organisationspläne, S. 184.

Struktur der Arbeitsebene

Für jeden Aufgabenbereich im Ministerium gibt es ein zuständiges Referat. Der Referatsleiter trifft die ersten Einschätzungen in allen Angelegenheiten, die in seinen Zuständigkeitsbereich fallen, und sorgt für eine aufbereitete Weitergabe von fachlichen Informationen über seine Vorgesetzten an den Minister. Auf Grund seiner Fachkenntnisse und Schaltstellenfunktion ist der Referatsleiter ein wichtiger Ansprechpartner bei der Platzierung fachlich konkret abgesteckter Interessen im Ministerium. Es ist außerordentlich schwierig, etwas gegen die Überzeugung eines Referatsleiters durchzusetzen. Die Arbeitsebene in den Ministerien muss in die Lobbyarbeit unbedingt einbezogen werden. Ein Anliegen hat ungleich größere Chancen, adäquat behandelt zu werden, wenn die Arbeitsebene überzeugt wurde. Es ist daher essenziell, den Kontakt zu den Referaten zu pflegen und zu nutzen. Für einen guten Kontakt zur Arbeitsebene der Ministerien spricht überdies, dass die Mitarbeiter der Arbeitsebene ihre Positionen auf Grund ihrer fachlichen Eignung erreicht haben und selten auf Grund ihrer Parteibücher. Auf neutralem Grund findet sich manches Thema sachgerechter behandelt als beim Aufeinandertreffen abweichender politischer Grundpositionen. So wird zum Beispiel ein fachlich kompetenter Referatsleiter im Arbeitsministerium Überlegungen zur Lockerung des Kündigungsschutzes eher auf ihren sachlichen Gehalt hin überprüfen, als ein Minister oder Staatssekretär einer sozialdemokratischen Regierung mit starker Gewerkschaftsanbindung.

Zuständigkeiten der Arbeitsebene

Schon im frühesten Stadium eines Gesetzgebungsverfahrens wird durch regelmäßige Konsultationen auf der Arbeitsebene ein maximaler Konsens zwischen allen

Möglichkeiten zur Kontaktaufnahme

betroffenen Gruppen angestrebt. Sobald ein Gesetzentwurf die Arbeitsebene verlassen hat, sind Änderungen nur noch in vergleichsweise begrenztem Umfang möglich. Deshalb wäre es fatal, als Lobbyist nur den Kontakt zur Leitungsebene zu suchen. Zudem könnten sich Mitarbeiter auf der Arbeitsebene übergangen fühlen. Im schlimmsten Fall werden Einwände von Seiten des Lobbyisten einfach ignoriert.

Infrastruktur der Abgeordneten

Wenn der Kontakt zu den zuständigen Referaten im Ministerium aufgebaut werden soll, empfiehlt sich die Kontaktaufnahme mit den fachpolitischen Sprechern derjenigen Fraktion, die den entsprechenden Minister stellt. Ist das Wirtschaftsressort beispielsweise durch den kleinen Koalitionspartner besetzt, lassen sich über den wirtschaftspolitischen Sprecher dieser Fraktion mittelbar sehr gut Kontakte zum Minister oder der Arbeitsebene im Ministerium aufbauen. Der wirtschaftspolitische Sprecher steht stets in engem Kontakt zum Wirtschaftsministerium, um die Meinung der Fraktion mit der des Ministeriums abzustimmen.

Man sollte sich dabei immer die Bedeutung informeller Kommunikationswege zwischen dem Minister und seiner Arbeitsebene vor Augen führen. Viele Regierungsmitglieder gehen verstärkt dazu über, den direkten Kontakt zur Arbeitsebene zu suchen, um authentische und ungefilterte Informationen von der „Basis“ zu bekommen. Im Einzelfall kann man daher das Gehör des Ministers viel schneller über die Arbeitsebene erreichen.

Die Abgeordneten des Bundestages

Die Abgeordneten des Deutschen Bundestages sind in aller Regel nur während der Sitzungswochen des Bundestages in Berlin. Den Rest der Zeit verbringen sie in ihren Wahlkreisen. Einen Sitzungskalender kann man im Internet unter www.bundestag.de einsehen. Im Schnitt sind die Abgeordneten zwei Wochen pro Monat in Berlin. Dort verfügen Sie über eigene Büros mit etwa zwei Mitarbeitern (zumeist eine Sekretärin und ein wissenschaftlicher Mitarbeiter oder persönlicher Referent). Darüber hinaus beschäftigen die meisten Abgeordneten auch einen Mitarbeiter im Wahlkreis. Die Abgeordneten verfügen frei über einen festen Personaletat von monatlich ca. 8.800 Euro.

Arbeitspensum und Vergütung der Abgeordneten des Deutschen Bundestages

Das Klischee vom arbeitsscheuen und überbezahlten Abgeordneten ist weit verbreitet. Zur Klärung ein paar Fakten:

Die meisten Abgeordneten des Deutschen Bundestages sind Berufspolitiker. Der Anteil derer, die neben der Arbeit im Bundestag einer weiteren Beschäftigung nachgehen, beträgt ca. 25 Prozent. Die Mehrzahl aus dieser Gruppe sind als Rechtsanwälte tätig. Fast ein Drittel der MdB stammen aus dem Öffentlichen Dienst, wobei in zunehmendem Maße Lehrer die Hauptberufsgruppe darstellen.

Bei der CDU/CSU und der FDP stammen ein guter Teil der Abgeordneten aus führenden Positionen in der freien Wirtschaft oder aus der Selbstständigkeit. Stark unterrepräsentiert sind Ingenieure und Naturwissenschaftler, aber auch die nicht akademischen Berufe. Die meisten Abgeordneten sind bemüht, während ihrer Tätigkeit im Bundestag weiterhin einen inhaltlichen Bezug zu ihrem ursprünglichen Beruf aufrechtzuerhalten.

Den Abgeordneten stehen derzeit insgesamt ca. 10.300 Euro im Monat zu. Davon stammen seit dem Januar 2002 6.878 Euro (ab Januar 2003: 7.009 Euro) aus der Abgeordnetenentschädigung und 3.417 Euro werden als Kostenpauschale zur Unterhaltung eines Wahlkreisbüros und für Reisekosten bezahlt. Die meisten Abgeordneten entrichten darüber hinaus freiwillige Beiträge an ihre Parteien und andere Organisationen.

Die Zahlen belegen, dass die Schere zwischen Abgeordnetenvergütung und Spitzengehältern in der Wirtschaft weit auseinander klafft. Aus diesem Grund nehmen immer weniger Führungskräfte aus der Wirtschaft Mandate im Bundestag an.

Fachpolitiker

Da Lobbyarbeit themenbezogen abläuft, sind die Fachpolitiker häufig die besten Ansprechpartner. Sie besitzen in der Regel großen Sachverstand und ihr Zeitbudget bietet mehr Spielraum als das der Fraktionsführung.

Kontaktaufnahme

Der Kontaktaufnahme mit Abgeordneten des Deutschen Bundestages stehen in der Regel keine nennenswerten Hindernisse entgegen. Vorbereitend sollte man sich informieren, welche Abgeordnete für welche Themen zuständig ist. Diese Information lässt sich am besten auf den Webseiten der Bundestagsfraktionen recherchieren.

Jede Fraktion verfügt über Sprecher zu den einzelnen Themenbereichen (z.B. wirtschafts,- kultur-, medienpolitische Sprecher). Innerhalb der Fraktion kommt den Sprechern die Rolle des Informanten in Sachfragen zu. Tritt man an den jeweiligen Fachpolitiker heran, kann man zum einen ein sachliches Verständnis für seine Position erwarten und platziert zum anderen bei gutem Verlauf des Kontaktes sein Thema auf der Agenda der Fraktion. Die Sprecher nehmen zudem wichtige Funktionen in den jeweiligen Ausschüssen wahr.

Auch die Kontaktaufnahme mit den so genannten Obleuten der Ausschüsse kann sinnvoll sein. Die Obleute sind gemeinsam mit dem Ausschussvorsitzenden für die Festlegung der Ausschussagenda zuständig.

Keine willkürliche Kontaktaufnahme

Es ist nicht sinnvoll, Abgeordnete willkürlich zu kontaktieren. Man sollte immer themenbezogen vorgehen. Wenn es um ein konkretes Gesetzgebungsvorhaben geht, ist zu überprüfen, welcher Ausschuss die Federführung hat und welche Ausschüsse nur mitberatend aktiv sind. Man sollte den Kontakt zu allen mit dem Thema befassten Ausschüssen und deren Mitgliedern suchen. Besonderer Wert ist dennoch auf die Kommunikation mit den Mitgliedern des federführenden Ausschusses zu legen, da dort in der Regel die wichtigen Stakeholder sitzen. Denn die Aufgabe der mitberatenden Ausschüsse besteht lediglich in der fachlichen Beratung des federführenden Ausschusses. Die notwendige Kommunikation zwischen mitberatenden und federführenden Ausschüssen kann aber dazu genutzt werden, bestimmte Ziele und Wünsche durch Mitglieder der mitberatenden Ausschüsse gegenüber den federführenden Kollegen zu artikulieren.

Breit angelegte Kommunikation

Es kann vorkommen, dass der Lobbyist im lediglich mitberatenden Ausschuss auf wesentlich verständigere Ansprechpartner trifft. Liegt bei einem Gesetzgebungsvorhaben, beispielsweise Urheberrecht in den neuen Medien, die Federführung beim Rechtsausschuss, besteht die Gefahr, dass viele Abgeordnete dieses Ausschusses die vorgetragenen Positionen eines Medienunternehmens nicht nachvollziehen können. Sie verfügen zwar über einen ausgeprägten juristischen Sachverstand, können aber bestimmte Realitäten des Mediengeschäfts oder des Internets nicht ausreichend beurteilen. In diesem Fall muss das Unternehmen oder der entsprechende Verband verstärkt Kontakt mit dem mitberatenden Ausschuss für Kultur und Medien oder dem Unterausschuss für Neue Medien aufnehmen. Dort besteht eine größere Chance, auf offene Ohren zu stoßen. Im Idealfall kann dort die weitaus effektivere Überzeugungsarbeit geleistet werden.

Genaue Kenntnis der Ansprechpartner

Wenn das Gespräch mit den einzelnen Ausschussmitgliedern geführt wird, um die Position des Lobbyisten zu artikulieren, ist es unumgänglich, im Vorfeld genaue Auskünfte über den jeweiligen Abgeordneten einzuholen. Dabei müssen seine politischen Standpunkte und seine berufliche Qualifikation berücksichtigt werden. Die Positionen, die der Abgeordnete im Vorfeld zu einem Thema vertreten hat, und seine Parteizugehörigkeit können Aufschluss darüber geben, wie er sich zu verwandten Themen positionieren wird. Vor dem beruflichen Hintergrund lässt sich einschätzen, ob der Abgeordnete beispielsweise technischen Argumenten gegenüber aufgeschlossen ist, ob er ausschließlich politisch denkt oder juristischen Sachverstand besitzt. Vor den Abgeordnetengesprächen sollte sich der Lobbyist im Vorfeld potenzielle Schnittstellen und Unterschiede zwischen seiner Position und der des Abgeordneten vergegenwärtigen.

Die Abgeordneten der Regierungsfraktionen

Zweigleisige Kommunikation

Bei der Kommunikation mit Abgeordneten einer Regierungsfraktion gibt es einige wenige Besonderheiten zu beachten. So müssen sich die Abgeordneten einer Regierungsfraktion in ihrer Arbeit stets an dem „Machbaren" orientieren. Zugespitzte Forderungen helfen hier nur wenig. Darüber hinaus stehen diese Abgeordneten in einem ständigen Dialog und Kontakt mit den zuständigen Abteilungen in den Ministerien. Die Meinungsbildung der Abgeordneten wird nämlich entscheidend durch entsprechende Kommunikation mit den jeweiligen Ressorts der Bundesregierung geprägt. Es ist daher in jedem Fall ratsam, stets sowohl mit den Fachreferaten der zuständigen Ministerien als auch den Fachpolitikern der Regierungsfraktion zu sprechen.

Die Kunst besteht darin herauszufinden, wo es Dissenslinien zwischen der Exekutive und den Regierungsfraktionen gibt. Wird der Standpunkt des Lobbyisten von Seiten der Regierungsfraktion unterstützt, kann die eigene Regierung über die Fraktion unter Druck gesetzt werden und umgekehrt.

Keine Maximalforderungen

Den Regierungsfraktionen gegenüber sollten grundsätzlich keine Maximalforderungen aufgestellt werden. Polemik wird schnell als unseriös abgetan, was eine zukünftige Zusammenarbeit unnötig erschwert. Es spricht jedoch nichts dagegen, im Dialog mit den Fachpolitikern der Regierungsfraktionen zum Beispiel strittige Detailfragen anzusprechen, die sich auf ein laufendes Gesetzgebungsverfahren beziehen. In diesem Zusammenhang kann versucht werden, die Absichten der Regierungsfraktion zu stärken, abzufedern oder in einzelnen Aspekten zu relativieren. In den seltensten Fällen wird es jedoch gelingen, die Entscheidungsträger von einem Regelungsvorhaben gänzlich abzubringen. Solche Maximalforderungen sind wenig realistisch und sollten nur in Ausnahmefällen artikuliert werden, wenn etwa eine starke Allianz mit anderen Unternehmen und Interessengruppen/Verbänden zu diesem Thema besteht. Mit einer kompromisslosen Verweigerungshaltung bringt sich der Lobbyist leicht um die Chance, konstruktiv am Gesetzgebungsverfahren mitzuwirken und dadurch eine moderatere Regelung herbeizuführen. Am Ende sieht er sich dann mit einer rückhaltlosen Durchsetzung des ursprünglichen Gesetzgebungsvorhabens konfrontiert.

Die Abgeordneten der Oppositionsfraktionen

Gratwanderung: Polemik und Diplomatie

Den Abgeordneten der Oppositionsfraktionen gegenüber kann der Lobbyist seine Unzufriedenheit mit Regierungspositionen offen zum Ausdruck bringen. Insbesondere für Hinweise auf Versäumnisse und handwerkliche oder politische Fehler der Regierung ist die Opposition naturgemäß stets dankbar. Nichtsdestotrotz sollte die Opposition nicht unüberlegt mit Informationen über alle Unzulänglichkeiten von Regierungsinitiativen versorgt werden, da man damit im Zweifel großen Schaden anrichten kann. Wird beispielsweise die Position eines Verbandes oder eines Unternehmens durch die Opposition zu aggressiv in der Debatte gegen die Regierung genutzt und der Anteil des Unternehmens oder Verbandes an der thematischen Ausrichtung der Opposition in dieser Frage zu deutlich sichtbar, besteht die Gefahr, die Regierungsfraktionen und die Regierung als mögliche Gesprächspartner dauerhaft zu verprellen. Dementsprechend sinken die Chancen, auf diplomatischem Wege die Vorstellungen zu artikulieren und so eventuell Veränderungen herbeizuführen.

Chance durch Zuspitzung

Die Opposition ist darüber hinaus der ideale Ansprechpartner, um bestimmte Positionen richtungsweisend und plakativ zu artikulieren und anschließend in die parlamentarische Debatte zu überführen. Der Opposition fällt polemische und zugespitzte Artikulation nicht schwer, da sie keine Regierungsverantwortung trägt, ja ihre Aufgabe sogar zu großen Teilen in der Zuspitzung besteht. Indem der Lobbyist die Opposition mit konstruktiven Gegenvorstellungen versorgt, lassen sich diese zudem öffentlichkeitswirksam über deren Abgeordnete transportieren.

Die große Fraktion

Eindeutige Zuständigkeiten

Es ergeben sich bedeutende Unterschiede in der Kommunikation mit kleinen und großen Fraktionen. Während es in großen Fraktionen stets so genannte Hinterbänkler gibt, die jeden Brief lesen können, der in ihren fachpolitischen Bereich fällt, sind die Abgeordneten der kleinen Fraktionen oftmals mit sehr vielen Themenfeldern gleichzeitig beschäftigt. Die CDU kann es sich beispielsweise leisten, einen ausgewiesenen Experten für Filmpolitik zu haben, während in der FDP ein Abgeordneter sämtliche medien-, internet- und kulturpolitischen Themen bearbeiten muss. Bei einer großen Fraktion trifft man folglich häufiger auf einen Ansprechpartner, der sich erheblich intensiver und detaillierter mit einem bestimmten Thema beschäftigt.

Unübersichtlichkeit

Nachteilig an der Zusammenarbeit mit den großen Fraktionen kann die Stärke der Fraktion selbst sein, die die fraktionsinternen Entscheidungsprozesse stark verlangsamt. Durch die hohe Zahl von Abgeordneten, die an der Meinungsbildung der Fraktion beteiligt sind, kommt es häufig zu internen Abstimmungsschwierigkeiten. Daher ist es auch hier ratsam, den Dialog mit der Arbeitsebene, d.h. den Fachreferenten, zu suchen. Diese bündeln und kanalisieren die vorhandenen Meinungen und erleichtern so den Überblick. Stößt man beim Fachreferenten auf offene Ohren, so ist die Wahrscheinlichkeit hoch, dass dieser die Abgeordneten in entsprechender Weise vorbereitet und das Thema auf die Agenda der nächsten Arbeitskreissitzung gesetzt wird.

Die kleine Fraktion

Kurze Entscheidungswege

Gegenüber den großen Fraktionen haben die kleinen Fraktionen den entscheidenden Vorteil, dass ihre Entscheidungswege wesentlich kürzer sind. Häufig ist nur ein Abgeordneter für einen bestimmten Politikbereich zuständig, sodass langwierige Abstimmungsprozesse mit den Kollegen entfallen. Allerdings hat die kleine Fraktion naturgemäß auch weniger Gewicht im gesamten politischen Entscheidungsprozess.

Der kleine Koalitionspartner

Besonders wertvoll ist der Kontakt zum so genannten „kleinen Koalitionspartner“. Dieser ist dann interessant, wenn es um die Politikfelder geht, bei denen der kleine Koalitionspartner durch eigene Minister vertreten ist. Anders als bei den kleinen Fraktionen der Opposition ist das Gewicht des „kleinen Koalitionspartners“ im politischen Gesamtkontext größer. Hier kommen dann auch die kürzeren Kommunikations- und Abstimmungswege besonders zum Tragen. Der Vorteil, sich mit einem Thema an einen oder wenige Abgeordnete wenden zu müssen, bleibt bestehen. Er wird nun um den positiven Aspekt erweitert, dass ein Thema im besten Falle auf kürzestem Wege auf die Agenda der Regierungspolitik gelangt.

Die Arbeitsebene im Bundestag

Bedeutung der Arbeitsebene

Die politische Arbeitsebene wird von vielen Lobbyisten in ihrer Bedeutung für eine gelungene Lobbyarbeit unterschätzt. Oft wird das Gespräch zunächst bzw. ausschließlich direkt an die Fraktionsspitzen adressiert. Dabei wird auch hier verkannt, dass die Arbeitsebene in den allermeisten Fällen Entscheidungen vorbereitet, Positionen ventiliert und filtert und auf Grund ihrer Aufgaben fachlich wesentlich besser in bestimmte Themenbereiche eingearbeitet ist. Die Arbeitsebene steht deshalb Sachargumenten häufig aufgeschlossener gegenüber als die Entscheidungsebene, die von Sachzwängen und einer stark politisch geprägten Denkweise dominiert wird.

Es ist deshalb zweckmäßig, zu Veranstaltungen neben den Entscheidungsträgern auch die Arbeitsebene einzuladen. Selbstverständlich gilt das nicht, wenn bekannt ist, dass der Entscheidungsträger mit der Anwesenheit der Arbeitsebene nicht einverstanden ist.

Die Referenten und Mitarbeiter der Abgeordneten

Charakterisierung der Aufgaben

Abgeordnete hatten bis 1969 nicht die Möglichkeit, wissenschaftliche Mitarbeiter einzustellen. Bis dahin wurde inhaltliche Arbeit ausschließlich in den Fraktionsstäben geleistet. Bis heute wird der Status eines Fraktionsreferenten üblicherweise höher bewertet als derjenige des wissenschaftlichen Mitarbeiters eines Abgeordneten. Der grundlegende Unterschied besteht darin, dass ein wissenschaftlicher Mitarbeiter des Abgeordneten für viele politische Themen zuständig ist und nicht so dicht am Gesetzgebungsverfahren arbeitet wie der Fraktionsreferent.

Am zutreffendsten ist der wissenschaftliche Mitarbeiter oder persönliche Referent charakterisiert, indem man ihn mit einem Vorstandsassistenten vergleicht. Sein Aufgabenbereich erstreckt sich auf die verschiedensten Gebiete und verlangt großes Organisations- und Dispositionsgeschick. Zu den typischen Aufgaben des Referenten gehört das Erstellen von Reden und parlamentarischen Initiativen sowie die vielfach anfallenden Gespräche mit Bürgern, Verbands- und Unternehmensvertretern. Dabei dient der persönliche Referent auch als Puffer für alle Anliegen, die an den Abgeordneten herangetragen werden. Die Wahrnehmung von Terminen, die Vorbereitung von Veranstaltungen, das Abfassen von Pressemeldungen, das Briefing des Abgeordneten für Veranstaltungen und Ausschusssitzungen, die Begleitung des Abgeordneten zu den Ausschusssitzungen sowie das Anfertigen von Positionspapieren runden seinen Job ab.

Individuelle Unterschiede

Aufgabenbereich und Autonomie der Stellung des jeweiligen Referenten hängen vom Führungsstil seines Vorgesetzten ab und können stark voneinander abweichen. Einige Mitarbeiter haben eher den Status von Sekretären, andere wiederum genießen viel Vertrauen und sind selbstständig mit der Themengestaltung betraut. Im Idealfall ist der Referent derjenige, der den Abgeordneten mit Ideen und Trends, die anschließend in die Politik überführt werden, vertraut macht. Dann ist es sinnvoll, im Vorfeld eines anvisierten Zusammentreffens mit einem Abgeordneten das Gespräch mit den Mitarbeitern zu suchen und über sie erstmals Themen zu ventilieren.

Aufgaben und Vergütung

Je nach personeller Ausstattung des Abgeordnetenbüros fallen für die wissenschaftlichen Mitarbeiter administrative Aufgaben in erheblichem Umfang an. Ein wissenschaftlicher Mitarbeiter wird entsprechend BAT2a vergütet, verdient in aller Regel also bedeutend weniger als der Unternehmenslobbyist. Auch sind Dienstreisen vielfach nicht finanzierbar, da die Fraktionen nur die Reisekosten der Fraktionsreferenten übernehmen. Die meisten wissenschaftlichen Mitarbeiter und persönlichen Referenten nehmen den Job beim Abgeordneten nur eine Legislaturperiode lang wahr, da sich danach häufig interessante und gut bezahlte Möglichkeiten der Beschäftigung bei Verbänden, in der Wirtschaft oder in Agenturen bieten.

Vorteil: politische Neutralität

Der Großteil der Mitarbeiter wird entgegen einer weit verbreiteten Annahme nicht aus dem parteipolitischen Umfeld rekrutiert. Sicherlich handelt hier jeder Abgeordnete nach individuellen Kriterien, dennoch sind vorrangig die fachliche Qualifikation und Leistung entscheidend. „Parteisoldaten" sind bei vielen Abgeordneten unerwünscht. Gerade wenn Mitarbeiter politisch nicht festgelegt sind, funktioniert eine sachliche und objektive Zuarbeit oft besser.

Die immense Arbeitsbelastung der persönlichen Referenten während der Sitzungswochen kann dazu führen, dass wichtige E-Mails nicht sofort gelesen oder beantwortet werden. Auch kann es vorkommen, dass Ihr Ansprechpartner vorübergehend nicht erreichbar ist bzw. kurz angebunden oder ausweichend antwortet. Dies sollte der Lobbyist nicht persönlich nehmen und versuchen, den Kontakt vor allem in sitzungsfreien Wochen herzustellen und eventuelle Treffen in diese Zeit zu legen.

Die Referenten der Fraktionen

Charakterisierung der Aufgaben

Die Referenten der Fraktion sind grundsätzlich für mehrere Abgeordnete gleichzeitig zuständig. Sie werden in der Regel besser bezahlt als die Referenten der Abgeordneten und verfügen häufig über eigene Sekretariate. Fraktionsreferenten sind bestimmten Themenfeldern zugeordnet. Sie bereiten Fraktions- und Arbeitsgruppensitzungen vor und begleiten Abgeordnete zu den Ausschusssitzungen. Parlamentarische Initiativen werden meist von ihnen vorbereitet.

Gerade in den großen Fraktionen können Fraktionsreferenten den Abstimmungsbedarf besser koordinieren als die persönlichen Referenten der Abgeordneten. Sie treffen sich untereinander, um die Arbeit der gesamten Fraktion zu koordinieren und die verschiedenen, sich teilweise überlappenden Politikfelder abzustimmen. Über sie wird die Positionierung der gesamten Fraktion zum jeweiligen Thema koordiniert. Der Fraktionsreferent für Rechtspolitik zum Beispiel holt die Meinung der Rechtspolitiker zu einem Thema ein und wird sie mit der Meinung der Wirtschaftspolitiker über den Fraktionsreferenten für Wirtschaft abgleichen.

Kommunikationsfunktion

Fraktionsreferenten der Regierungskoalition stehen im engen Dialog mit der Arbeitsebene in den Ministerien. Viele Fraktionsreferenten sind auch für die Dauer einer oder mehrerer Legislaturperioden durch die Fraktionen von den Ministerien „ausgeliehen“ und dort nur beurlaubt. Sie decken in dieser Rolle den immensen Kommunikationsbedarf zwischen der Arbeitsebene in den Ministerien und den Regierungsfraktionen ab.

Die Unterschiede in der Aufgabenstellung zwischen Fraktionsreferenten und persönlichem Referenten der Abgeordneten können fließend sein. Spezieller Sachverstand zu bestimmten Politikfeldern findet sich jedoch in aller Regel eher bei den Fraktionsreferenten. Kompetenz und Einfluss der persönlichen Referenten variieren stark und müssen von Fall zu Fall eingeschätzt werden.

Hinweise zur richtigen Zusammenarbeit

Der Lobbyist sollte daher davon absehen, den Kontakt zu Abgeordneten oder in die Fraktion nur über die Fraktionsreferenten zu suchen. Der Fraktionsreferent mag zwar fachlich versierter sein und größeren Zugang zu Ihren Themen haben, dennoch führt am Mitarbeiter des Abgeordneten kein Weg vorbei, wenn der Kontakt zum Entscheidungsträger gesucht wird. Viele Lobbyisten sind in ihren Bemühungen gescheitert, auch weil sie die zwangsläufig auftretenden statusbedingten Reibereien zwischen Fraktionsreferenten und wissenschaftlichen Mitarbeitern/persönlichen Referenten der Abgeordneten außer Acht gelassen haben und sich ausschließlich an den Fraktionsreferenten gewandt haben.

Einbeziehung der Verwaltungsmitarbeiter

Die Mitarbeiter der Verwaltung

In den meisten Fällen völlig ignoriert und unterschätzt werden die Stäbe der Ausschüsse im Deutschen Bundestag.

Die Ausschusssekretariate (in der wissenschaftlichen Abteilung W der Bundestagsverwaltung ist jedem Ausschuss ein wissenschaftliches Sekretariat zugeordnet) bereiten unter anderem die wissenschaftliche Fundierung von Beschlussempfehlungen der Ausschüsse und Obleutebesprechungen vor. Auch haben sie einen bedeutenden Anteil am Erstellen der Agenda der Ausschüsse und nehmen Protokollierungs- und allgemeine Sekretariatsaufgaben für die Ausschüsse war.

Auffällig ist jedoch, dass wichtige Mitarbeiter der Ausschussstäbe und der unterstützend tätigen wissenschaftlichen Dienste des Bundestages häufig ohne nennenswerten Außenkontakt arbeiten, obwohl sich in den Ausschussstäben bedeutender und zeitnah informierter Sachverstand findet. Es besteht jedoch kein Verbot für die Ausschussstäbe, Kontakt nach außen aufzunehmen. Demzufolge kann der Lobbyist auch hier auf seine Themen aufmerksam machen.

Neutralität und umfassendes logistisches Wissen

Kontakte in die Bundestagsverwaltung, insbesondere zu den wissenschaftlichen Diensten, sind für den Lobbyisten vor allem deshalb interessant, weil er hierüber objektive fachliche Informationen erhalten kann, die nicht unter dem Verdacht stehen, in irgendeiner Form parteipolitisch eingefärbt zu sein. Auch bei der Vermittlung bestimmter Kommunikationswege und -orte sowie wichtiger Ansprechpartner und Adressen kann die Bundestagsverwaltung überaus hilfreich sein. An keiner anderen Stelle in den verschiedenen Bereichen des Bundestages findet man logistisches Wissen in derart gebündelter Form. Adressen, Termine, Abläufe und thematische Fundierung können im Zweifel immer über Kontakte in die Verwaltung recherchiert werden.

Geht es um thematisch anspruchsvolle Fragen, lohnt es sich, den Kontakt zu den Abteilungen zu suchen, in denen die Enquetekommissionen betreut werden. Diese entwerfen und formulieren die umfangreichen Enqueteberichte, die dann als Beratungsgrundlage für die Kommissionen selbst dienen. Hierzu wird für jede Enquetekommission ein eigenes Sekretariat eingerichtet.

Die Parteien

Struktur

Alle Parteien haben ihre Bundeszentralen als oberste Organisationsebene in Berlin. Den Bundeszentralen nachgeordnet sind die Landes-, Kreis- und Ortsverbände. Die Landesverbände (ähnlich wie die Bundesländer im politischen Entscheidungssystem der Bundesrepublik) sind weitgehend autonom.

Die wichtigsten deutschen Parteien und ihre Bundeszentralen

CDU	SPD
Klingelhöferstraße 8	Willhelmstraße 141
10785 Berlin	10963 Berlin
www.cdu.de	www.spd.de
Bündnis90/Die Grünen	FDP
Bundesgeschäftsstelle	Bundespartei
Platz vor dem neuen Tor 1	Reinhardtstraße 14
10115 Berlin	10117 Berlin
www.gruene.de	www.fdp.de

Die inhaltliche Arbeit der Parteien findet in den Parteigremien statt. Die thematische Ausrichtung sowie deren personelle Besetzung wird auf Parteitagen festgelegt.

Entscheidungsfindung

Je nach Partei befasst sich der kleine Parteitag, Parteiausschuss oder Parteirat mehrmals im Jahr mit Grundsatzfragen, politischen Notwendigkeiten etc., die aus aktuellem Anlass entschieden werden müssen. Die faktische Entscheidungskompetenz liegt indes nicht bei den Parteitagen, sondern bei den jeweiligen Führungszirkeln der Parteien. Dort werden die Grundzüge der politischen Ausrichtung vorgezeichnet, personelle Weichenstellungen vorgenommen und die Richtung der innerparteilichen Debatten bestimmt.

Ansprechpartner

Die Tendenz der Machtbündelung in den Parteien kann sich der Lobbyist zu Nutze machen, indem er die innerparteilichen Machtstrukturen nachvollzieht und gezielt seine Ansprechpartner sucht. Die jeweiligen Bundesgeschäftsführer sind in besonderem Maße geeignet, entsprechende Kontakte, auch in die Legislative und Exekutive, zu vermitteln.

Mehrwert der Zusammenarbeit

Die Kommunikation mit der Partei ist immer dann besonders wirkungsvoll, wenn es darum geht, grundlegende politische Einschätzungen aus unternehmens- oder verbandspolitischer Sicht zu artikulieren, und keine speziellen Gesetzgebungsvorhaben zur Debatte stehen.

Die Partei ist naturgemäß nicht unmittelbar in den legislativen Prozess involviert. Der politische Willensbildungsprozess innerhalb der Regierung findet jedoch zuerst in Abstimmung mit den sie tragenden Parteien statt. Auch der gesellschaftliche Meinungsbildungsprozess wird zu einem nicht unerheblichen Teil durch die politischen Zielsetzungen der Parteien geprägt. Daher ist es als Erfolg des Lobbyisten zu qualifizieren, wenn es ihm durch frühzeitigen und intensiven Kontakt gelingt, ein Thema im politischen Grundkonsens einer Partei zu etablieren. Im besten Fall erreicht er, dass bestimmte Forderungen ins Wahlprogramm einfließen. Das Wahlprogramm entfaltet schließlich in gewissem Umfang Bindungswirkung für die zukünftige politische Arbeit.

Kontaktaufnahme

Der Kontakt zu den Parteien lässt sich für den Lobbyisten dadurch etablieren, dass er durch entsprechende Vertreter oder mit einem Ausstellungsstand seines Unternehmens auf den Parteitagen präsent ist. So können Kontakte mit Nachwuchspolitikern geknüpft, der Dialog mit Lokalpolitikern gepflegt und politische Strömungen innerhalb der Parteien aufgenommen und bewertet werden.

Ein guter Kontakt sollte ebenfalls zu den Fachgremien (z.B. zu den Bundesfachausschüssen für Innenpolitik oder Wirtschaftspolitik oder den Medienkommissionen) gepflegt werden. Dies ist besonders im Hinblick auf das präventive Lobbying sinnvoll. In den Fachgremien wird die programmatische Vorarbeit für die Parteitage geleistet und werden bestimmte Positionen für die Arbeit in den Parlamenten festgelegt. Häufig sind in den Fachausschüssen und Kommissionen auch parteiexterne Sachverständige als ständige Gäste präsent. Je nach Führung der Gremien ist zusätzlicher Sachverstand von Interessenvertretern also durchaus erwünscht.

Die Mitglieder des Bundesrats – Die Länder als Lobbyadressaten

Zuständigkeit des Bundesrats

Der Bundesrat ist als Adressat neben Regierung und Parlament in erster Linie bei zustimmungspflichtigen Gesetzen von Bedeutung. Denn für deren Verabschiedung ist eine Bundesratsmehrheit notwendig. Die Anzahl der zustimmungspflichtigen Gesetze beläuft sich mittlerweile auf ungefähr die Hälfte aller verabschiedeten Bundesgesetze.

Sinnvolle Möglichkeit der Kontaktaufnahme

Die Entscheidungsfindung im Bundesrat ist von außen schwer nachzuvollziehen. Für den Lobbyisten bieten sich dadurch wenig verbindliche Anknüpfungspunkte. Die eigentliche Meinungsbildung der Bundesländer findet zumeist im informellen Austausch zwischen den einzelnen Staatskanzleien und Länderministerien statt. Am aussichtsreichsten ist es daher, den Kontakt zu den Staatskanzleien und Ministerien in den Ländern zu suchen und darüber die Meinungsbildung in den einzelnen Ländern zu begleiten.

Ein solches „Länderlobbying" kann erfolgreich sein, da die einzelnen Länder untereinander in einem Standortwettbewerb stehen. Dadurch wird zum Beispiel ein Unternehmenslobbyist in dem Bundesland, in dem sein Unternehmen seinen Sitz hat, am ehesten Gehör finden. Ein guter Ansprechpartner für das Länderlobbying ist auch dasjenige Bundesland, das in einem Gesetzgebungsverfahren mit der Protokollführung im Beschlussverfahren des Bundesrats betraut ist. Die Vertreter dieses Bundeslandes arbeiten sich in der Regel besonders in die Materie ein und führen auch Anhörungen durch.

Bundesrat und Bundestagsopposition

Interessant wird der Bundesrat vor allem dann, wenn er im Rahmen der Zusammenarbeit mit der Opposition als erweiterter Hebel zu nutzen ist. Diese Möglichkeit ist immer dann gegeben, wenn im Bundesrat die Parteien der Bundestagsopposition die Mehrheit stellen. Dann ist es bei anstehenden Entscheidungen über zustimmungspflichtige Gesetze ratsam, bereits zum frühstmöglichen Zeitpunkt den Dialog mit den oppositionsgeführten Ländern zu suchen. Die Gesprächsbereitschaft der Koalitionsfraktionen und der Bundesregierung ist naturgemäß sehr hoch, wenn eine Ablehnung des Gesetzes im Bundesrat droht.

Bedingt durch den eher informellen Gang der Meinungsbildung im Bundesrat ist es schwierig, den richtigen Ansprechpartner zu finden. Daher sollte der Kontakt zu den Ländern über die Fachreferenten in den Staatskanzleien, den Landesministerien und den Bundesratskoordinatoren in den Landesvertretungen in Berlin etabliert und gehalten werden.

Entscheidungsfindung im Bundesrat

Je nach Einwohnerzahl haben die einzelnen Länder im Bundesrat zwischen drei und sechs Stimmen. Die Regierungsvertreter der einzelnen Länder unterliegen Kabinettsweisungen und haben für ein Land einheitlich abzustimmen. Bei einer ständig anwachsenden Entscheidungsflut – in der 13. Legislaturperiode hat der Bundesrat mehrere hundert Gesetzesvorlagen beraten, 746 EU-Vorlagen und 619 Rechtsverordnungen der Bundesregierung behandelt – ist es für die einzelnen Vertreter der Landesregierungen kaum noch möglich, sich selbst mit allen Themen zu beschäftigen. Zunehmend wird deshalb die Entscheidungsfindung in den sechzehn häufig tagenden Ausschüssen (Organigramm unter http://www.bundesrat.de) vollzogen, wobei die einzelnen Länder durch Ministerialbeamte vertreten sind. Die Ergebnisse werden dann von den Stimmführern der einzelnen Länder übernommen. Entscheidend ist dabei aber das Mehrheitsverhältnis im Bundesrat im Vergleich zur Mehrheit im Bundestag. Ist die Bundesratsmehrheit eine andere als die Regierungsmehrheit im Bundestag, werden Entscheidungen oft zwischen den oppositionsgeführten Ländern so abgesprochen, dass der Regierungsmehrheit im Bund eine Mehrheit im Bundesrat vorenthalten wird.

Praktische Hinweise zur Adressatenrecherche

Individuelle Kontaktdatenbank

Sind die relevanten Adressaten über die Mapping-Analyse identifiziert worden, müssen in einem nächsten Schritt die entsprechenden Kontaktdaten herausgefunden werden.

Der Lobbyist sollte sich sein individuelles „Who is Who" zusammenstellen. Die Verwaltung ist hierfür ein wichtiger Ansprechpartner, um sich einen Überblick über das komplexe Netzwerk des Bundestages, der Ministerien, Parteien und sonstigen Institutionen zu schaffen. Bei plötzlich auftretendem Gesprächsbedarf über die Standardkontakte hinaus wird der Lobbyist in die Lage versetzt, rasch zu reagieren und eigenständig Ansprechpartner zu recherchieren.

Erstkontakte

Für die Herstellung von Erstkontakten ist es oft sinnvoll, einen Abgeordneten anzusprechen, der seinen Wahlkreis am Sitz des Unternehmens/der Organisation mit Lobbyinteressen hat.

Alternativ kann man auch direkt auf einen Abgeordneten zugehen, der sich bekanntermaßen mit dem jeweiligen Themengebiet beschäftigt. Für weiterführende Recherchen lohnt es sich, nach einem Organisationsplan der Bundestagsverwaltung und einem Telefonverzeichnis der jeweiligen Fraktion zu fragen. Sind diese Quellen erst einmal im Besitz des Lobbyisten, erfordert die Komplettierung der wichtigen Kontakte in die Politik keinen großen Aufwand mehr.

Nützliches im Internet

Mit vergleichsweise geringem Aufwand lassen sich Namen und Telefonnummern von Abgeordneten und ihren Mitarbeitern über persönliche Websites der Abgeordneten recherchieren. Diese Seiten sind u.a. auf der Website des deutsche Bundestages unter www.bundestag.de aufgelistet. Auf den persönlichen Abgeordneten-Websites gibt es neben einer genaueren Beschreibung ihres Wahlkreises, ihrer politischen Inhalte, Spezialisierungen und ihrer Lebensläufe auch Aufgabenbeschreibungen der Mitarbeiter/Referenten. Telefonverzeichnisse, in denen die Mitarbeiter der Abgeordneten aufgeführt sind, helfen ebenfalls weiter.

Die Zusammensetzung der einzelnen Bundestagsausschüsse kann ebenfalls über die Seiten des Bundestages (www.bundestag.de) nachvollzogen werden.

Ansprechpartner in der Verwaltung des Bundestages und in den Ministerien können anhand von entsprechenden Organigrammen ermittelt werden. Diese sind zum Teil im Internet abrufbar, teilweise muss sich der Lobbyist diese allerdings auch durch Mitarbeiter in der entsprechenden Institution besorgen.

Die Adressatenrecherche ist der Ausgangspunkt für alle Lobbymaßnahmen. Denn je detaillierter die Organisationspläne sind, die sich der Lobbyist vom Bundestag, den Bundesministerien, den Verbänden und sonstigen wichtigen Organisationen erarbeitet hat, desto erfolgreicher wird die jeweilige Kontaktaufnahme sein.

Zwar ist bei der Adressrecherche auch die Inanspruchnahme von Agenturen möglich, die sich auf das Zusammenstellen von Adresslisten und die Weitergabe von Organisationsplänen der Behörden (Aufbau mit entsprechenden Durchwahlen) spezialisiert haben. Derartige Leistungen lassen sich Agenturen jedoch teuer bezahlen.

E-Mail-Adressmuster wichtiger politischer Institutionen

E-Mail-Adressen werden institutionsintern nach einem wiederkehrenden Muster vergeben. Hat man dieses einmal verinnerlicht, wird die Kontaktaufnahme via E-Mail zu einem Kinderspiel und viel Zeit bei der Adressrecherche eingespart.

Alle E-Mail-Adressen der Bundestagsabgeordneten sind nach dem folgenden Muster aufgebaut:

vorname.nachname@bundestag.de

Die E-Mail-Adressen der Mitarbeiter der Fraktionen sind wie folgt aufgebaut:

vorname.nachname@cducsu.de
nachname@fdp-bundestag.de
nachname@spdfraktion.de
vorname.nachname@gruene-fraktion.de

Ansprechpartner in den Parteien erreichen Sie wie folgt:

vorname.nachname@gruene.de
vorname.nachname@cdu.de
nachname@fdp.de
vorname.nachname@spd.de

Organisationspläne/Verzeichnisse folgender Organisationen sind unerlässlich für eine erfolgreiche Lobbyarbeit:

- Bundestag
- Ministerien
- Parteien
- Stiftungen
- Bundesrat
- Weitere fachbereichsspezifische Behörden, z.B. Regulierungsbehörde für Telekommunikation und Post (RegTP)
- Bundeskartellamt
- Bundeskanzleramt

- Kommissionen/Fachausschüsse der Parteien
- Verbände

(Internetverweise zu ausgewählten Organisationsplänen im Anhang, S. 184.)

OECKL

Ideal zum Auffinden der Institutionen und Ansprechpartner mit ihren jeweiligen Zuständigkeiten ist der so genannte OECKL. Im „Oeckl – Taschenbuch des Öffentlichen Lebens", begründet von Prof. Dr. Albert Oeckl, finden Sie mehr als 12.450 deutsche Institutionen aus Politik, Wirtschaft, Gesellschaft und Kultur mit Postanschrift, Telefon-, Telefax-, E-Mail- und Internet- Anschlüssen. Diese sind nach 15 thematischen Abschnitten geordnet: Bund und Bundesländer, Kommunen, Ausland, Wirtschaft, Sozialpartner und Berufe, Gesundheit und soziale Sicherheit, Natur und Umwelt, Staatsbürger und Bürgerinteressen, Medien und Kommunikation, Politische Parteien, Religion und Weltanschauung, Bildung und Erziehung, Wissenschaft und Forschung, Kunst und Kultur.

Pflege der Kontaktdaten

Eine ausgiebige Adressenrecherche bedeutet für den Lobbyisten, dass er eine ungeheure Menge von Daten in den Händen hält. Diese Daten werden aber schnell wertlos, wenn sie nicht geordnet und gepflegt werden. Auf die Verwaltung der Daten sollte deshalb besonderes Augenmerk gelegt werden.

Hilfreich: Kontaktmanagementsoftware

Mit dem gezielten Einsatz von Kontaktmanagement-Software (siehe unten) kann der Umgang mit den gesammelten Daten effizient und unkompliziert gestaltet werden. Neben herkömmlichen Adressbuchfunktionen bietet sich die Möglichkeit, die Daten in unterschiedlichen Ordnern je nach Priorität abzulegen. Durch Erinnerungsfunktionen können Geburtstage oder Termine besser bedient werden. Über Infofelder lassen sich die wichtigsten Informationen des Adressaten auf einen Blick einsehen, was einen persönlicheren Kontakt mit allen erfassten Gesprächspartnern ermöglicht. Bei der Datenrecherche in Vorbereitung auf ein Face-to-face-Gespräch oder sonstige Korrespondenzen ist die Kontaktmanagement-Software behilflich. Briefe, Factsheets o.ä. können als digitalisierter Anhang zu einem Kontakt abgespeichert werden. Termin und Materialien sind so problemlos und aus einer Hand abrufbar. Wenn es beispielsweise um Einladungsverteiler für Veranstaltungen oder die Adressaten für Mailings geht, ermöglichen die meisten Kontaktmanagement-Softwares das Erstellen von Adressatengruppen.

Stapelweise Visitenkarten und Aktenordner voller Kontaktinformationen erschweren eine effiziente Vorbereitung auf Termine oder Gespräche. Bei einem ständig wachsenden Kommunikationsbedarf für den Lobbyisten und der immer größeren Zahl möglicher Ansprechpartner ist ein durchdachtes Zeitmanagement unumgänglich. Gerade die Zusammenstellung der Kontaktdaten sollte dabei aber einen geringen zeitlichen Aufwand erfordern.

Auswahl und Einrichtung von Kontaktmanagement-Software

Bei der Auswahl und Einrichtung von Kontaktmanagement-Software sind verschiedene Faktoren zu beachten, die oftmals übersehen werden und somit einen reibungslosen Einsatz und Installationsprozess verhindern oder verzögern. Diese Checkliste listet die vorab zu klärenden Punkte auf, mit denen der Einrichtungsvorgang optimiert werden kann.

- Verschaffen Sie sich einen Überblick über die Standardsoftware. Lassen Sie Ihre EDV-Abteilung eine Liste erstellen oder informieren Sie sich im Internet.
- Sind Ihre speziellen Bedürfnisse mit Standardsoftware abzudecken?
- Wenn nein: Ist die Software und Datenbankstruktur personalisierbar?
- Ist die Software mit ihrer bisherigen Adress- und Kontaktdatensammlung kompatibel und sind ggf. vorhandene Kontaktdaten importierbar?
- Werden zusätzliche Geräte wie Handhelds etc. unterstützt?
- Ist die Software mit Ihrer EDV-Ausstattung kompatibel?
- Sofern Sie die Software in einer gesamten Abteilung einzusetzen planen:

- Ist die Software netzwerkfähig und mit Ihrem Netzwerk kompatibel?
- Können mehrere Nutzer gleichzeitig auf die Datenbank zugreifen?
- Setzen Sie sich rechtzeitig mit ihrer EDV-Abteilung in Verbindung oder beauftragen Sie ein EDV-Büro mit der Evaluation.
- Kalkulieren sie zusätzliche Lizenzkosten in die Budgetplanung ein.

Eine Auswahl gängiger Adressmanagement-Software:

Cobra Adress plus: www.cobra.de
Combit Adress manager: www.combit.de
hed.dress: www.hed-dress.de

3 Unmittelbare und mittelbare Maßnahmen

Bisher wurde die eher vorbereitende und planerische Arbeit des Lobbyisten für seine Kontaktaufnahme beschrieben. Darauf aufbauend geht es im zweiten Schritt darum, welche konkreten kommunikativen Maßnahmen der Lobbyist ergreifen kann, um seine Positionen im politischen Umfeld zu artikulieren und durchzusetzen. Hierbei ist zwischen unmittelbaren und mittelbaren Maßnahmen zu unterscheiden.

Unmittelbare Maßnahmen

Unmittelbare Maßnahmen zeichnen sich dadurch aus, dass der Lobbyist alleiniger Akteur im Dialog mit dem Adressaten ist. Die unmittelbare Maßnahme entfaltet dabei eine dem Lobbyisten direkt zuzuordnende Außenwirkung und gewährt ihm größtmöglichen Einfluss auf die Effektivität der Maßnahme.

Das persönliche Gespräch mit Entscheidungsträgern

Königsweg: persönliches Gespräch

Das persönliche Gespräch ist im politischen Umfeld das wichtigste Mittel, um Positionen effektiv auszutauschen. Nur im direkten Gespräch können sich beide Parteien einen unmittelbaren und unverfälschten Eindruck von ihrem Gesprächspartner machen. Durch kompetentes Auftreten wird das Ansehen des Unternehmens, Verbandes oder der Organisation erheblich gestärkt und der eigenen Position damit ein ungleich größeres Gewicht verliehen.

Gespräch mit den Abgeordneten

Sein Arbeitspensum erlaubt es dem politischen Entscheidungsträger in der Regel nicht, sämtlichen schriftlichen Stellungnahmen und Positionspapieren dieselbe Aufmerksamkeit zuteil werden zu lassen. Das persönliche Gespräch bietet daher dem Lobbyisten die Gelegenheit, sein Anliegen in komprimierter Form zu präsentieren, verbunden mit der Möglichkeit des direkten Meinungsaustauschs. Abgeordnete sind in den seltensten Fällen Experten für Detailfragen. Sehr viele von ihnen verfügen aber über eine ausgezeichnete Auffassungsgabe und können Sachverhalte schnell politisch einordnen. Der Lobbyist sollte daran denken, dass er in der Regel über eine größere Detailkenntnis zum Thema verfügt. Er sollte daher den Sachverhalt verständlich und präzise erläutern. Anders verhält es sich bei Gesprächen mit der Arbeitsebene. Hier kann ruhigen Gewissens auch einmal gefachsimpelt werden, wenn geklärt ist, dass der nötige Sachverstand vorhanden ist. Auch deshalb ist es ratsam, vor dem eigentlichen Termin mit dem jeweiligen Entscheidungsträger zunächst das Gespräch mit einem Mitarbeiter oder Referenten zu suchen. So können vorab Stimmungen sondiert und möglicherweise vorab ein fachbezogener Dialog geführt werden.

Gespräch mit der Arbeitsebene

Grundregeln für das persönliche Gespräch mit einem politischen Entscheidungsträger

Vorbereitung

Nach der Vereinbarung des Gesprächstermins sollte das Gespräch mit einer kurzen Notiz an den Entscheidungsträger (per Mail oder Fax) vorbereitet werden, in der die wichtigsten Themen des Gespräches skizziert werden. Damit wird den Mitarbeitern Gelegenheit gegeben, den Entscheidungsträger vorzubereiten.

Der Termin darf in jedem Fall nur durch den Entscheidungsträger verschoben werden.

Lampenfieber

Der Lobbyist sollte sich nicht von der exponierten Position des Gegenübers beeindrucken lassen. Je unbeschwerter das Gespräch von beiden Seiten angegangen wird, desto besser werden die Ergebnisse sein.

Gespräch

Politische Grundsatzdiskussionen sind in einem solchen Gespräch nicht angebracht. Da Lobbyisten in den meisten Fällen mit allen politischen Strömungen Kontakt aufnehmen müssen, sollten eigene allgemeinpolitische Überzeugungen möglichst nicht kommuniziert werden.

Es bietet sich an, ein kurzes Positionspapier als Informationsgrundlage für beide Seiten zum Gespräch mitzubringen.

Nachbereitung

Es empfiehlt sich, die wesentlichen Ergebnisse des Gesprächs sowie sich eventuell abzeichnende Perspektiven wiederum in einer kurzen Notiz zusammenzufassen und per Mail oder Fax an den Entscheidungsträger zu senden.

Der Kontakt zur Arbeitsebene des Entscheidungsträgers sollte in jedem Fall aufrecht erhalten werden, um eventuell bestehenden Nachbereitungsbedarf kommunizieren sowie die fachlichen Ergebnisse des Gesprächs nochmals mit der Arbeitsebene abstimmen zu können.

Das Anfertigen von Positionspapieren und Stellungnahmen

Nutzen

Das rechtzeitige und korrekte Verfassen von Positionspapieren und Stellungnahmen ist für den Lobbyisten unerlässlich.

- Positionspapiere dienen dazu, eigene Standpunkte zu artikulieren und bestimmte Themen in die politische Diskussion einzubringen.
- Stellungnahmen werden meist von politischer Seite vorbereitend auf Anhörungen in Ministerien oder Bundes-

tagsausschüssen eingefordert, können aber auch zu bestimmten präsenten politischen Themen unaufgefordert abgegeben werden.

Hinweise zum Verfassen von Positionspapieren und Stellungnahmen

Aktualität

Achten Sie darauf, dass Sie Ihr Positionspapier/Stellungnahme möglichst frühzeitig in den politischen Willensbildungsprozess einbringen. Je später Sie Ihre Positionspapiere/Stellungnahmen abgeben, desto geringer sind die Chancen, dass sie berücksichtigt werden. Mit einem möglichst früh eingebrachten, gelungenem Papier können Sie eine Trendsetterrolle übernehmen. Sie werden feststellen, dass andere Lobbyisten von Ihnen „abschreiben", wenn Sie gute Gedanken entwickelt haben.

Länge

Fassen Sie Ihre Papiere so knapp und dabei so präzise wie möglich. Ob ein Positionspapier oder eine Stellungnahme wahrgenommen wird, hängt stark vom Umfang ab. Üblicherweise wird zu jedem Thema eine Vielzahl von Papieren eingereicht. Den Entscheidungsträgern und deren Mitarbeitern bleibt oft nur die Zeit, einige davon zu lesen. Je kürzer die Aufmachung und je präziser der Text, desto höher ist die Wahrscheinlichkeit, dass Ihr Papier gelesen wird und Ihre Gedanken vollständig wahrgenommen werden.

Gestaltung

Lockern Sie den Text auf. Versuchen Sie lange Absätze zu vermeiden und variieren Sie sowohl in der sprachlichen als auch in der optischen Gestaltung. Sachargumente können durch Einrücken und Pfeile hervorgehoben werden. Wählen Sie eine Schriftgröße und einen Zeilenabstand, die ein überfliegendes Lesen erleichtern. Stellen Sie in einer Übersicht die verschiedenen Positionen schnell lesbar gegenüber. Vereinfachen Sie, aber verkürzen Sie nicht den Sachverhalt!

Gliederung

Es muss bereits auf der ersten Seite klar ersichtlich sein, wer der Absender des Papiers ist und zu welchem Problem eine Stellungnahme abgegeben wird. Besonders gelungen wirkt dabei ein übersichtlich gestalteter Briefkopf sowie eine dem Text vorangestellte überschriftartige Benennung des Sachverhalts. Beginnen Sie mit einer kurzen Problembeschreibung und unterbreiten Sie dann sukzessive Ihre Vorstellungen.

Inhalt

Arbeiten Sie seriös, indem Sie klar zwischen Ihren Interessen und den Interessen der Allgemeinheit trennen. Zeigen Sie auf, wo die jeweiligen Schnittmengen liegen, aber versuchen Sie nicht, ausschließlich mit Aspekten des Allgemeinwohls zu argumentieren, wenn nur Ihre eigenen Interessen betroffen sind. Scheuen Sie sich nicht, Eigeninteressen deutlich zu artikulieren! Sie sorgen damit für ein transparentes Lobbying.

(Ein Beispiel für eine Stellungnahme mit Bewertung befindet sich im Anhang auf Seite 214–229.)

Parlamentarische Abende und Mittagsveranstaltungen

Einladungsflut

Die Bundestagsabgeordneten in Berlin werden von Einladungen zu parlamentarischen Abenden und Mittagsveranstaltungen regelrecht überschwemmt. Insbesondere in den stark regulierten Wirtschaftsfeldern wie der Energie- oder der Telekommunikationsbranche ist das Aufkommen auffällig hoch.

Sinnvoll: Gemeinsame Veranstaltungen

Die Einladungssituation des einzelnen Abgeordneten hängt stark von der Größe seiner Fraktion ab. Durch Doppelzuständigkeiten der Abgeordneten in kleinen Fraktionen konzentrieren sich dort besonders viele Einladungen. Eine wahre Flut von parlamentarischen Abenden und Mittagsveranstaltungen ist im Zusammenhang mit bestimmten Gesetzgebungsvorhaben zu beobachten. In solchen Fällen ist es für Lobbyisten mit gleich gerichteten Interessen zweckmäßig, parlamentarische Abende oder Mittagsveranstaltungen gemeinsam zu veranstalten anstatt die Institution dieser Veranstaltungen übermäßig oft zu bemühen und dadurch zu entwerten.

Deutliche Zielsetzung entwickeln

Bevor ein Lobbyist sich dazu entschließt, einen parlamentarischen Abend oder ein Arbeitsessen initiieren, muss er sich darüber im Klaren sein, welches Ziel er mit der Veranstaltung verfolgt. Danach richtet sich deren Charakter und die thematische Gestaltung. Denkbare Motive reichen von Aufklärung über einen bestimmten Themenbereich und Herstellen eines Dialogs mit den Abgeordneten bis hin zur schlichten Präsentation der eigenen Arbeit. Daraus lassen sich problemlos die Ziele einer solchen Veranstaltung entwickeln. Während durch Information und Dialog in der Regel eine Sensibilisierung für spezifische Probleme erreicht werden soll, geht es bei der Präsentation der eigenen Tätigkeit vorwiegend um das Generieren neuer und die Pflege bestehender Kontakte.

Gestaltung nach Inhalt und eigenem Image

Die Atmosphäre der Veranstaltung sollte sich an dem zu vermittelnden Inhalt und dem Image des durch den Lobbyisten vertretenen Unternehmens, Verbandes oder Organisation orientieren. Mögliche Alternativen sind ein Dinner mit Eröffnungsrede und anschließenden Einzelgesprächen oder ein entspannter Gesprächsabend mit Abendessen und Lounge-Charakter.

Realistische Erwartungen

Generell dürfen die Erwartungen an diese Art von Veranstaltungen nicht zu hoch gesteckt werden. Nicht selten sind Abgeordnete, die einer Einladung zugesagt haben, kurzfristig verhindert. Im schlimmsten Fall hat der Veranstalter mehrere tausend Euro ausgegeben, ohne dass der Abend oder das Essen zu einem Ergebnis geführt hätte. Durch eine gewissenhafte Planung mit klaren Zielvorgaben kann dieses Risiko jedoch auf ein Minimum reduziert werden.

Mittagsveranstaltung oder parlamentarischer Abend?

Mittagsveranstaltungen sind eher für die kurz und prägnante Information geeignet, da nur ein begrenzter Zeitraum zur Verfügung steht (maximal 1,5 Stunden). Parlamentarische Abende sind demgegenüber dann angebracht, wenn es gilt, Themen zu vertiefen oder der gesellige Charakter im Vordergrund stehen soll. Abgeordnete haben schon viele parlamentarische Abende erlebt und stehen, wie jeder andere Mensch auch, abends vor der Alternative zwischen Privat- oder Arbeitstermin. Der Abend muss dennoch nicht übermäßig viel kosten. Ein interessantes

Thema, ein pfiffiger Veranstaltungsort, eine Ausstellung am Rande können Wunder bewirken! Ein Grillabend im Sommer kommt unter Umständen besser an als der Gesprächsabend im Konferenzraum eines Hotels.

Teilnehmerzahl

Die Teilnehmerzahl kann variieren. Es ist denkbar, Abgeordnete verschiedener Fraktionen zu unterschiedlichen Veranstaltungen einzuladen, um eine homogene Gruppe an Gästen zu haben. Meistens bietet es sich jedoch an, die fachlich mit dem Thema betrauten Abgeordneten fraktionsübergreifend einzuladen. Die „No-Show-Rate“ ist erfahrungsgemäß trotz erfolgter Zusagen immer sehr hoch. Dadurch sollte sich der Lobbyist jedoch nicht entmutigen lassen, da seine Kollegen das gleiche Schicksal teilen. Richtwerte über die Größe der Veranstaltung sind nicht verbindlich zu geben. Es gibt parlamentarische Abende mit weit über hundert Abgeordneten und kleine Mittagsveranstaltungen mit zehn Teilnehmern. Sicherlich gilt aber: Je spezieller das Thema, desto kleiner der Kreis. Möchte sich demgegenüber ein Unternehmen einem parlamentarischen Abend in der Hauptstadt präsentieren, empfiehlt es sich, breiter einzuladen und nicht nur Abgeordnete zu berücksichtigen.

Hilfestellungen zur erfolgreichen Durchführung parlamentarischer Abende oder Mittagsveranstaltungen

Ziele definieren

Legen Sie Themen fest, formulieren Sie eine konkrete politische Botschaft! Mögliche Ziele sind: Präsentation der eigenen Position, allgemeines „Networking“, Schaffung eines positiven Bildes der eigenen Person oder des Verbandes/des Unternehmens zur Gewährleistung der Wiedererkennung durch die Politik im Falle eines zukünftigen politischen Interesses.

Veranstaltungstermin festlegen

Die Veranstaltung muss in einer Sitzungswoche des Bundestages stattfinden, ansonsten droht eine schlechte Zusagenlage (beste Tage für parlamentarische Abende: dienstags bis donnerstags). Überprüfen Sie die Termine der von anderen Unternehmen, Verbänden oder Organisationen geplanten Veranstaltungen, um Überschneidungen zu vermeiden. Ein parlamentarischer Abend hat kaum Erfolgschancen, wenn zeitgleich andere attraktive Abendtermine stattfinden. Falls es um ein im parlamentarischen Prozess befindliches Gesetz geht, muss der Beratungszeitplan des Gesetzes berücksichtigt werden. Die Botschaft kurz vor der abschließenden Beratung im Bundestag kommunizieren zu wollen, ist sicherlich nicht zweckmäßig.

Attraktiven Veranstaltungsort wählen

Klassisch, aber sehr gut gelegen ist die Deutsche Parlamentarische Gesellschaft, direkt gegenüber dem Reichstag. Restaurants in Berlin Mitte mit separaten Räumlichkeiten sind ebenfalls zu empfehlen. Falls vorhanden, nutzen Sie Ihre eigene Hauptstadtrepräsentanz. Wenn es zum Veranstalter passt, eignen sich auch eine Lounge, Bars mit separaten Räumlichkeiten, Museen und Galerien. Hotels werden hingegen oft als unpersönlich empfunden.

Kurzes Programm aufstellen

Machen Sie ein bis zwei Experten ausfindig, die kurz in das Thema einführen (z.B. ein unternehmensinterner und ein unternehmensexterner Experte, Wissenschaftler etc.). Organisieren Sie, wenn möglich, einen prominenten Eröffnungsredner (z.B. ehemalige Parteivorsitzende, Fraktionsvorsitzende, Ex-Minister).

Einladungsverteiler erstellen

Der Einladungskreis darf bei einem parlamentarischen Abend oder einem Arbeitsessen zu einem Fachthema nicht zu groß bemessen sein. Laden Sie Fachpolitiker – bei Unternehmenspräsentationen auch die Führungsebene der Fraktionen – ein sowie ggf. die Fach- und Führungsebene aus den Ministerien und der Bundestagsverwaltung (wissenschaftliche Dienste). Auch wichtige Referenten der Abgeordneten und Fraktionen können eingeladen werden. Klären Sie jedoch im Vorfeld die Befindlichkeiten einzelner Abgeordneter zu der Frage, ob die Anwesenheit der Arbeitsebene als angenehm empfunden wird. Bei gesellschaftlichen Ereignissen kann gegebenenfalls eine Einladung mit Begleitung angemessen sein.

Teilnehmende Unternehmens-/Organisationsvertreter vorbereiten

Tragen Sie dafür Sorge, dass hohe Verantwortungsträger Ihres Unternehmens, Verbandes oder Ihrer Organisation zum Zeitpunkt der Veranstaltung verfügbar sind und teilnehmen werden. Wichtig: Informieren Sie diese vorab detailliert über Thema und Gäste. Die relevanten Gäste müssen durch die Verantwortungsträger mit Hilfe des Lobbyisten vor Ort persönlich begrüßt werden können. Achten Sie darauf, dass wichtige Gäste beim Eröffnungsstatement in der Anrede berücksichtigt werden!

Einladungen fertigstellen

Eine Einladung sollte enthalten: ein Anschreiben und eine ansprechende Einladungskarte, einen Rückmeldebogen (Faxvordruck, Postkarte und E-Mail), Nennung eines direkten Ansprechpartners, den Termin mit Veranstaltungskoordinaten, bei ungewöhnlichem Ort kurze Hintergrundinformation hierüber. Themen müssen präzise benannt werden. Achten Sie auf ein korrektes Anschreiben und die richtige Adressierung.

Großzügige Einladungsfrist berechnen

Spätestens vier Wochen vor dem Veranstaltungsdatum muss die Einladung erfolgen. Zu großzügige Einladungsfristen führen häufig dazu, dass nicht reagiert wird und die Einladung in den Büros in Vergessenheit gerät. Die Rückäußerungsfrist sollte großzügig bemessen sein. Telefonieren Sie sowohl Zusagen als auch Abgeordnete ohne Rückäußerung ab, um Freude über ihr Kommen zu bekunden bzw. um nachzufragen, ob eine Teilnahme möglich ist. Notieren Sie die Absagen und versuchen Sie, mit den entsprechenden Abgeordneten Einzelgespräche zu anderen Zeitpunkten zu vereinbaren.

Beispiel für eine gelungene parlamentarische Mittagsveranstaltung

Seit April 2002 veranstalten Arcor, Debitel und AOL einmal monatlich gemeinsam ein Mittagessen, zu dem Vertreter aus Politik, Verwaltung, Industrie und Medien geladen werden. Ziel ist es, aktuelle Probleme und Positionen aus dem

Bereich der Telekommunikationspolitik zu diskutieren. Der inhaltliche Aspekt steht eindeutig im Vordergrund. Deshalb wird bewusst auf ein üppiges Büffet oder gar Menü verzichtet. Während eines kleinen Mittagsimbisses, der als Spezialität des Hauses meistens in Form eines Eintopfes serviert wird, führen von Mal zu Mal wechselnde Referenten in einen Themenzusammenhang ein. Zur Kontinuität der Veranstaltung gehört, dass die Referenten in ihrem jeweiligen Umfeld höhere Funktionen ausüben. Nach Ende des Mittagessens werden die Thesen dann öffentlich diskutiert. Die gleich bleibend hohe Teilnehmerzahl (ca. 70 Prozent Zusagen) und die rege Gesprächstätigkeit zeugen von der großen Akzeptanz, die diese Veranstaltung genießt.

Einladung zum Teletreff von debitel, Arcor und AOL

Tele Treff beim Tucher

Sehr geehrte/-r Herr/Frau «Titel» «Name»,

„der Widerspruch ist es, der uns produktiv macht" wusste schon Johann Wolfgang von Goethe. Widerspruch heißt Diskussion, heißt aber auch das Ausloten von Kompromissmöglichkeiten.

Der Telekommunikationsindustrie fehlte bisher ein offenes Diskussions- und Informationsforum in Berlin. Ein Ort, an dem man Gleichgesinnte trifft, fachsimpelt oder sich einfach über die neuesten Branchentrends austauscht.

Die Partner debitel, AOL und Arcor rufen daher den

Tele Treff beim Tucher

ins Leben. Bei einem rustikalen Essen möchten wir uns zukünftig einmal monatlich, am Mittwochmittag der ersten Sitzungswoche, mit Gleichgesinnten aus Politik, Verwaltung, Industrie und Medien zu einem zwanglosen Meinungsaustausch treffen. Aus der Taufe heben werden wir die Veranstaltung am ... Ab 11.30 Uhr erwarten wir Sie im Theodor Tucher am Pariser Platz. Um 12.00 wird Herr .... mit einigen kurzen Thesen die neusten Entwicklungen im Zusammenhang mit der Novellierung des Telekommunikationsgesetzes beleuchten und zur Diskussion anregen.

Wir würden uns freuen, wenn Sie zukünftig regelmäßig unser Gast sind, um den Tele Treff beim Tucher zu einer erfolgreichen Veranstaltungsreihe werden zu lassen. Um besser planen zu können, bitten wir Sie, uns auf beigefügtem Anwortfax wissen zu lassen, ob wir mit Ihnen rechnen dürfen.

Mit freundlichen Grüßen

Entscheidend für den Erfolg des Teletreffs beim Tucher ist vor allem die Kontinuität und die eindeutig ersichtliche Konzentration auf inhaltliche Aspekte. Der Fokus liegt auf einer möglichst homogenen Zusammensetzung der eingeladenen Personen. Pressevertreter und Agenturmitarbeiter stehen nicht auf den Einladungslisten, die Gäste kommen allesamt aus fachlich zusammenhängenden Unternehmen, Organisationen und eben insbesondere aus politischen Kreisen. Grundsätzlich steht ein unvoreingenommener Austausch der Positionen aller beteiligten Seiten im Vordergrund. Die Politik weiß die Veranstaltung als wichtige Informationsquelle zu schätzen. Unternehmens- und Verbandsvertreter loben den direkten Einblick in Entscheidungsgrundlagen und politische Standpunkte als wichtige Basis ihrer weiteren Arbeit.

Auch die Lokalität trägt wesentlich dazu bei, dass sich der Teletreff beim Tucher trotz der großen Konkurrenz an Veranstaltungen durchsetzen konnte. Das Tucher am Pariser Platz ist nicht nur zentral gelegen, sondern befindet sich auch in Laufweite von Bundestag und Abgeordnetenbüros. Es genießt einen guten Ruf – beispielsweise stand es anlässlich des Deutschlandbesuchs von George W. Bush im Jahr 2002 auf dem Programm.

Zusammenarbeit mit politischen Stiftungen

Deutsche Besonderheit: politische Stiftungen

Eine Besonderheit im politischen System der Bundesrepublik sind die parteinahen Stiftungen. Nicht zuletzt auf Grund einer intensiven öffentlichen Förderpolitik suchen sie hinsichtlich Größe, Aufgabenbreite und Finanzkraft international ihresgleichen. Neben der Schulung des eigenen Nachwuchses, der politischen Bildung in- und außerhalb der Partei, der Studienförderung und der Forschung wird durch die Stiftungen auch ein umfassender Austausch mit internationalen Partnerorganisationen sowie ein verstärktes Engagement in Entwicklungsländern betrieben.

Die relevanten parteinahen Stiftungen

Friedrich-Ebert-Stiftung
Stiftung der SPD, gegründet 1925
Godesberger-Allee 149, 53175 Bonn, Tel: 0228 / 883-0
Hiroshimastraße 17, 10785 Berlin, Tel: 030 / 269 35-6
http://www.fes.de

Konrad-Adenauer-Stiftung
Stiftung der CDU, gegründet 1964
Rathausallee 12, 53757 St. Augustin, Tel: 02241 / 246-0
Tiergartenstraße 35, 10785 Berlin, Tel: 030 / 269 96-0
http://www.kas.de

Friedrich-Naumann-Stiftung
Stiftung der FDP, gegründet 1958
Truman-Haus, Karl-Marx-Straße 2, 14482 Potsdam-Babelsberg, Tel: 0331 / 7019-0
http://www.fnst.de

Hans-Seidel-Stiftung
Stiftung der CSU, gegründet 1965
Presse- und Öffentlichkeitsarbeit, Lazarettstraße 33, 80638 München, Tel:089 / 1258-253
http://www.hss.de

Heinrich-Boell-Stiftung
Stiftung von Bündnis 90/Die Grünen, gegründet 1988
Rosenthaler Straße 40/41, 10178 Berlin, Tel:030 / 285 43-0
http://www.boell.de

Arbeitsinhalte

Neben den Bildungsstätten unterhalten die Stiftungen eigene Institute, an denen vorwiegend historische, sozialwissenschaftliche und ökonomische Grundlagenforschung betrieben wird. Abgesehen von dieser direkten Forschungsarbeit wird durch die Stiftungen auch die Vergabe von Stipendien an in- und ausländische Studenten, Doktoranden usw. organisiert.

Auf den ersten Blick erscheint eine Zusammenarbeit mit diesen Stiftungen nicht unbedingt nahe liegend. Sie ist im Einzelfall jedoch sehr nützlich. Politische Stiftungen sind in vielen Fragen die „Think Tanks“ der Parteien. Hier findet häufig die gedankliche Vorarbeit statt, die dann in Wahlprogramme oder politische Handlungen der Parteien einfließt. Es ist daher z.B. sehr attraktiv, bei den Stiftungen Themen anzuregen und Referenten für Podiumsdiskussionen vorzuschlagen oder zu stellen.

Vorteile einer Zusammenarbeit

Auch werden von Seiten der Parteien bei den einzelnen Stiftungen Studien oder Dokumentationen in Auftrag gegeben, die dann gezielt in die politische Arbeit überführt werden. Bedenkt man, dass die Stiftungen als parteinahe Institutionen politisch in etwa den Ausrichtungen der Mutterpartei folgen, so kann sich der Lobbyist je nach Themengebiet an die der eigenen Position nahe stehende Stiftung wenden und gegebenenfalls wissenschaftliche, logistische oder gar finanzielle Unterstützung anbieten. Insbesondere eröffnet sich hier die Möglichkeit, Beiträge für Publikationen der Stiftungen ohne Autorenhonorar anzubieten oder gemeinsame Podiumsdiskussionen durchzuführen.

Beispiel für eine mögliche Zusammenarbeit mit einer Stiftung

In ihrer Abteilung Wirtschaftspolitik hat die Friedrich-Ebert-Stiftung den Arbeitskreis „Mittelstand“ eingerichtet. Das Ziel ist es, ein Forum bereitzustellen, das sich mit den Belangen und Interessen der mittelständischen Wirtschaft in Deutschland befasst. Der Arbeitskreis beabsichtigt, wichtige grundlegende und zukunftsorientierte Fragestellungen, die mittelständische Unternehmen betreffen, im Vorfeld aufzugreifen und zu diskutieren.

Gemeinsam mit Unternehmern, Mittelstandsvertretern, Politikern, Wissenschaftlern und Verwaltungsexperten werden Lösungswege für eine Verbesserung der Rahmenbedingungen, unter denen mittelständische Unternehmen agieren, erarbeitet und politikfähige Handlungsalternativen entworfen. Der Arbeitskreis bestimmt die zu bearbeitenden Themen selbst. Er sieht sich als offenes Forum, das sich unabhängig von anderen Gremien mit Mittelstandsfragen beschäftigt. Neumitglieder, die sich mit den Aufgaben und Zielen des Arbeitskreises identifizieren, sind jederzeit willkommen.

Ein mittelständisches Unternehmen kann in diesem Arbeitskreis seine Vorstellung zu einer neuen Gestaltung der Mittelstandspolitik direkt in die politische Kommunikation überführen. Die Unternehmensleitung hat die Möglichkeit, direkt oder vertreten durch den Unternehmenslobbyisten bzw. Spezialisten aus den Fachabteilungen an den Sitzungen des Arbeitskreises teilnehmen. Die Verbindung von Praxis und Theorie ermöglicht den Unternehmen, über den Arbeitskreis generelle Forderungen an die Politik in ein normativ-theoretisches Programm einfließen zulassen. Die Politik greift häufig auf Expertisen aus den Think Tanks der Stiftungen zurück. Gerade bei der Erarbeitung neuer Komponenten in den Wahl- oder Parteiprogrammen stehen Experten aus den Stiftungen Pate. Für den mittelständischen Unternehmer wird über diesen Arbeitskreis eine sinnvolle Ergänzung zu den Lobbybemühungen in der direkten Kommunikation mit den Entscheidungsträgern gegeben.

Die Mitarbeit an der Erstellung eines grundlegenden Konzeptes erhöht gleichzeitig die Glaubwürdigkeit des Unternehmens und seiner Lobbyisten. Den politischen Entscheidungsträgern wird signalisiert, dass das Unternehmen nicht nur an der Durchsetzung kurzfristiger Interessen interessiert ist. Die Bereitschaft, strukturelle Veränderungen fundiert mit vorzubereiten, macht das Unternehmen als seriösen Gesprächspartner interessant.

Über die inhaltliche Mitarbeit hinaus ist es sinnvoll, die Stiftung bei der Durchführung und Planung der Sitzungen des Arbeitskreises zu unterstützen. Finanzielle Hilfe ist dabei genauso gern gesehen wie logistische Unterstützung. So könnten etwa Druckkosten für Arbeitsberichte oder das Gehalt für einen wissenschaftlichen Mitarbeiter durch das Unternehmen bestritten werden. Auf der anderen Seite kann wichtige Unterstützungsarbeit geleistet werden, indem Veranstaltungsorte organisiert und finanziert werden oder die Pressearbeit durch das Unternehmen unterstützt wird. Je mehr sich ein Unternehmen in die Arbeitskreissitzungen einbringt, desto stärker können seine inhaltlichen Vorstellungen in die Ergebnisse der Arbeit einfließen.

Im Rahmen der Lobbyarbeit eines Unternehmens, das sich auf den Bau von Windkraftanlagen spezialisiert hat, kann beispielsweise die Zusammenarbeit mit der Heinrich-Böll-Stiftung Gewinn bringend sein. Im Rahmen einer Veranstaltungsreihe oder Studien zum Thema „Erneuerbare Energien“ bieten sich dort Ansätze für eine inhaltliche Kooperation. Eventuell werden die Ergebnisse der Veranstaltungsreihe oder der Studien dann in die Arbeit von Bündnis 90/Die Grünen überführt.

Politiker in Führungspositionen

Oft sind Spitzenpolitiker der jeweiligen Parteien in den Gremien der parteinahen Stiftungen vertreten. Ähnlich wie beim Sponsoring im Profisport bietet die Unterstützung einer Stiftung den Vorteil, dass die Durchsetzung eigener Interessen mit gesellschaftlichem Engagement kombiniert werden kann. Neben einem positiven Image verschafft der Dialog mit den Stiftungen dem Unternehmen, Verband oder der Organisation eine bessere Startposition in der Kommunikation mit politischen Entscheidungsträgern, parteipolitischen Instanzen und der Öffentlichkeit.

Proteste und Demonstrationen

Gefahr zu großer Zuspitzung

Die öffentliche Meinung kann durch bestimmte Kampagnen gezielt in die Kommunikation eines Themas einbezogen werden. Eine Anzeige etwa, die durch professionelles Layout und Platzierung in ausgewählten Medien politische Inhalte mit den Effekten der Werbung verbindet, kann eine hohe Öffentlichkeitswirksamkeit erzielen. Die Folgen solcher Lobbymaßnahmen sollten aber sorgfältig abgewogen werden, insbesondere dann, wenn es sich nicht um unterstützende, sondern kritische Kampagnen handelt. Fundamentalopposition gegen politische Entscheidung führt in den seltensten Fällen zum Erfolg. Oft wird ein medial inszenierter Angriff auf eine getroffene politische Entscheidung, die sich auf einen Konsens im Parlament stützt, als Affront gegen den sensibel austarierten Kompromiss gewertet und führt zu einem vollständigen Entzug des Vertrauens von politischer Seite. Auf diese Weise verbaut sich der Lobbyist Ansprechmöglichkeiten für die Zukunft. Zweckmäßig ist es hingegen, die Kritik an einer politischen Meinung oder Entscheidung mit der Unterstützung einer bereits vorhandenen Gegenmeinung zu verbinden.

Kritische Inserate und Protestnoten

Eine solche Kampagne ist überhaupt nur in einer einzigen Situation sinnvoll: wenn alle anderen Möglichkeiten der Einflussnahme keinerlei Erfolgsaussichten mehr haben. Dann kann darauf spekuliert werden, dass durch eine kritische Kampagne eine große Öffentlichkeit auf das Problem aufmerksam gemacht und so Druck auf die politischen Instanzen erzeugt wird. Grundsätzlich ist jedoch eine positive Kampagne immer vorzuziehen, schon um dem Anspruch genüge zu leisten, konstruktiv in den Meinungsbildungsprozess einzugreifen.

Organisation von Demonstrationen

Die Bilder von LKW-Kolonnen in Berlin anlässlich des hohen Benzinpreises im Jahre 2000 sind in der Erinnerung der meisten Menschen sicherlich noch präsent. Gerade dieser Fall zeigt, dass groß angelegte, öffentlich wirksame Aktionen durchaus in der Lage sind, Druck auf die Politik auszuüben. Denn neben dem überaus großen öffentlichen Wirkungsrahmen (erhebliche Verkehrsbehinderungen durch die Demonstration in den Innenstädten) und einem deutlichen Medieninteresse waren auch die Konsequenzen auf politischer Ebene deutlich sichtbar. So nahm sich die CDU in stärkerem Maße den „Opfern" der Ökosteuerreform an und setzte die Beendigung dieses Teils der Steuerreform auf ihre politische Agenda. Auch Bundeskanzler Schröder verkündete, dass es unter ihm als Kanzler nach dem Auslaufen der bereits beschlossenen Stufen keine weiteren Ökosteuererhöhungen geben wird.

Notwendig: gesichertes öffentliches Interesse

Allerdings sollte genau abgewogen werden, ob sich ein Thema für diese Art von Maßnahme eignet. Engagieren sich am Ende nur einige wenige Demonstrierende und bleibt das Medieninteresse gering, so wird dem Anliegen eher geschadet als genutzt. Es entsteht dann unter Umständen der Eindruck, dass das Thema keine große gesellschaftliche Relevanz besitzt.

Mittelbare Maßnahmen

Neben den unmittelbaren Maßnahmen sollte der Lobbyist auch die mittelbare Ansprache der politischen Entscheidungsträger einzusetzen wissen. Hierbei ist das Unternehmen oder die Organisation nicht alleiniger Akteur, sondern handelt im Zusammenspiel mit einem Dritten. Die Maßnahme entfaltet dabei zumeist keine Außenwirkung, die dem Unternehmen bzw. der Organisation direkt zuzuordnen ist. Der Lobbyist fungiert vielmehr als anregende Instanz. Er gibt den Anreiz zu einer Maßnahme, die ihrerseits durch einen politischen Akteur, einen Verband o.ä. durchgeführt wird.

Die mittelbare Maßnahme ist fast immer das elegantere Lobbymittel und kann bei richtiger Anwendung eine äußerst hohe Wirksamkeit entfalten.

Der Hebel Opposition im Bundestag

Einbeziehung der Opposition

Eine erfolgreiche Gestaltung von Lobbymaßnahmen auf Bundesebene schließt die effektive Einbindung der Opposition im Bundestag ein. Wenn Lobbyarbeit ausschließlich auf die Exekutive und die sie unterstützenden Regierungsparteien ausgerichtet ist und nicht auch gezielt die politischen Gestaltungsmöglichkeiten der Opposition mit einbezieht, kann der Lobbyist bei fehlender Kompromissbereitschaft in der Regierung und den Regierungsfraktionen gründlich oder zu früh scheitern. Im Vorfeld ist daher zu untersuchen: „Wer kommt als potenzieller Unterstützer meiner Position infrage? Wie kann ich die Fraktionen der Opposition mit ihren Mitgliedern in meine Überlegungen einbinden?“

Opposition und Öffentlichkeit

Es ist ein wiederkehrendes Phänomen bundesdeutscher Politik, dass die Opposition größere Sympathiewerte bei der Bevölkerung erzielt als die Regierungsparteien. Das Handeln der Opposition wird also von einer im Großen und Ganzen wohlwollenderen Wahrnehmung begleitet. Die Opposition pflegt dieses Verhältnis zur Öffentlichkeit selbstverständlich auch aus der Motivation heraus, selbst zur Regierung gewählt zu werden. Gelingt es nun, die eigenen Interessen in die Oppositionsarbeit zu überführen, erschließt man sich darüber auch die sympathisierende Öffentlichkeit als nachgelagerten Teil der „Pressure Group“ Opposition. Gleichzeitig wird der Druck auf die Regierung erhöht, denn sie muss sich nicht mehr nur thematisch mit der Opposition auseinander setzen, sondern sieht sich zusätzlich einer kritischen Öffentlichkeit gegenüber.

Häufig wird die Rolle der Opposition im Rahmen einer Lobbystrategie falsch eingeordnet. Die Opposition fungiert nicht nur als Kontrolleur und Kritiker der Regierung, sondern durch eigene Gesetzesinitiativen und Anfragen auch als thematischer Impulsgeber. Dadurch kann sie zumindest für eine breite öffentliche Wahrnehmung bestimmter Probleme sorgen. Darüber hinaus wird die Opposition regelmäßig in den Ausschüssen auf Kompromissfassungen bestimmter Gesetzestexte hinarbeiten und auf deren Verabschiedung drängen. Um dem öffentlichen Wahrnehmungsbild eines politischen Stillstandes entgegenzuwirken, gerät die Regierung mitunter durch Entwürfe und Initiativen der Opposition regelrecht unter Handlungsdruck. Im Idealfall geschieht dies in Abstimmung mit der Opposition, die auf Grund ihrer Erstinitiative auch die öffentliche Meinungsführerschaft zu dem jeweiligen Themenbereich übernimmt.

Die Opposition stellt eine potenzielle „Pressure Group" von nicht zu unterschätzender Bedeutung dar. Deshalb sollte eine Strategie des Politikmanagements verfolgt werden, die sachverhaltsabhängig sowohl die Regierungsparteien/-fraktionen als auch die Opposition als Adressaten anspricht. Auf diese Weise wird relevanten Themen in jedem Fall eine parlamentarische Öffentlichkeit verschafft.

Opposition ist kein Notnagel

Wichtig ist der Zeitpunkt der Einbindung der Opposition. Sie sollte nicht erst dann mit Informationen versorgt werden, wenn die Erkenntnis gereift ist, dass die Vorstellungen des Lobbyisten bei Regierung und Regierungsfraktionen keinen Niederschlag finden. Die Oppositionsabgeordneten könnten sich als Notnagel und Lückenbüßer missbraucht fühlen. Daher sollten der Opposition von vornherein Stellungnahmen und Positionspapiere zu den wichtigen Themen zur Verfügung gestellt und von Anfang an das Gespräch mit ihren Abgeordneten gesucht werden.

Lobbying: Nutzen für die Opposition

Durch eine gute Zusammenarbeit mit denjenigen Mitgliedern und Fraktionen der Opposition, die eine hohe Sympathie für ein relevantes Thema mitbringen, ergibt sich in der Partnerschaft zwischen Lobbyisten und der Politik eine klassische Win-Win-Situation. Der Lobbyist kann seine spezifischen Interessen als Impulsgeber mit in die politische

Sacharbeit einbringen. Der Politik wird Arbeit abgenommen, gleichzeitig behält sie aber die inhaltliche Hoheit über die Sachverhalte.

Angesichts der stetig wachsenden Anzahl von politischen Handlungsschauplätzen und der fortschreitenden Verkomplizierung von Themenzusammenhängen ist die Opposition in stärkerem Maße als die Regierung auf externes Fachwissen angewiesen. Besonders deutlich wird dies, wenn man sich vor Augen führt, wie begrenzt die personellen und zeitlichen Kapazitäten der Opposition sind. Sie verfügt weder über einen Beamtenapparat wie die Ministerien noch über die Personaldecke der Regierungsfraktionen. Häufig fehlt ihr auch der detaillierte Sachverstand, den der Lobbyist in den für ihn relevanten Themenbereichen aufweist.

Zurückhaltende Kommunikation

Der Lobbyist sollte sich im konkreten Fall mit den betreffenden Abgeordneten im Vorfeld abstimmen. Die Zuarbeit sollte keinesfalls zu breit gestreut werden. Es gilt, den Kontakt zu einem zuständigen Abgeordneten oder Referenten zu suchen, um mit ihm die Unterstützungsleistungen (z.B. Entwurf einer Frage an die Bundesregierung) zu koordinieren. Der Abgeordnete wird die parlamentarische Initiative als „seinen“ Entwurf mit den betreffenden Kollegen abstimmen wollen. Auch ein Referent wird geneigt sein, seinem Chef die parlamentarische Initiative als eigene Idee zu präsentieren. Daher ist diskrete Zuarbeit und vor allem der Verzicht auf Eitelkeit gefordert. Schließlich soll hinterher das Oppositionsinstrument den Namen des initiierenden Abgeordneten tragen und nicht den des zuarbeitenden Unternehmen oder Verbandes. Gute Lobbyarbeit wird durch politische Erfolge belohnt und nicht durch Bekanntwerden der Urheberschaft.

Parlamentarische Initiativen stehen grundsätzlich allen Abgeordneten bzw. Fraktionen offen. Allerdings werden sie in der Praxis zumeist von der Opposition angewandt. Eine Regierungsfraktion wird der Bundesregierung selten kritische Fragen stellen, eigene Gesetzentwürfe abweichend von der Regierungsauffassung einbringen oder solche der Bundesregierung mit Änderungsanträgen begleiten.

Genaue Kenntnis der Instrumente

Der Lobbyist wird in den meisten Fällen Anregungen für parlamentarische Initiativen bei der Opposition einbringen, da die Regierungsfraktionen ihre Aktivitäten eng mit

Überblick über die wichtigsten Instrumente parlamentarischer Arbeit

- Kleine und große Anfragen/Einzelfragen
- Gesetzesinitiativen
- Selbstständige Anträge
- Änderungsanträge
- Entschließungsanträge

(Im Anhang finden Sie ausführliche Beispiele zu diesen Instrumenten, S. 197–213.)

der Exekutive abstimmen. Er sollte wissen, wie die einzelnen Instrumente der parlamentarischen Arbeit bedient werden, damit er der Opposition regelgerecht zuarbeiten kann. Dies ist im Sinne einer schnellen Umsetzung seiner Anregungen ohne viel Arbeitsaufwand bei den Abgeordneten notwendig. Der Lobbyist muss unterscheiden können, welchen Zweck welche Art von Initiative verfolgt und welche Formalien zu beachten sind.

Große Anfragen, kleine Anfragen und Einzelfragen an die Bundesregierung

Sinn und Zweck von Anfragen

Durch Anfragen und Einzelfragen wird die Bundesregierung gezwungen, zu einem Thema inhaltlich Stellung zu beziehen. Dies setzt natürlich voraus, dass die Anfrage/Einzelfrage so präzise formuliert ist, dass der Bundesregierung keine Möglichkeit bleibt, unbestimmt zu antworten.

Es kann darüber hinaus erreicht werden, dass sich die Bundesregierung bestimmter Themen annimmt, die bis dato nicht auf ihrer politischen Agenda standen. Problemzusammenhänge können so auch aktualisiert werden, um einem „Aussitzen“ entgegenzuwirken. Themen werden auf diesem Wege auch mittelbar einer breiten Öffentlichkeit zugänglich gemacht. Dem Fragesteller selbst bietet sich die Möglichkeit der direkten Auseinandersetzung mit der Regierungsarbeit. Der einzelne Abgeordnete profitiert insoweit, als dass er aus den Antworten Informationen für seine Arbeit in den Ausschüssen etc. gewinnen und damit seine Strategien anpassen kann. Der Lobbyist erhält mittelbar eine tiefere Einsicht in Positionen der Regierung und kann die Notwendigkeit eventueller weiterer Aktivitäten erkennen. Der Vorteil für beide Seiten: Die Opposition wird entlastet und der Lobbyist sieht seine Themen auf der Agenda.

Keine unangemessene Beeinflussung

Eine unangemessene Beeinflussung der Abgeordneten steht insbesondere bei kritischen Fragen an die Bundesregierung nicht zu befürchten, selbst wenn diese Fragen von Lobbyisten vorformuliert und durch Lobbyinteressen geprägt sind. Es steht außer Frage, dass die Abgeordneten ihre Entscheidungen selbst treffen und der Lobbyist nur unterstützend tätig wird. Man sollte sich deshalb nicht davor scheuen, präzise Fragen vorzubereiten und dann über die Oppositionsfraktionen „einzuspeisen".

Anleitung zum parlamentarischen Fragerecht

Kleine Anfragen und Einzelfragen werden zu eng umrissenen Sachverhalten gestellt und ziehen keine Aussprache im Plenum nach sich. Sie können auf Grund ihrer thematischen Eingrenzung dazu genutzt werden, durch das Prinzip des „steten Tropfens" direkt auf die Arbeit in den Fachreferaten der Ministerien einzuwirken. Das Einsenden einiger aufeinanderfolgender Anfragen zu gleichen oder verwandten Themen führt zu einer Sensibilisierung der Fachebene für das jeweilige Thema.

Große Anfragen sind die wirksamste Form des Fragerechts. Sie beziehen sich auf Grundsatzprobleme und sind daher besonders geeignet, die Regierung zu einem umfassenden Themenbereich Stellung beziehen zu lassen. Auf eine große Anfrage folgt immer eine Plenardebatte, was in hohem Maße außerparlamentarische Öffentlichkeit garantiert und so den Druck auf die Regierung erhöht. Entscheidend für den Erfolg ist es, die Argumentation in der Plenardebatte an der schriftlichen Antwort der Regierung auszurichten. Daher empfiehlt es sich, die Anfrage nach deren Formulierung weiter zu betreuen. Bei ungenügender Vorbereitung kann es dazu kommen, dass die Regierung mit der schriftlichen Stellungnahme die bessere Medienresonanz erhält und die Strategie der kritischen Aushöhlung der Regierungsposition keinen Erfolg hat. Gerade der Sachverstand des Lobbyisten ist in diesem Punkte von immenser Nützlichkeit für die Abgeordneten.

Formelle Gesichtspunkte des Fragerechts

Fragesteller

Bei großen und kleinen Anfragen fungiert eine Fraktion bzw. 5 Prozent der Mitglieder des Bundestages als Fragesteller. Selbstverständlich können die Anfragen von einem Abgeordneten zunächst intern initiiert und mit dessen Fraktion abgestimmt werden.

Einzelfragen können durch jeden einzelnen Abgeordneten selbst gestellt werden und müssen von diesem persönlich unterschrieben sein.

Überschrift

Eine Überschrift ist bei großen und kleinen Anfragen obligatorisch. Sie muss so formuliert sein, dass sie für amtliche Formulierungen von Tagesordnungspunkten tauglich ist, darf also keine Namen, Appelle, Wertungen, Abkürzungen enthalten.

Bei *Einzelfragen* ist eine Überschrift unzulässig.

Begründung

Eine Begründung ist bei kleinen und großen Anfragen generell möglich, ihr Umfang darf maximal das zwei- bis dreifache des Frageteils erreichen.

Bei *Einzelfragen* sind Begründungen unzulässig.

Fragestellung

Für kleine und große Anfragen sowie für Einzelfragen gilt: Generell zulässig sind Fragen aus dem mittelbaren und unmittelbaren Zuständigkeitsbereich der Bundesregierung. Unzulässig sind Fragen in Bezug auf rechtlich, personell und finanziell von der Bundesregierung unabhängige Einrichtungen, Gesellschaften, Vereinigungen und Personen. Ebenfalls unzulässig sind Fragen nach dem Verhalten von Abgeordneten, Fraktionen, Parteien, Obersten Bundesorganen, ausländischen Regierungen oder Parlamenten.

Gesonderte Regelungen gelten für Fragen, die im Zusammenhang mit privatisierten Unternehmen stehen (Post,

Bahn, Telekom), (Bundestagsdrucksache 13/6149).

Fragen unterliegen dem Sachlichkeitsgebot. Polemische oder aggressive Formulierungen sind unerwünscht. Weiterhin dürfen Fragen keine unbekannten Abkürzungen oder pauschalen Bezugnahmen enthalten, sondern müssen eindeutig verständlich sein.

Umfang

Kleine und große Anfragen unterliegen keiner eindeutigen Bestimmung. Es empfiehlt sich jedoch, sich kurz zu fassen.

Einzelfragen dürfen maximal 14 Zeilen Schreibmaschinentext lang sein, wobei eine Fragestellung in 2 Unterfragen geteilt sein darf. Die Erfahrung zeigt: Je länger die Fragestellung, desto länger die Bearbeitungszeit.

Kontingentierung

Kleine und große Anfragen unterliegen keiner mengenmäßigen Beschränkung.

Es dürfen maximal 4 Einzelfragen pro Abgeordneter und Kalendermonat zur schriftlichen Beantwortung vorgelegt werden. Darüber hinaus dürfen 2 Einzelfragen pro Sitzungswoche zur mündlichen Beantwortung eingereicht werden.

Einreichung

Kleine und große Anfragen können jederzeit eingereicht werden. Gleiches gilt für Einzelfragen zur schriftlichen Beantwortung. Einzelfragen zur mündlichen Beantwortung müssen bis zum Freitag vor der Sitzungswoche um 10 Uhr eingehen.

Beantwortung

Große und kleine Anfragen unterliegen keiner eindeutigen Regelung, der Zeitpunkt wird von der Bundesregierung mitgeteilt. Kleine Anfragen werden in der Regel zwei Wochen nach der Zuleitung beantwortet, wobei die Frist je nach Umfang flexibel handhabbar ist.

Einzelfragen zur schriftlichen Beantwortung werden eine Woche nach Eingang beim Bundeskanzleramt, Einzelfragen zur mündlichen Beantwortung in der nächsten Fragestunde beantwortet.

Jeweils ein Beispiel für eine kleine Anfrage und für Einzelfragen befinden sich im Anhang, S. 190–196.)

Gesetzesinitiativen

Limitierte Wirkung: Gesetzentwürfe der Opposition

Gesetzesinitiativen können von der Regierung selbst, vom Bundesrat und aus der Mitte des Bundestages eingebracht werden. Initiativen von Seiten der Opposition haben naturgemäß die geringsten Erfolgsaussichten (zwischen der 11. und 13. Legislaturperiode fanden nur insgesamt fünf von der Opposition eingebrachte Gesetzentwürfe eine Mehrheit im Bundestag). Wenn der Lobbyist einen (alternativen) Gesetzentwurf über die Opposition einspeisen möchte, so sollte ihm klar sein, dass er hiermit vielleicht ein Signal setzen kann. Realistische Umsetzungschancen darf er sich sicherlich nicht erhoffen.

Es ist aber durchaus möglich, dass Teile oder Gedanken eines von der Opposition eingebrachten Gesetzentwurfes mittelbar Niederschlag in einem von der Regierung vorliegenden oder noch zu erarbeitenden Gesetzentwurf finden.

Oppositionsentwurf als Anregung

Ist es bekannt, dass in absehbarer Zeit ein Gesetzentwurf durch die Bundesregierung vorgelegt werden wird, können durch einen oppositionellen Gesetzentwurf möglicherweise schon entscheidende Anregungen mitgegeben werden. Überrascht die Opposition nämlich als „first mover" die Regierung mit einem Gesetzentwurf, muss letztere gegebenenfalls schneller als geplant mit einem eigenen Entwurf kontern, um Handlungsfähigkeit unter Beweis zu stellen. Dies gilt zumindest dann, wenn die Regierung nicht plausibel darstellen kann, dass gar kein gesetzgeberischer Handlungsbedarf besteht. In solchen Situationen besteht die Chance, dass große Teile der Oppositionsentwürfe direkt in den Regierungsentwurf übernommen werden.

Die Bedeutung des Oppositionsentwurfs als Anregung für Regierungsentwürfe ist dann am größten, wenn zwischen den Regierungsparteien unterschiedliche Auffassungen zu einem Thema bestehen. Teile des Oppositionsentwurfs können dann ohne Gesichtsverlust übernommen werden und in eine für den Lobbyisten erträglichere Regelung münden.

Öffentlichkeitswirkung

Die außerordentliche Öffentlichkeitswirkung ist darüber hinaus ein entscheidendes Argument für einen durch die Opposition eingebrachten Gesetzentwurf. Dabei kann es einerseits um einen Alternativentwurf zu einem Regierungsentwurf handeln. Auf der anderen Seite besteht aber auch die Möglichkeit, mit Gesetzentwürfen völlig neue Sachverhalte ins parlamentarische Geschehen einzubringen. Für den Lobbyisten ist die Mitarbeit an Oppositionsentwürfen insofern interessant, als dass auch hier in größerem Umfang als bei der Regierung auf Expertenwissen von außen zurückgegriffen werden muss, da die Fachebene der Ministerien nicht unterstützend tätig werden kann.

Opposition als Alternative zur Regierung

Für die Opposition verbindet sich mit dem Einbringen eigener Gesetzentwürfe die Möglichkeit, ernst zu nehmende Alternativen zur Regierungsarbeit zu formulieren. Sie profiliert sich als produktiv-sachlich arbeitende, konzeptionell denkende Alternative zur Regierung. Hiervon profitiert auch der Lobbyist, denn er kann seine Position über den Oppositionsentwurf als potenzielle Alternative zur bisherigen Linie der Regierung in den Gesetzgebungsprozess einbringen. Als Konsequenz auf einen Oppositionsentwurf kann sich der Druck der öffentlichen Meinung derart verschärfen, dass die Regierung zu einem Überdenken ihrer bisherigen Position gezwungen ist.

Zuarbeit strikt fachlich

Auch bei der Unterstützung der Opposition im Gesetzgebungsprozess geht es um fachliche Zuarbeit und nicht um Manipulation. So ist die Annahme, von Seiten des Lobbyisten direkt in die Arbeit der Opposition einzugreifen, auch in diesem Zusammenhang falsch. Die Autonomie der Abgeordneten ist nicht angreifbar.

Hinweise für die Formulierung von Gesetzentwürfen

Anders als beim Fragerecht sind Gesetzentwürfe von Seiten des Politikmanagements kaum endgültig vorzuformulieren. Die Form und auch die Formulierung des Inhaltes ist derart komplex, dass man juristischen Sachverstand hinzuziehen sollte. Dennoch gibt es wichtige und Erfolg versprechende Möglichkeiten, Abgeordnete und/oder Fraktionen bei der Entwurfsarbeit zu unterstützen.

Thematische Unterstützung

Der Lobbyist kann aus der Praxis heraus gezielt Anregungen für Gesetzesinhalte geben, die sich möglicherweise klar von den Vorstellungen der Regierung abgrenzen und dadurch für eine aktive Oppositionsarbeit nützlich sind.

Exzellenter Sachverstand

Eine präzise und fundierte thematische Zuarbeit durch Fachleute kann gerade bei Spezialgesetzen eine wertvolle Unterstützung für den Abgeordneten darstellen. Besonders Abgeordnete der Opposition haben kaum Zugriff auf wissenschaftliche Hilfe in der Art der Fachreferate in den Ministerien.

Juristische Unterstützung

Bei allen Gesetzentwürfen ist in erheblichem Umfang juristischer Sachverstand gefragt. Hier können Lobbyabteilungen durch das Hinzuziehen externen Sachverstands unterstützend tätig werden. Wenn Kanzleien oder Professoren mit der Erstellung von Gutachten beauftragt werden, sollte man daher in Erwägung ziehen, Formulierungsvorschläge für Gesetze direkt mit einzufordern. Ein Gutachten allein wird von den Adressaten möglicherweise nicht ausreichend gewürdigt. Wenn aber Formulierungshilfen für die betreffende Gesetzesinitiative angeboten werden, erhöht sich die Chance um ein vielfaches, dass die Interessen des Lobbyisten mit berücksichtigt werden. Man sollte sich gut überlegen, wie breit man als Lobbyist Formulierungshilfen streut. Nicht immer ist es günstig, wenn allgemein bekannt wird, von wem der Entwurf erstellt wurde.

Selbstständige Anträge, Änderungsanträge und Entschließungsanträge

Sachanträge: Werkzeug im Agenda Setting

Ein weiteres für den Lobbyisten interessantes Werkzeug der Opposition im politischen Prozess ist die Möglichkeit, mit so genannten „Sachanträgen“ Themen auf die politische Tagesordnung zu bringen oder auf Initiativen der Regierungsfraktionen zu reagieren. Zwar ist das Stellen von Sachanträgen keineswegs ausschließlich der Opposition vorbehalten, in der Praxis kommt aber der überwiegende Anteil der Sachanträge aus ihren Reihen. Auf Grund der erwartungsgemäß hohen Ablehnungsquote durch die Regierungsfraktionen bieten Sachanträge der Opposition kaum tatsächliche Einflussmöglichkeiten. Ihr Wert besteht vielmehr in der öffentlichkeitswirksamen Kontrolle des Regierungshandelns und der Möglichkeit, eigene Konzepte und Handlungsprogramme als Alternative anzubieten.

Die drei Antragsarten

- Selbstständige Anträge
- Änderungsanträge
- Entschließungsanträge. Diese werden auch als unselbstständige Vorlagen bezeichnet, da sie sich stets auf eine bereits vorliegende Initiative beziehen müssen und nur mit dieser verbunden in die parlamentarische Debatte eingebracht werden können.

(Beispiele für die drei Antragsarten befinden sich im Anhang, S. 197–213.)

Frei wählbares Thema

Selbstständige Anträge zeichnen sich durch die freie Wählbarkeit des Antragsthemas aus. Meistens fordern sie die Regierung auf, zu einem bestimmten Sachverhalt Stellung zu beziehen. Anschließend muss der Bundestag über den Antrag abstimmen. Durch die Debatte im Plenum mit anschließender Abstimmung wird die Regierung (sowie die Mehrheitsfraktionen) gezwungen, öffentlich Farbe zu bekennen und sich auf einen Standpunkt festzulegen. Somit wird auch für die Öffentlichkeit die Positionierung der im Bundestag vertretenen Parteien eindeutig erkennbar.

Dem Lobbyisten bietet sich über diesen Weg die Chance, seine Themen auf der politischen Agenda zu platzieren und eventuell hierüber eine breitere öffentliche Unterstützung seiner Position und damit ein größeres Verhandlungsgewicht zu erhalten.

Bezugnahme auf beschlossene Initiativen

Entschließungsanträge als unselbstständige Vorlagen müssen sich auf bereits durch Schlussabstimmung beschlossene Initiativen beziehen. Dies können Gesetzentwürfe, Rechtsverordnungen, Unterrichtungen, Regierungserklärungen oder Anfragen sein. Entschließungsanträge beziehen konkret zu einem abgeschlossenen parlamentarischen Vorhaben Stellung und verdeutlichen auf diese Weise die Unterschiede in der politischen Bewertung durch die Akteure im Bundestag. Sie werden von der Opposition als Instrument zur Beeinflussung der jeweiligen Vorlage eingesetzt. Mit ihnen verdeutlichen die Antragsteller direkt ihren Standpunkt zu den Inhalten der Vorlage mit der Absicht, punktuelle Veränderungen anzubringen. Durch Entschließungsanträge tritt die Opposition den Regierungsfraktionen mit eigenen Zielvorstellungen und Handlungskonzepten gegenüber.

Verbindliche Äußerungen der Opposition

Haltungen der Opposition, die ihren Ausdruck in Entschließungsanträgen finden, sind im Hinblick auf mögliche Regierungswechsel interessant. Der Lobbyist kann sich später immer wieder auf die im Entschließungsantrag vertretene Position beziehen und auf die Einhaltung der Erklärungen hinarbeiten, wenn die vormalige Opposition selbst die Regierung stellt.

Bezugnahme auf Gesetzentwurf

Änderungsanträge beziehen sich immer auf einen Gesetzentwurf. Sie werden ab der zweiten Lesung in den Bundestag eingebracht. Sie zielen darauf ab, einzelne Formulierungen oder Punkte eines Gesetzes zu ändern. In der Regel stellt ein Änderungsantrag einen letzten Versuch der Opposition dar, auf einen Gesetzentwurf einzuwirken. Ein Thema kann durch diverse Änderungsanträge bis zur endgültigen Verabschiedung des Gesetzes immer wieder auf die Tagesordnung gebracht werden.

Ergänzung der Stellungnahme

Ein bereits durch den Lobbyisten vorformulierter Änderungsantrag kann ohne großen Aufwand von den Abgeordneten berücksichtigt werden. Der Lobbyist sollte seine Stellungnahme zu einem Gesetzentwurf um einen präzise formulierten Änderungsantrag ergänzen. Damit verdeutlicht er, wie er sich eine sachgerechte gesetzgeberische Umsetzung seiner Positionen vorstellen kann.

Formelle Gesichtspunkte zur Gestaltung von selbstständigen und nicht selbstständigen Vorlagen

Initiatoren

Initiatoren können sein: einzelne Abgeordnete einer Fraktion als Hauptinitiatoren im Namen der Fraktion; Fraktionen als solche; mehrere Fraktionen (Reihenfolge nach Fraktionsstärke); einzelne Abgeordnete verschiedener Fraktionen mit Unterstützung der Fraktion; einzelne Abgeordnete aus verschiedenen Fraktionen ohne explizite Unterstützung einer oder mehrerer Fraktionen (mind. 5 Prozent oder 34 Abgeordnete).

Es bietet sich an, einen oder mehrere Abgeordnete gezielt als Initiatoren anzusprechen und den Vorschlag von ihm/ihnen der Fraktion oder einer Gruppe von Abgeordneten unterbreiten zu lassen.

Titel

Selbstständige Anträge können mit einer frei gewählten Überschrift versehen werden. Diese muss so formuliert sein, dass sie für amtliche Formulierungen von Tagesordnungspunkten tauglich ist (keine Namen, Appelle, Wertungen oder Abkürzungen).

Entschließungsanträge zur Abgabe einer Erklärung durch die Bundesregierung müssen den Titel aus der amtlichen Tagesordnung tragen. Falls nicht, muss der jeweilige Betreff der Grunddrucksache entsprechen.

Änderungsanträge übernehmen die Drucksachennummer der Gesetzesvorlage.

Teilnahme an Anhörungen in den Bundestagsausschüssen und den Ministerien

Direkte Mitwirkung am politischen Entscheidungsprozess

Anhörungen sind ein entscheidender Faktor für die politische Willensbildung im Parlament und in den Ministerien. Hier wird den betroffenen Verbänden und Interessenvertretern Gelegenheit gegeben, aktiv durch einen mündlichen Vortrag sowie vorab durch die Abgabe schriftlicher Stellungnahmen an Gesetzgebungsvorhaben und sonstigen politischen Prozessen mitzuwirken. Die politischen

Entscheidungsträger werden nach der Teilnahme des Lobbyisten an Anhörungen seine Position mit einem Gesicht verbinden können. Der Inhalt wird durch eine Person transportiert und im Dialog vermittelt.

Ratsam: Aktives Bemühen um Einladung

In den Bundestagsausschüssen werden zu den Anhörungen neben Verbandslobbyisten verstärkt auch Unternehmenslobbyisten geladen. Aus Mangel an Alternativen werden allerdings häufig wiederholt die Vertreter der Spitzenverbände (BDI, DIHK usw.) und allseits bekannte Wissenschaftler berücksichtigt. Auf diese Weise finden eventuell abweichende Interessen keine Beachtung. Der noch unbekannte Lobbyist sollte deshalb offensiv mit dem Angebot auf Abgeordnete zugehen, in einer Anhörung behilflich zu sein. Für die Abgeordneten ist zum Beispiel der Vortrag eines Lobbyisten, der einen konkreten Bericht aus der Praxis abgeben kann, häufig interessanter als der eines nicht unmittelbar betroffenen Verbandsvertreters. Insbesondere die kleineren Fraktionen sind nicht so sehr den klassischen Beteiligten verpflichtet (Verbände, Großunternehmen). Sie können mit einem pfiffigen, kreativen Experten häufig besser punkten. So wird beispielsweise einem unkonventionellen Unternehmensvertreter meist mehr Aufmerksamkeit entgegengebracht als dem Verbands- oder Gewerkschaftsvertreter, der schon an vielen Anhörungen teilgenommen hat.

Die Ministerien halten sich bisher bei der Beteiligung von Unternehmen stark zurück und verlassen sich eher auf Stellungnahmen der „klassischen" Lobbyisten aus Verbänden und Interessengruppen.

Die Teilnahme an Anhörungen ist als mittelbare Maßnahme zu qualifizieren, da der Lobbyist durch den Ausschuss oder das Fachreferat des Ministeriums eingeladen werden muss. Er kann sich lediglich um eine Einladung zur Anhörung bemühen.

Wichtig: fundierter Themenüberblick

Zu wissen, welche Themen aktuell in den Ministerien oder den Bundestagsausschüssen auf der Agenda stehen, ist für den Lobbyisten wertvoll. Wenn möglich, sollten die Kontakte in den Bundestag genutzt werden, um sich entsprechende Ausschussprotokolle oder Protokolle der Obleutebesprechungen zu beschaffen. In diesen sind entscheidende Termine der zukünftigen Arbeit häufig festgehalten. Jeder Ausschuss verfügt außerdem über einen Beratungsplan. Auch bei den Abgeordneten und in den Ministerien kann nachgefragt werden, welche Themen auf der politischen Agenda stehen.

Gegebenenfalls muss bei akutem Handlungsbedarf der Versuch unternommen werden, selbst eine Anhörung gegenüber Abgeordneten zu strittigen Themen anzuregen. Hat ein Lobbyist eine Anhörung angeregt, ist es fast selbstverständlich, dass er zu der Anhörung auch eingeladen wird.

Einladungsschlüssel

Bei Anhörungen in Bundestagsausschüssen dürfen die kleinen Fraktionen normalerweise einen Sachverständigen und die großen Fraktionen bis zu drei Sachverständige benennen. Allerdings wird hiervon insbesondere bei umfangreicheren Anhörungen abgewichen. Wenn ein Lobbyist als „First Mover", d.h. als einer der ersten ein Positionspapier lange vor Ankündigung der Anhörung zum strittigen Thema abgegeben hat, steigt die Wahrscheinlichkeit, eingeladen zu werden.

Externe Experten

Als Alternative zur Einbringung des eigenen fachlichen Standpunkts kann auch die Empfehlung eines externen Experten erfolgen. Dabei sollte mit diesem vorab eine enge Abstimmung vorgenommen werden, damit der Experte in geeigneter Weise auf das Anliegen des Lobbyisten aufmerksam machen kann. Externe Experten sind in bestimmten Fällen glaubwürdiger und verschaffen dem Lobbyisten die Möglichkeit, seine Position in den politischen Willensbildungsprozess einzubringen, ohne die eigenen Interessen offensiv in den Vordergrund zu rücken.

Gründliche inhaltliche Vorbereitung

Anhörungen erfordern eine genaue Vorbereitung. Die eingeladenen Interessenvertreter werden schon im Vorfeld aufgefordert, Stellungnahmen anzufertigen. Diese werden dann dem Ausschuss oder Ministerium zugesandt, damit sich die Abgeordneten oder das Fachreferat auf die Anhörung vorbereiten können. Auf etwaige Nachfragen von Seiten der Ausschussmitglieder sollte der Lobbyist deshalb gründlich vorbereitet sein. Üblicherweise werden vorab Fragenkataloge an die Teilnehmer der Anhörung versandt.

Die Stellungnahme

Stellungnahmen für Ausschüsse

- Grafisch anschaulich aufarbeiten → Eyecatcher!

- Knapp halten und präzise formulieren → Argumentieren Sie bei Ausschussanhörungen politischer als bei Anhörungen im Ministerium. Sie sprechen mit Politikern, nicht mit Ministerialbeamten!
- Alleinstellungsmerkmale für die Stellungnahme entwickeln → Machen Sie auf neue Probleme aufmerksam, stellen Sie Sachverhalte anschaulich dar, arbeiten Sie mit Beispielen! Halten Sie sich nicht mit Aussagen auf, die schon die anderen Lobbyisten in ihren Stellungnahmen treffen werden. Ein kurzer Hinweis genügt, dass der Aspekt ähnlich gesehen wird.
- Win/Win-Verhältnis herausstellen → Artikulieren Sie ehrlich die eigenen Interessen, arbeiten Sie aber auch Schnittmengen mit Interessen der Allgemeinheit heraus!
- Stellungnahme zügig abfassen und möglichst weit vor Fristablauf einreichen → Die Chance erhöht sich, dass die Stellungnahme gelesen wird!

Besonderheiten bei Stellungnahmen für Anhörungen im Ministerium

- Anders als bei politischen Stellungnahmen in den Ausschüssen sollten sie im Ministerium präzise, aber keinesfalls verkürzt formulieren! Argumentieren Sie ausführlicher und juristisch akzentuierter als für den Ausschuss. Ihre Ausführungen müssen in jedem Fall juristisch einwandfrei sein. Aber: Halten Sie sich nicht lange an offensichtlich strittigen Punkten auf, wenn ein besonderer Aspekt für Ihren Standpunkt von entscheidender Bedeutung ist. Stattdessen sollten Sie gleich auf die für Sie relevanten Punkte zu sprechen kommen.

Teilnahme an Anhörungen

Vorbereitung

Im Vorfeld von Ausschussanhörungen bietet es sich an, mit Abgeordneten zu sprechen und diese mit möglichen (Nach-)Fragen an die geladenen Anhörungsteilnehmer zu versorgen. So können Sie die eigene Redezeit gezielt verlängern. Schlagen Sie die Mitglieder des Ausschusses unter ihrem Namen in „Kürschners Volkshandbuch Deutscher Bundestag“ (Deutscher Bundestag – Referat Öffentlichkeitsarbeit (Hg.), Neue Darmstädter Verlagsanstalt) nach. Begrüßen Sie die Anwesenden persönlich und stellen Sie sich vor. Tauschen Sie Visitenkarten aus und bauen Sie Kontakte auf.

Vortrag

Das mündliche Statement sollte kurz und frei gehalten werden. Gehen Sie direkt auf den Punkt ein, der Ihnen am wichtigsten ist. Eine konzentrierte Auseinandersetzung mit einem Aspekt prägt sich besser ein als ein allgemein gehaltenes Kurzreferat! Lockern Sie mit Beispielen auf.

Für die Argumente Ihres Statements ist es sinnvoll, die Unterstützung anderer Lobbyisten einzuholen und mit zu präsentieren. Besonders wenn diese eine ganz andere Grundrichtung repräsentieren, erhöht dies die Glaubwürdigkeit und zeigt Schnittmengen auf, die sonst nicht deutlich werden. Entspanntes Auftreten sollte ein Grundanliegen sein. Bei den Anhörungen herrscht meist eine Atmosphäre lockerer Geschäftigkeit. Es lohnt sich, daran zu denken, dass auch im Bundestag und in den Ministerien nur mit Wasser gekocht wird!

Nach dem Vortrag

Sprechen Sie auch nach der Anhörung mit den Anwesenden. Nutzen Sie die Gelegenheit, mit der Arbeitsebene ins Gespräch zu kommen. So können Sie den Dialog direkt im Anschluss fortsetzen und erhalten unmittelbares Feedback.

Unterstützung von Partei- oder Fraktionsveranstaltungen

Auf Partei- und Fraktionsveranstaltungen werden häufig politische Entscheidungen vorbereitet. Die Akteure holen sich dort Anregungen für den politischen Willensbildungsprozess.

Veranstaltungen bieten dem Entscheidungsträger die Möglichkeit, die Standpunkte von Fachpolitikern, auch anderer

Couleur, zu einzelnen Themen zu erfahren. Außerdem dienen sie dazu, das eigene Wissen aufzufrischen.

Typische Parteiveranstaltungen

- Sitzungen der Parteikommissionen und Parteifachausschüsse
- Podiumsdiskussionen
- Fraktionsanhörungen
- Kolloquien der Fraktionen
- Abendveranstaltungen, Bälle, Ausstellungseröffnungen, Parties der Jugendorganisationen der Parteien

Möglichkeiten der Kooperation

Veranstaltungen der Parteien oder Fraktionen leiden meist unter einer chronischen Unterfinanzierung. Ein gezieltes Sponsoring wird daher in der Regel dankbar angenommen. Die Möglichkeiten, solche Veranstaltungen zu unterstützen, sind vielfältig. Ein Telekommunikationsunternehmen kann z.B. Telefonanschlüsse auf Parteitagen zur Verfügung stellen. Ein Automobilhersteller kann benötigte Fahrzeuge bereitstellen. Besonders willkommen sind auch Catering-Beiträge. Hilfestellungen bei der Vorbereitung von Veranstaltungen, wie etwa beim Versand von Einladungen oder beim Erstellen der Gästeliste sind ebenfalls denkbar.

Wichtig: Eigenes Interesse genau definieren

Der Lobbyist sollte sich vergegenwärtigen, mit welchem Ziel er eine Veranstaltung unterstützt. Geht es lediglich um Klimapflege und Ausbau der Vernetzung, bietet sich ein schlichtes Sponsoring an. Bei inhaltlich geprägten Veranstaltungen kommt eine aktive Mitwirkung an der Planung und Durchführung in Frage. Der Lobbyist kann Themen und Referenten vorschlagen. Vielleicht kann er prominente Redner organisieren. Die Zusagequote für die Veranstaltung dürfte sich enorm steigern, wenn z.B. der Vorstandsvorsitzende der Deutschen Telekom auf dem Podium sitzt.

Beispiel zur Unterstützung von Parteiveranstaltungen – Die zweite CDU-Internetnight

Anlässlich der Berliner IT-Fachmesse hat die CDU am 4. Juni 2002 ihre zweite Internetnight veranstaltet. Sie wurde als Versuch initiiert zu zeigen, dass die Partei sich den Herausforderungen des digitalen Zeitalters stellt und den Dialog mit der jüngeren Generation sucht. Im Zusammenhang mit der Internetnight wurde ein Strategiepapier der CDU veröffentlicht, das sich mit den Rahmen und Arbeitsbedingungen junger Unternehmen im digitalen Zeitalter auseinander setzt.

Die Veranstaltung selbst war als Plattform für den Dialog zwischen Unternehmern und Politik gedacht. Besonders die zeitliche Nähe zu den Bundestagswahlen machten den Dialog für beide Seiten interessant. Über die Teilnahme an Gesprächen hinaus waren Unternehmen direkt aufgefordert, sich bei der Vorbereitung und Durchführung zu beteiligen. In der Marketingabteilung der CDU-Geschäftsstelle waren Ansprechpartner direkt für die Planung der Zusammenarbeit abgestellt.

Verpflegungsstände, Getränkebars, Internetcafés, Fahrservice und Einlasskontrollen wurden so beispielsweise über das Sponsoring abgedeckt. Wichtig für die Unternehmen war bei der Übernahme von Sponsoring-Aufgaben vor allem, dass ihr Einsatz eindeutig zu erkennen war und sie als Unternehmen direkt mit dem Sponsoring in Verbindung gebracht wurden. So hat z.B. die Firma AOL das Aufstellen eines Internetcafés übernommen.

Bei allen unterstützenden Aktivitäten steht die Grundlage für eventuell nachfolgende Gespräche im Vordergrund. Das Unternehmen stellt sein Commitment zur Zusammenarbeit mit der Politik bzw. mit der jeweiligen Partei unter Beweis. Das Klima ändert sich spürbar, wenn aus Vertretern oft unterschiedlicher Interessen Kooperationspartner werden. Gerade in Wahlkampfzeiten profitiert eine Partei von guter Publicity. Je größer die Kooperationsbereitschaft von Seiten der Unternehmen, desto positiver die Wahrnehmung der Veranstaltung in der Presse. Der Schulterschluss zwischen Politik und Wirtschaft ist ein sehr gut zu verwertendes Bild für den Wahlkampf. Aus dem Sponsoring kann sich in der Folge eine Zusammenarbeit zu Gunsten beider Seiten entwickeln. Die guten Kontakte bilden die Basis für eine spätere Interessenvertretung durch das Unternehmen.

Grassroots-Kampagne

Interessenvertretung von der Basis aus

Das Grassroots-Lobbying bezieht die Bürger aktiv ein. Grassroots sind die (Gras)-Wurzeln der Macht des Abgeordneten: seine Wähler. Basis dieser Lobbymaßnahme ist das Bestreben der Politiker, dem Willen und den Wünschen der Wähler unmittelbar Rechnung zu tragen. Ein Thema, das von einer Vielzahl von Bürgern aufgegriffen wird, gelangt schnell auf die politische Agenda. Grassroots-Kampagnen nutzen gezielt die sensible Sensorik von Seiten der Politik für gesellschaftliche Interessenlagen bzw. Interessenkonflikte.

Erfolgsfaktoren: Größe und Homogenität

Durch den Lobbyisten initiierte Grassroots-Kampagnen basieren auf der direkten Ansprache einer möglichst homogenen Gruppe aus der breiten Bevölkerung. Je homogener die Gruppe ist, desto größer ist die Wahrscheinlichkeit, eine große Beteiligung zu erzielen. Je größer die Gruppe, desto größer sind die Erfolgsaussichten der Kampagne insgesamt.

Einbeziehung des Internets

Die zunehmende Verbreitung des Internets erleichtert die Kampagnenführung in vielen Punkten. Mit diesem Instrument lassen sich zahlreiche Vorteile vereinen. Im Internet können flexibel, kostengünstig und effektiv beispielsweise folgende Kampagnenelemente realisiert und optimiert werden:

- Virtuelle Unterschriftensammlung.
- Verbreitung von Flugblättern oder Informationen.
- Vernetzung von Aktivisten oder Unterstützergruppen.
- Interner und externe Informationsaustausch durch interne Mailing-Listen oder externe Newsletter.
- Elektronische Protestmails an politische Entscheidungsträger oder Multiplikatoren in einfacher Formularform.
- Erleichterung der Pressearbeit durch E-Mail. Nahezu sämtliche Redaktionen sind elektronisch erreichbar. Zudem kommt den elektronischen Medien ein meinungsbildender Charakter zu.

Beispiel einer erfolgreichen Grassroots-Kampagne

In einer Entscheidung vom 15. Januar 2002 hat das Bundesverfassungsgericht der Berufsfreiheit eines schächtenden Metzgers Vorzug vor dem Tierschutz eingeräumt. Das Urteil war der Anlass dafür, die Forderung zu erneuern, den Tierschutz in das Grundgesetz aufzunehmen. Bisher war dieses Vorhaben an der ablehnenden Haltung der CDU/CSU gescheitert. Dem Aufruf mehrerer Tierschutzorganisationen folgend, beteiligten sich mehrere hunderttausend Bürger an einer zielgerichteten Postkartenaktion an führende CDU/CSU-Politiker. Zusätzlich konnten der CDU-Vorsitzenden, Angela Merkel, vor der entscheidenden Bundestagsabstimmung über eine Aufnahme des Tierschutzes in das Grundgesetz rund 350.000 Unterschriften überreicht werden. Der Protest hat seine Wirkung nicht verfehlt: Die Unionsparteien gaben im vierten Anlauf (nach 1994, 1998, 2000) am 17. Mai 2002 ihre Blockadehaltung im Bundestag auf und stimmten mehrheitlich für die Erweiterung des Artikels 20a Grundgesetzes um den Aspekt des Tierschutzes. Ursprünglich ging es in Artikel 20a nur um den Schutz der natürlichen Lebensgrundlagen der künftigen Generationen. Massiver öffentlicher Druck durch die Grassroots-Aktivitäten und eine parallel laufende Presseberichterstattung haben maßgeblich zum Erfolg der Aktion beigetragen.

Exemplarisch war die Einbeziehung des Instruments der Grassroots-Kampagne in die Lobbyaktivitäten in diesem Fall aus folgenden Gründen:

Das Thema Tierschutz ist in weiten Teilen der Bevölkerung äußerst prominent. Allein der deutsche Tierschutzbund hat 800.000 Mitglieder und ist in der Bundesrepublik flächendeckend präsent. Zusätzlich zu den 800.000 zahlenden Mitgliedern wirbt der Tierschutzbund mehrere tausend Interessierte als Unterstützer für Kampagnen auf einer so genannten „Aktivenliste“ an. Selbst wenn viele Menschen nicht aktiv in Tierschutzorganisationen mitwirken, sind sie dennoch dem Thema gegenüber aufgeschlossen. So gibt es allein in Berlin über 300.000 Hundebesitzer und unzählige Familien, in denen mindestens ein anderes Haustier gehalten wird.

Der Umgang mit Haustieren und der Wunsch, diese zu besitzen, ist größtenteils emotional motiviert. Das Zusammenspiel von hoher gesellschaftlicher Affinität für ein Thema und emotionaler Anteilnahme ist eine ideale Grundlage für die Durchführung von Kampagnen. Gefühlsentscheidungen bringen Menschen zu Reaktionen, die sie als rationale denkende Individuen so nicht treffen würden. Politisch uninteressierte Eltern einer fünfjährigen Mehrschweinchenbesitzerin werden so zu vehementen Unterstützern der Kampagne für die Aufnahme des Tierschutzes in das Grundgesetz. Nicht zuletzt auf Grund der überwältigenden Bandbreite des Unterstützerfelds konnte erreicht werden, dass die CDU/CSU ihre blockierende Haltung aufgibt.

Eine große Anzahl an Unterstützern, ein hoher Mobilisierungsgrad und eine Annäherung an das Problem „von der Seele her“ sind ideale Voraussetzungen für Kampagnen. Abstrakt rationale Partikularinteressen werden dagegen kaum zu einer nennenswerten Mobilisierung führen. Ohne massive Unterstützung verhallt jedoch der Effekt einer Kampagne ungehört. Im Gegenteil könnte die Politik angesichts fehlender öffentlicher Unterstützung davon absehen, sich mit einem Thema überhaupt zu beschäftigen.

Der Lobbyist sollte unbedingt vermeiden, dass der durch eine groß angelegte Grassroots-Kampagne ausgeübte Druck auf die politischen Entscheidungsträger auf ihn zurückfällt. Von Seiten der Politik könnte das als Aufhebung der Gesprächsbereitschaft verstanden werden und zu einer Verschlechterung der Position des Lobbyisten bei zukünftigen Entscheidungsprozessen führen. Bevor Grassroots-Lobbying als Maßnahme in Erwägung gezogen wird, sollte der Lobbyist sich daher entweder bei der Mitwirkung an einer Grassroots-Kampagne bedeckt halten oder erst dann selbst in Erscheinung treten, wenn alle Verhandlungsoptionen ausgeschöpft sind. Klassische Instrumente des Grassroots-Lobbying sind Massenbriefe, -E-Mails oder -faxe sowie gehäufte Telefonanrufe. Durch vorgedruckte Karten, die „Forward“-Funktion des E-Mail-Programms sowie die Übernahme des Portos garantieren diese Mittel die Möglichkeiten zu eine regen Beteiligung bei einer ausreichend großen und interessierten Zielgruppe. Schwieriger ist es, Demonstrationen oder Kundgebungen zu organisieren, auf denen in ausreichender, medial wirksamer Anzahl Menschen ein Anliegen vertreten. Dies gilt insbesondere dann, wenn man sich auf unorganisierte Grassroots-Gruppen stützt.

Kriterien für die erfolgreiche Durchführung von Grassroots-Kampagnen

Menschen

Es muss eine große interessierte und motivierte Gruppe vorhanden sein, die das Rückgrat der Aktion bilden kann.

Adressaten

Die Adressaten müssen die tatsächliche Entscheidungshoheit im jeweiligen Fall besitzen. Eine Kampagne gegen die Bundesregierung ist sinnlos, wenn ein Gesetz im Bundesrat blockiert wird.

Medien

Von Anfang an müssen die Medien für die jeweilige Kampagne gewonnen werden. So wird eine größere Öffentlichkeit erzielt und der Druck auf die Adressaten erhöht.

Information

Es ist nicht damit getan, eine Kampagne zu initiieren und sie dann sich selbst zu überlassen. Eine beständige Information aller Beteiligten ist essenziell. Informieren Sie die Teilnehmer über neue Inhalte und den Fortgang der Aktion, die Medien über eventuelle Gesprächsangebote von Seiten der Politik sowie über Umfang und Dynamik der Kampagne. Platzieren Sie immer wieder Artikel oder Berichte zum Thema der Kampagne. Signalisieren Sie der Politik ständig Ihre Gesprächsbereitschaft und informieren Sie über die nächsten Schritte. Je umfassender die Informationspolitik, desto stärker und glaubhafter Ihre Position!

Kreativität

Die Gestaltung der Kampagne sollte Aufsehen erregen. Nutzen Sie alle Medien, selbst wenn es sich nur um eine Briefaktion handelt. Ideales Ergebnis wäre z.B. eine Nominierung der Kampagne für einen Medienpreis oder die Wahl eines Begriffs der Kampagne zum „Wort des Jahres".

Sachlichkeit

Bemühen Sie sich um größtmögliche Sachlichkeit. Hüten Sie sich vor Tiefschlägen oder zu kurz greifenden Erklärungen. Versuchen Sie ein adäquates Niveau zu wahren. Sind Sie erst einmal eines inhaltlichen Fehlers überführt, wird die Kampagne sehr schnell im Sande verlaufen und dem Lobbyziel schaden.

Öffentlichkeitswirksame Aktionen und Kampagnen

Medieninteresse durch spektakuläre Aktionen

Aus dem Non-Profit-Sektor sind insbesondere aus dem Bereich der Umweltorganisationen medienwirksame Einzelaktionen bekannt (beispielsweise spektakuläre Abseilaktionen an Industrieanlagen oder Blockadeaktionen). Sinn dieser Aktionen ist es, durch den Rahmen ein möglichst großes mediales Interesse zu erregen. Die mediale Berichterstattung führt notwendig zu einer weiten Verbreitung der Inhalte. Schon oft sind beispielsweise Greenpeace-Aktivisten in Schlauchbooten gefilmt worden, wie sie sich zwischen Walfangschiffe und Wale begeben, um den Abschuss der Tiere zu verhindern. Diese Bilder wurden dann in allen Nachrichtensendungen ausgestrahlt, oft sogar zur Prime Time. Ein Effekt ist die Verbesserung des Bekanntheitsgrades der jeweiligen Organisation und der Darstellung ihrer wichtigsten Ziele. Auf der anderen Seite wird ein konkretes Problem oder Thema der Öffentlichkeit zugänglich gemacht.

Gefahr: Marginalisierung durch Radikalität

Spektakuläre Aktionen wie Blockaden und Besetzungen bergen aber die Gefahr in sich, dass sich die Akteure als Gesprächspartner für die Politik disqualifizieren. Je radikaler die Protestmittel, desto geringer ist die Bereitschaft auf Seiten der Politik, in einen sachlich fundierten Dialog zu treten. Wenn die Unterstützerschaft einer Organisation solche Aktionen als wesentlich für das Selbstverständnis ansieht, sollte zweigleisig verfahren werden. Einerseits sollte sich die Organisation der Politik als kompromissbereiter Gesprächspartner anbieten. Auf der anderen Seite kann den Forderungen durch spektakuläre Aktionen Nachdruck verliehen werden.

Beispielhafter Internetauftritt für eine Kampagne – www.52a.de

Die Arbeitsgemeinschaft wissenschaftlicher Verleger und der Börsenverein des deutschen Buchhandels e.V. haben gemeinsam eine Kampagne inszeniert, die sich hauptsächlich auf Anzeigen in Printmedien und einen Internetauftritt unter www.52a.de stützt. Anlass der Kampagne war ein Gesetzentwurf der Bundesregierung zur Umsetzung der EU-Richtlinie bezüglich des „Urheberrechts in der Informationsgesellschaft". Dieser Gesetzentwurf sollte am 2. April 2003 abschließend im Rechtsausschuss beraten werden. Die Kampagne richtete sich vor allem gegen zwei Aspekte dieser Neuregelung, die Paragraphen 52a und 53 (nachzulesen unter www.52a.de/1-4.htm.) Die Wissenschaftsverlage befürchten, dass die Umsetzung dieser Paragraphen im Extremfall zu einem massiven Einbruch des Bestellaufkommens von Fachbüchern durch Bibliotheken und Universitätsangehörige kommen kann.

Die Umsetzung der Kampagne ist ein gelungenes Beispiel dafür, wie das Internet als Grundlage einer Kampagne genutzt werden kann. In begleitenden Zeitungsanzeigen wird mit einem Informationstext auf das politische Problem aus Sicht der Initianten hingewiesen. Markante Texte wie „Universitäten und Schulen müssen sparen. Darum dürfen sie in Zukunft Bücher und Zeitschriften klauen" fungieren als einprägsame und gleichsam provokative Eyecatcher. Außerdem gibt es einen Verweis auf den Internetauftritt, der vertiefende Fragen beantworten kann. Appelle zur Mithilfe bei der Verhinderung der Regelungsvorhaben runden die Zeitungsanzeige ab. Als Initiator treten „Verlage und Wissenschaftler für ein faires Urheberrecht" auf. Dadurch wird deutlich, dass diese Initiative nicht ausschließlich die wirtschaftlichen Interessen der Verlage vertritt. Indem die Wissenschaftler selbst als Verlierer der neuen Regelung ins Spiel gebracht werden, wird auf eine Solidarisierung mit einem in der Gesellschaft hoch angesehenen Berufsbild gesetzt.

Die Gestaltung der Internetseite www.52a.de ist sehr nüchtern, aber funktional. Die leichte Handhabung und die wenigen Links auf der Startseite gewährleisten, dass die Besucher auf der Seite länger verweilen. Unter den Stichworten „Informieren" und „Protestieren" gelangt man von der Startseite auf die zweite Ebene, auf der eine formale Dokumentengliederung erscheint. Schriftstil und Titel der Unterpunkte verdeutlichen die einfache Handhabung. Es wird eine umfassende Information über Regelungsvorhaben und die Gründe, aus denen verschiedene Stakeholder diese Regelung ablehnen, angeboten. Dabei wird sich nicht auf eine abstrakt juristische Argumentation beschränkt. Anhand konkreter Beispiele für die Folgen einer Regelung wird der Protest für weite Teile der Gesellschaft verständlich gemacht.

Unter der Überschrift „Protestieren“ werden Möglichkeiten zur Unterstützung der Kampagnenziele aufgezeigt, z.B. durch das Versenden von Protest-Mails oder Protestbanner zur Weiterverwendung auf anderen Webseiten. Anregungen für die Gestaltung kann man sich in der Liste bereits versandter Protest-Mails holen. Im Vergleich zu einer Postkarte oder einem Protestfax ist das Versenden einer Protest-Mail nur mit geringem Aufwand verbunden. Die Konzentration auf das Medium Internet als Kampagnenschwerpunkt erscheint auch vor dem Hintergrund des Inhalts der Kampagne sinnvoll.

Zusammenarbeit mit den Medien

Dosierte Einbeziehung medialer Öffentlichkeit

Als mittelbare Maßnahme ist unter bestimmten Vorzeichen auch die Kontaktpflege des Lobbyisten zu den Medien zu qualifizieren. Politische Entscheidungen werden stark durch die veröffentlichte Meinung mitbestimmt, selbst wenn dies von der Politik zum Teil bestritten wird. Die gezielte Weitergabe von Informationen durch den Lobbyisten an die Medien kann deshalb bei komplexen politischen Willensbildungsprozessen nützlich sein. In der Folge werden die politischen Akteure öffentlich mit den Lobbyargumenten konfrontiert und damit gegebenenfalls zu deren Berücksichtigung gebracht. Dabei ist jedoch zu beachten, dass die Politik durch eine zu offensive Öffentlichkeit nicht verprellt wird. Außerdem kann durch positiven Input gegenüber den Medien die Politik gezielt in ihren Absichten bestärkt werden. Die Schlagkraft der Politik gegenüber gegengerichteten Interessengruppen lässt sich durch eine den politischen Willen bejahende Pressearbeit verstärken.

Gefahr: Vertrauensbruch gegenüber Politikern

Der Lobbyist sollte sich dabei nur auf Hintergrundgespräche konzentrieren und nicht über Interviews die Öffentlichkeit suchen. Das Hauptaugenmerk der Lobbyarbeit muss auf der direkten Kommunikation mit den Entscheidungsträgern liegen. Kein Politiker lässt sich gern öffentlich maßregeln. Bestehende Vertrauensverhältnisse können so nachhaltig zerstört werden.

4 Kommunikation

Einige Grundannahmen sollte der Lobbyist vor jeder Form der Kommunikation mit politischen Entscheidungsträgern verinnerlichen:

- Alle Informationen, die nach außen gegeben werden, müssen abgesichert sein. Dabei sollte auf weitere Ansprechpartner verwiesen werden, die das Thema gezielt vertiefen und erklären können.
- Das Interesse an der regelmäßigen Kommunikation mit einem Entscheidungsträger sollte untermauert werden, indem man ihn zu Veranstaltungen einlädt, an denen das vom Lobbyisten vertretene Unternehmen, der Verband oder die Organisation beteiligt ist.
- Der Kontakt sollte nicht durch Assistenten, Praktikanten o.ä. hergestellt werden, sondern persönlich. Überzeugend wirkt ein Anruf, Brief oder eine E-Mail von einer Person in exponierter Position.
- Bei der Kommunikation mit Entscheidungsträgern sollte immer deren hohe Arbeitsbelastung und thematische Überfrachtung bedacht werden.

Die telefonische Kommunikation

Einschränkungen beim Telefonkontakt

Das telefonische Kontaktieren kann ein höchst effektives Element der Kommunikation mit Entscheidungsträgern sein. Häufig enden die Anrufe jedoch bereits in den Vorzimmern, wenn man nicht bereits über einen ausgezeichneten Kontakt zu dem Politiker selbst verfügt.

Doch auch wenn man nicht direkt mit dem Abgeordneten, Minister etc. sprechen kann, ist ein Anruf ein empfehlenswerter erster Schritt zur Kontaktaufnahme. Das Gespräch mit den Referenten oder wissenschaftlichen Mitarbeitern kann zudem äußerst informativ sein. In jedem Fall sollten alle Telefonate dieser Art relativ kurz ausfallen. Das Büro ist in der Regel Kommunikationszentrale, in der alle Anrufe für den Entscheidungsträger und seine Mitarbeiter eingehen. Für die Klärung von Detailfragen ist ein Telefonat daher offensichtlich ungeeignet.

Privatsphäre

In den USA werden Telefonanrufe ohne vorherige Vereinbarung per E-Mail über Zeit und Inhalt zunehmend als unhöflicher Eingriff in die persönliche Zeitdisposition verstanden und gelten als „pushy“. Zwar ist es in Deutschland noch nicht in diesem Ausmaß zur „Ablösung“ des Telefonkontaktes gekommen, dennoch ist es lohnenswert, sich über die jeweiligen Vorlieben des Ansprechpartners zu erkundigen.

Schriftliche Nachbereitung

Bei einem telefonischen Kontakt besteht stets die Gefahr, dass die wesentliche Botschaft des Gesprächs in der Informationsflut des Büros untergeht. Diesem „Verlorengehen“ kann vorgebeugt werden, indem man die Ergebnisse des Telefongespräches in einem persönlichen Schreiben zusammenfasst. So ist gewährleistet, dass keine „Erinnerungslücken“ entstehen. Dabei sollte ein dezenter, unaufdringlicher Tonfall gewählt werden, der beim Empfänger unter keinen Umständen den Eindruck von Gängelei oder Ungeduld hinterlässt.

Die schriftliche Kommunikation

Ansprechende Form und Inhalt

Bei der schriftlichen Kontaktaufnahme ist eine Tendenz weg von der brieflichen Korrespondenz hin zur E-Mail zu beobachten. Noch stärker als bei der telefonischen Kommunikation konkurriert hier jedes einzelne Schreiben mit den oft riesigen Postbergen an das Büro des jeweiligen Entscheidungsträgers. Durch ansprechende Form und präzisen Inhalt hebt sich ein Brief von unzähligen konkurrierenden Eingängen positiv ab und erlangt die gewünschte Aufmerksamkeit. Bei der ersten Kontaktaufnahme sollte daher eine auffällige und interessant gestaltete Aufmachung gewählt werden.

Der Lobbyist sollte sich bei allem Anspruch auf das Wesentliche beschränken. Es geht nicht darum, ein umfangreiches Gutachten über die jeweilige Position zu erstellen, sondern präzise die Kommunikation einzuleiten oder fortzuführen. Der Adressat muss selbst entscheiden können, wie viel der ihm zugänglichen Information er am Ende abrufen will.

(Im Anhang sind Beispiele für die korrekte Adressierung und Hinweise für die richtige Anrede von politischen Entscheidungsträgern zusammengestellt, S. 230–232.)

Das persönliche Treffen

Besonders effektiv

Das zweifellos effizienteste Mittel für die Kommunikation relevanter Inhalte an die Politik sind direkte Treffen mit politischen Entscheidungsträgern. Das Gespräch von Angesicht zu Angesicht ist in seiner Wirksamkeit konkurrenzlos. Sowohl direkte Reaktionen als auch indirekte Signale wie die Körpersprache sind unmittelbar wahrnehmbar und lassen sehr genau erkennen, wie ein Anliegen aufgenommen wird. Eventuell gibt eine spontane Reaktion auch Aufschluss darüber, wie groß die Chancen sind, dass das vorgebrachte Anliegen weiterverfolgt wird und nicht unter den Tisch fällt.

Sorgfältige Vorbereitung

Persönliche Gespräche kann man trotz aller Unwägbarkeiten vorbereiten und nach einem gewissen Muster erfolgreich gestalten. Gerade als Neuling auf dem Gebiet der politischen Kommunikation sieht man z.B. einem Gespräch mit einem populären Bundestagsabgeordneten oder einem Staatssekretär mit Nervosität und Anspannung entgegen. Die Unberechenbarkeit eines persönlichen Treffens lässt sich jedoch durch eine gründliche Vorbereitung reduzieren.

Zeitliche Planung

Der Lobbyist sollte daran denken, dass sein Ansprechpartner einer Vielzahl von Verpflichtungen nachgeht. Er sollte ihm daher Raum für terminliche oder örtliche Präferenzen lassen und mehrere Termine anbieten. Damit wird verdeutlicht, wie sehr ihm an diesem Gespräch gelegen ist. Durch Absagen sollte man sich nicht entmutigen lassen. In der Regel sind es tatsächlich nur zeitliche Probleme, die das Zustandekommen eines Termins verhindern. Treffen werden auch von Seiten des Entscheidungsträgers als Gewinn bringend betrachtet. Der Lobbyist sollte sich nicht davor scheuen, unmittelbar vor dem Termin noch einmal an diesen zu erinnern.

Hinzuziehen Dritter

Es kann wesentlich zur Entspannung der Gesprächssituation beitragen, wenn eine zweite Person zum Gesprächstermin hinzugezogen wird. Auch von Seiten der Entscheidungsträger ist es nicht unüblich, sich von einem Referenten oder Sachbearbeiter begleiten zu lassen.

Gespräch aus der Adressatenperspektive

Versuche, durch das Vertreten von extremen Positionen Interesse wecken zu wollen, sind kontraproduktiv. Vielmehr sollte das Gesprächsthema aus der Perspektive des

Adressaten gestaltet werden. Diese Vorgehensweise verdeutlicht dem Gesprächspartner, dass man keine unrealistischen Maximalforderungen artikulieren wird, sondern die Einschränkungen und Verpflichtungen des Entscheidungsträgers bedacht hat. Die Gesprächsführung aus verschiedenen Perspektiven hilft zudem, die Win-Win-Situation klar herauszustellen.

Nachbereitung

Auch nach persönlichen Terminen sollten die Gesprächsergebnisse und eventuell gemachte Zusagen oder Einwände kurz in einem Vermerk festgehalten werden. Dessen Inhalt sollte dann auch noch in Form eines Briefes als Reaktion auf das Gespräch an den Entscheidungsträger gesandt werden.

III Die Arbeitsformen des Lobbyings

Es sind grundsätzlich drei Arten des Lobbyings zu unterscheiden. Diese werden im Folgenden anhand des Gesetzgebungsverfahrens des Bundes mit der Bundesregierung als Gesetzesinitiator exemplarisch erläutert.

Arten des Lobbying

Lobbying als Prävention

Gesetzgeberischer Handlungsbedarf wird noch nicht oder zumindest nicht im politischen Umfeld gesehen. Präventives Lobbying zielt darauf, gesetzgeberische Aktivitäten zu einem Thema zu verhindern, zu verschieben oder zumindest schon im Vorfeld abzufedern.

Lobbying als Reaktion

Ein Gesetzgebungsvorhaben hat sich zumindest als Plan in den Köpfen verschiedener Akteure im politischen Umfeld konkretisiert. Der Lobbyist reagiert auf den Gesetzgebungsprozess durch geeignete Maßnahmen.

Lobbying als Aktion

Der Lobbyist selbst sieht Handlungsbedarf des Bundesgesetzgebers und fördert dies durch aktives Lobbying.

1 Lobbying als Prävention

Die wohl anspruchsvollste Art der politischen Interessenvertretung ist das so genannte präventive Lobbying. Durch präventives Lobbying soll verhindert werden, dass bestimmte Stimmungen, Strömungen und latent zirkulierende Meinungen auf die politische Agenda gesetzt werden. Präventives Lobbying setzt an einem Punkt ein, der zeitlich weit vor dem Beginn des eigentlichen Rechtssetzungsprozesses liegt.

Verhindern von Themen

Ist ein Thema erst einmal auf die politische Agenda gelangt, dauert es häufig nicht mehr lange, bis die Politik gesetzgeberischen Handlungsbedarf vermutet. Präventives Lobbying setzt daher gedanklich früher ein als das allgemein bekannte Lobbying, das auf politische Initiativen lediglich reagiert und daher häufig zu spät erfolgt.

„To win silence on issues that matter to the company" ist beispielsweise eines der Hauptziele der Lobbyabteilung von Microsoft in Washington. Das bedeutet: Im besten Fall kochen bestimmte Themen, die das Unternehmen behindern könnten, erst gar nicht hoch.

Fordert zum Beispiel eine Partei Sonderabgaben für Unternehmen aus der Bauindustrie als politisches Ziel in ihrem Parteiprogramm, ist die Idee zwar schon auf der politischen Agenda, bis zu einem entsprechenden Gesetz ist es möglicherweise aber noch weit. Die Partei ist vielleicht in der Opposition oder das aktuelle Regierungsprogramm längst verabschiedet. Auf ein Gesetz bezogen ist präventives Lobbying also noch möglich. Besser jedoch wäre es, wenn die betroffenen Unternehmen der Bauindustrie schon über das politische Ziel informiert gewesen wären, bevor es ins Parteiprogramm aufgenommen wurde.

Einbindung in die gedankliche Vorarbeit

Ein Interessenvertreter, der präventives Lobbying betreiben will, muss zwangsläufig dort involviert sein, wo die gedankliche und programmatische Vorarbeit zu dem jeweiligen Themengebiet geleistet wird. Die Anlaufpunkte können von Fall zu Fall sehr unterschiedlich sein, da nicht jedes Gesetzgebungsvorhaben in den Parteien oder in der deutschen Ministerialbürokratie vorgedacht und geplant wird. Vor allem bei sehr speziellen oder durch die EU dominierten Themen reifen bestimmte Ideen an ganz anderen Orten. Unbequeme Themen, die man als Lobbyist gerade nicht behandelt wissen möchte, werden häufig von gegenläufigen Interessengruppen oder den eigenen Wettbewerbern bei der Politik vorgetragen.

Maßnahmen

Möglichst wenig Öffentlichkeit Ausnahmen

Bei der Auswahl von Maßnahmen für das präventive Lobbying ist äußerste Sorgfalt geboten. Sonst besteht die Gefahr, ungewollt Aufmerksamkeit auf die Themen zu lenken, deren Erscheinen auf der politischen Agenda das präventive Lobbying gerade verhindern soll. Öffentlichkeitswirksame Veranstaltungen wie eine Grassroots-Kampagne oder ein umfangreich angelegter parlamentarischer Abend sind daher im Rahmen des präventiven Lobbying sicherlich die falschen Mittel. Gefragt sind dezente Maßnahmen, zum Beispiel das vertrauliche Einzelgespräch (siehe Seite 114) in den Ministerien oder mit der Arbeitsebene im Bundestag. Auf keinen Fall sollten zu den Themen des präventiven Lobbying öffentliche Veranstaltungen durchgeführt werden.

Ausnahmen

Allerdings kann es in Einzelfällen zweckmäßig sein, in den politischen Stiftungen für ein Thema zu sensibilisieren. Diese können dann das Thema wissenschaftlich fundiert aufgreifen und möglicherweise damit politischen Schnellschüssen oder unerwünschten Handlungen vorbeugen.

Eine weitere wichtige Maßnahme des präventiven Lobbying ist die regelmäßige Präsenz in den Parteigliederungen, auf Parteitagen und in den Fachausschüssen, um dort über Themen aufzuklären und falschen Entwicklungen vorzubeugen. Es kann auch eine Sensibilisierung durch bestimmte Fragen an die Bundesregierung (siehe Seite 88–92) in Erwägung gezogen werden. Bei allen Maßnahmen des präventiven Lobbying gilt: Keine schlafenden Hunde wecken!

Checkliste
Maßnahmen „Präventives Lobbying“

- Einzelgespräche mit:
  - Regierungsmitgliedern (siehe Seite 46)
  - der Arbeitsebene in den Ministerien (siehe Seite 48)
  - den Abgeordneten (siehe Seite 50)
  - der Arbeitsebene im Bundestag (siehe Seite 56–62)
- Kontaktaufnahme mit politischen Stiftungen (siehe Seite 79–83)
- Fragen an die Bundesregierung (siehe Seite 88–92)
- Anträge (siehe Seite 94–97)

2 Lobbying im Spannungsfeld von Aktion und Reaktion

Anstoßen und Abschwächen von Themen

Im Regelfall bewegt sich der Lobbyist mit seinen Maßnahmen im Spannungsfeld von Aktion und Reaktion, d.h. er sieht sich auf Grund eines konkreten politischen Handlungsbedarfs unmittelbar selbst gefordert. Im Gegensatz zum präventiven Lobbying, bei dem verhindert werden soll, dass ein Thema auf die politische Agenda kommt, ist es das erklärte Ziel des aktiven Lobbyings, bestimmte Themen zu bewegen und einen Diskussionsprozess zu steuern. Es setzt grundsätzlich dort ein, wo das präventive Lobbying aufhört. Dabei können die Grenzen durchaus fließend sein. So ist im Einzelfall schwer zu ermitteln, ob ein Thema latent in den Köpfen einiger politischer Entscheidungsträger vorhanden ist oder ob in bestimmten Kreisen schon gesetzgeberischer Handlungsbedarf identifiziert wurde.

Grundsätzlich sind zwei Aspekte entscheidend:

- Aufmerksamkeit

Die Adressaten müssen auf regelungsbedürftige Themen aufmerksam gemacht werden!

- Handlungsdruck

Bei den politischen Akteuren muss das Bewusstsein geschaffen werden, dass Handlungsbedarf besteht!

Dosierte Einbindung der Öffentlichkeit

Indem beispielsweise ein Thema auf der öffentlichen Agenda platziert wird, lässt sich mittelbar auch die Aufmerksamkeit der Politik auf dieses Thema lenken. Gelingt es darüber hinaus, eine breite öffentliche Diskussion herbeizuführen, kann ein deutlich spürbarer Handlungsdruck auf die politischen Entscheidungsträger erzeugt werden.

Allerdings ist es unter Umständen nicht notwendig, nicht möglich oder sogar kontraproduktiv, die Politik über diesen Weg anzusprechen. Eine größere Wirkung erzielt man erfahrungsgemäß, indem man direkt auf die politischen Akteure zugeht. So bietet sich die Möglichkeit, diskret für ein Thema zu sensibilisieren. Die Kommunikation der eigenen Positionen wird weniger als Konfrontation verstanden, als wenn ein Thema über den Umweg einer breiten Medienöffentlichkeit auf die Agenda gebracht wird.

Aktive Lobbymaßnahmen sollten gewissenhaft geplant sein. Den Gesetzgeber zu motivieren, ist beispielsweise ein langwieriger und schwieriger Prozess. Zählbare Ergebnisse können nur erzielt werden, wenn das politische Umfeld mit seinen Gremien und Organisationen richtig genutzt wird. Der Lobbyist sollte daher dafür Sorge tragen, dass die Relevanz des Themas für den Adressaten deutlich erkennbar wird. Er sollte auf die Win-Win-Situation zwischen ihm und dem Adressaten aufmerksam machen. Im Idealfall handelt es sich um ein Thema, das der politische Akteur öffentlichkeitswirksam nutzen kann.

Win-Win-Situation hervorheben

Soll ein Thema schnellstmöglich auf die Agenda im Bundestag kommen, empfiehlt sich die Kontaktaufnahme zu einer Enquetekommission des Bundestages mit ähnlichem thematischen Zuschnitt, sofern eine solche existiert. Bei den Enquetekommissionen handelt es sich um die „Think Tanks" des Parlaments. Sie werden auf Antrag eines Viertels der Bundestagsmitglieder einberufen und zur Vorbereitung von Entscheidungen über umfangreiche und bedeutende Gegenstände eingesetzt, die eindeutig in dem Antrag ausgewiesen sein müssen. Aufgabe der Kommissionen ist es, Tatsachen zu ermitteln und Analysen zu erstellen, um möglichst viel Expertise in die politische und gesetzgeberische Arbeit zu bringen. Durch Enquetekommissionen sollen politische Entscheidungen fundiert vorbereitet werden. Denn ihnen gehören nicht nur Mitglieder des Bundestages an, sondern auch Experten und Fachleute aus Verbänden, Wirtschaft und Gesellschaft, die einvernehmlich durch Bundestagspräsident und Fraktionen berufen werden. Es lohnt sich daher, die Arbeit der Enquetekommissionen zu beobachten und gegebenenfalls durch entsprechende Zuarbeit zu unterstützen.

Einbindung von Enquete-Kommissionen

Letztlich kann die aktive Platzierung eines Themas auch unter Einbeziehung internationaler Verknüpfungen erfolgen. Viele Themen werden in Deutschland erst durch Impulse aus der Europäischen Union wahrgenommen. Durch die enge Zusammenarbeit mit Kollegen in Brüssel kann ein Thema über Umwege auf der deutschen politischen Bühne etabliert werden.

Rolle der EU

Maßnahmen, die auf ein bestimmtes Gesetzgebungsvorhaben als Reaktion des Lobbyisten in Frage kommen, können folgende Zielrichtungen aufweisen: Das Gesetz ist im Entstehungsprozess im äußersten Fall zu verhindern oder es gilt lediglich, Regelungen eines Gesetzes abzufedern bzw. zu modifizieren.

Die Stationen des Gesetzgebungsprozesses und die begleitenden Maßnahmen

Gesetzesidee

Erste politische Überlegungen

Als erste Station der Gesetzgebung ist die manifestierte, nach außen kommunizierte Idee eines politischen Entscheidungsträgers, einer Gruppe von Fachreferenten oder eines großen Verbandes zu nennen. Dies ist natürlich keine Station im formellen Sinne. Das Vorhaben kann inhaltlich aber schon sehr konkret sein. Es könnten zum Beispiel Arbeitspapiere oder Entwürfe von Verbänden für ein entsprechendes Gesetz zirkulieren. Bis hin zu einem Referentenentwurf aus dem federführenden Ministerium muss es dann nicht mehr weit sein.

Maßnahmen

Dezentes Lobbying

Maßnahmen in diesem Stadium müssen einen dezenten Charakter aufweisen. Indem man eine öffentliche Kampagne initiiert oder die Opposition im Bundestag mit Gesetzesentwürfen versorgt, wird nur unnötig Staub aufgewirbelt. Stattdessen sollten rechtzeitig themenbezogene Zusammenschlüsse mit anderen Lobbyisten geschmiedet werden. Besonders effektiv sind Allianzen mit unerwarteten Partnern. Zum Beispiel wird der Schulterschluss eines Unternehmens mit den Gewerkschaften eine weitaus höhere Schlagkraft haben als eine ausschließliche Allianz zwischen Unternehmenslobbyisten mit offensichtlich gleich gerichteten Interessen.

Sensibilisierung anderer Interessenvertreter

Gleichzeitig sollte darauf hingearbeitet werden, dass innerhalb der Verbände eine Positionierung zu dem möglichen Gesetzgebungsvorhaben stattfindet. Hier muss der Lobbyist gegebenenfalls als Impulsgeber fungieren. Fraglich ist allerdings, wie offensiv diese Positionen in Richtung Öffentlichkeit und Politik kommuniziert werden sollen. Häufig ist es in diesem sehr frühen Stadium ratsam, über Einzelgespräche mit der Fachebene in den Ministerien oder einigen politischen Entscheidungsträgern zu operieren (siehe Seite 48).

Stellt der Lobbyist beispielsweise fest, dass sich ein Referatsleiter das ehrgeizige Ziel eines Gesetzentwurfs zum Thema X gesteckt hat, so sollte er zunächst mit diesem Referatsleiter sprechen und erst dann mit dem Minister. Bringen Sie den Initiator nicht in die unangenehme Lage, sich vom Vorgesetzten Kritik anhören zu müssen („So geht's aber nicht! Die haben sich schon alle bei mir beschwert!"). Das verhärtet nur die Fronten. Der Lobbyist sollte daher immer den Kontakt zum „Verursacher" der Regelungen suchen.

Kontaktaufnahme mit der richtigen Ebene

Eine weitere mögliche Gegenmaßnahme im frühen Stadium besteht darin, die Fachebene diskret mit Alternativvorschlägen zu unterstützen. Diskret muss dies deshalb ablaufen, weil es noch keinen Referentenentwurf gibt. Es ist zu bedenken, dass die Arbeitsebene in den Ministerien die von Verbandslobbyisten eingebrachten Alternativentwürfe denen von Unternehmenslobbyisten vorzieht, da es sich bei diesen zumeist bereits um Konsenspositionen der Mitglieder handelt. Unternehmenslobbyisten sollten daher ihre Alternativvorschläge zunächst mit den Kollegen aus den Verbänden absprechen.

Einbringen von Alternativvorschlägen

Wie kommt es zu Regierungsentwürfen?

Die Entscheidung auf Seiten der Regierung, zu einem bestimmten Thema ein Gesetz zu initiieren (meist handelt es sich um Novellen bereits bestehender Gesetze), kann auf verschiedenen Grundlagen getroffen werden. Die wichtigste Quelle ist das Regierungsprogramm, das die wesentlichen politischen Vorhaben der Regierung für die Legislaturperiode auflistet. Aber auch die Verwaltung initiiert Vorschläge, etwa wenn es Schwierigkeiten bei der Umsetzung bestehender Regelungen gibt. Zudem können Entscheidungen des Bundesverfassungsgerichts oder Anfragen aus Verbänden und Interessengruppen zu neuen Gesetzen oder Änderungen an bestehenden Gesetzen führen. Selbst wenn der Beschluss zur Neufassung oder Änderung eines Gesetzes aus den Regierungsfraktionen kommt, werden damit in den allermeisten Fällen die Ministerien beauftragt. Innerhalb der Bundesregierung wird die Erarbeitung bzw. Bearbeitung eines Gesetzes an das jeweilige Fachreferat delegiert. Der dort erarbeitete Referentenentwurf wird dann Verhandlungsgrundlage für die Besprechungen innerhalb des Ministeriums und somit zur Grundlage des Regierungsentwurfs.

Checkliste

Maßnahmen „Gesetzidee"

- Einzelgespräche (siehe Seite 69–71) mit:
- – Fachreferenten in den Ministerien (siehe Seite 48)
- – ausgewählten Fachpolitikern der Regierungsfraktionen (siehe Seite 53)
- Positionspapiere an Parteiausschüsse und an Fachpolitiker der Regierungsfraktionen (siehe Seite 71–73)

In keinem Fall:

- Mittelbare Maßnahmen durchführen
- Öffentlichkeit herstellen

Referentenentwurf

Erste zugängliche Fassung

Auf der Ebene der Referatsleitung in den Ministerien kommt es zum so genannten Referentenentwurf eines Gesetzes. Der Referentenentwurf stellt die erste zugängliche „offizielle" Textgrundlage eines Gesetzes dar. Spätestens ab diesem Zeitpunkt haben alle vom Gesetz Betroffenen und Beteiligten Gelegenheit, sich zu äußern und Stellungnahmen abzugeben.

Maßnahmen

Informationsvorsprung für Lobbyisten

In diesem Stadium ist das Parlament noch in keiner Weise eingebunden. Daher kann es vorkommen, dass der in die Anhörungen eingebundene Lobbyist insbesondere gegenüber Abgeordneten der Opposition einen Informationsvorsprung hat. Er kann also durchaus als Informationsvermittler für die Opposition tätig werden und diese auf Problemlinien und mögliche Verhandlungskonstellationen aufmerksam machen (siehe Seite 85–88). Inwieweit die Opposition zum Handeln aufgefordert werden soll, hängt stark vom Einzelfall ab.

Politisches Argumentieren gegenüber Abgeordneten

Da die Parlamentarier zumeist nicht über Detailkenntnisse der Materie verfügen, kann man ihnen gegenüber besser politisch als ausschließlich fachspezifisch argumentieren. Die Abgeordneten müssen in der Regel nicht mit den gleichen detaillierten Stellungnahmen versorgt werden wie das Ministerium. Falls die Abgeordneten dies jedoch wünschen sollten, dürfen ihnen entsprechende Papiere natürlich nicht vorenthalten werden. Es liegt auf der Hand, dass der Referent im Ministerium, der den Entwurf erarbeitet und formuliert hat, stärker mit der Materie vertraut ist als ein Abgeordneter. Es ist daher häufig zwecklos, Abgeordnete mit komplizierten juristischen Stellungnahmen zu versorgen. Dies gilt zumindest dann, wenn nicht zusätzlich eine Übersetzungsleistung in dem Sinne erbracht wird, dass komplexe juristische Sachverhalte mit politischer Note allgemein verständlich formuliert werden.

Breit angelegte Kommunikation

Liegt der Referentenentwurf einmal vor, sollte umgehend auf allen Ebenen des politischen Willensbildungsprozesses kommuniziert werden. Die Stationen des Gesetzgebungsverfahrens lassen sich nur im formellen Sinne strikt trennen. De facto üben aber insbesondere Abgeordnete der Regierungsfraktionen bereits in diesem Stadium über die ständige Kommunikation mit der Exekutive Einfluss auf die Gestaltung des Gesetzestextes aus. Die Fachebene der Ministerien sollte unter Zuhilfenahme der Opposition im Bundestag durch das Einspeisen von Fragen an die Bundesregierung und das Einbringen von Alternativentwürfen davon überzeugt werden, dass auch außerhalb der Regierungsmeinung Interesse an der Gestaltung des Gesetzestextes vorhanden ist. Im besten Fall werden Elemente des von der Opposition eingebrachten Alternativentwurfs übernommen (siehe Seite 88–92).

Schlagkräftige Allianzen

Unter Umständen kann es bei Vorliegen eines Referentenentwurfs für gravierende Änderungen schon zu spät sein, wenn dadurch die Grundintention des Gesetzes infrage gestellt wird. Daher ist es wichtig, spätestens an dieser Station mit schlagkräftigen Allianzen zu operieren. Je mehr Interessenvertreter eine Position vorbringen, desto größer ist die Chance, dass sich diese Position später im Gesetzentwurf wiederfindet.

Einbeziehung „feindlicher“ Interessengruppen

Es darf nicht vergessen werden, Verbände, Unternehmen oder Organisationen, deren Positionen der eigenen deutlich entgegenstehen, als Adressaten von Lobbymaßnahmen mit einzubinden. Auch wenn Verbände oder Interessengruppen das zur Rede stehende Gesetz unterstützen oder aber versuchen, dem Gesetz eine unerwünschte

Richtung zu geben, so muss mit diesen Gruppierungen Kontakt aufgenommen werden. Eventuell lassen sich abseits von einem von der Regierung moderierten Dialog Konsenspositionen finden. Es gilt daher, gegnerische Verbände für eigene Positionen positiv zu sensibilisieren.

Mitberatende Ministerien einbeziehen

Außerdem kann es jetzt entscheidend sein, den Dialog mit den mitberatenden Ministerien aufzunehmen. Häufig trifft man gerade bei denjenigen Ressorts, die nicht federführend, sondern nur mitberatend am Gesetzgebungsverfahren beteiligt sind, auf eine wohlwollende Haltung. Im Falle der Lobbyaktivitäten eines Unternehmens kommt hier typischerweise das Wirtschaftsministerium in Frage. Sehr sinnvoll kann es zudem sein, rechtliche Bedenken hinsichtlich des Gesetzes zeitnah gegenüber dem Justizministerium zu artikulieren, da dieses das Gesetz vor Erlangen der Kabinettsreife auf seine Rechtskonformität überprüft.

Checkliste

Maßnahmen „Referentenentwurf"

- Intensive Einzelgespräche mit:
  - Regierungsmitgliedern (siehe Seite 46–48)
  - Arbeitsebenen im Bundestag
  - den Ministerien (siehe Seite 48–50)
- Zusammenarbeit mit politischen Stiftungen (siehe Seite 79–83)
- Zusammenarbeit mit der Opposition (siehe Seite 85–88) durch Einbringen von Anfragen (siehe Seite 88–92) oder Einbringen von alternativen Gesetzentwürfen (siehe Seite 92–97)
- Allianzen mit Lobbyisten mit gleicher Position
- Lobbying gegenüber Verbänden, Unternehmen und Organisationen mit anderer Position
- Evtl. Sensibilisierung der Öffentlichkeit für mögliche gesetzgeberische Fehlentwicklungen (siehe Seite 102–108) – dabei aber äußerste Vorsicht, dass keine Brücken abgebrochen werden

Freiwillige Vereinbarungen – Regelung ohne Gesetz

Die immer kürzere Halbwertszeit gesetzlicher Regelungen und die durch die Globalisierung rasant beschleunigte Entwicklung bestimmter Themen machen die Suche nach flexiblen Regelungsmöglichkeiten notwendig. Der langwierige, juristisch komplexe Prozess der Gesetzgebung genügt oft nicht mehr dem Zeitkorridor bestimmter Regelungsnotwendigkeiten. Sachlagen ändern sich so häufig und in derart unvorhersehbarer Weise, dass für eine durchdachte Änderungsgesetzgebung nicht ausreichend Zeit bleibt. An die Stelle der gesetzlichen Regelung treten deshalb immer häufiger so genannte freiwillige Vereinbarungen.

In freiwilligen Vereinbarungen verpflichten sich Unternehmen, Organisationen, aber auch der Staat zu bestimmten Leistungen über die gesetzlichen Anforderungen hinaus. Es wird zwischen drei Arten freiwilliger Verpflichtungen unterschieden:

Freiwillige Teilnahme an Programmen

Dabei wird in Gesprächen zwischen verschiedenen gesellschaftlichen Akteuren ein Aktionsplan o.ä. beschlossen. Unternehmen, Organisationen oder Verbände, aber auch die unterschiedlichen politischen Instanzen können dann ohne Zwang entscheiden, ob sie sich an den Programmen beteiligen wollen. Beispielsweise könnte zwischen Unternehmen und Kommunen ein Programm zur Weiterbildung von Lehrern im IT-Bereich und der Ausstattung der Schulen mit neuer Hard- und Software ausgehandelt werden. Kommunen und Unternehmen können in der Folge selbst entscheiden, inwieweit sie sich an diesem Programm beteiligen.

Verhandelte Vereinbarungen

Gerade bei Konflikten z.B. zwischen den Gewerkschaften und den Arbeitgeberorganisationen bezüglich der Lohnentwicklung kommt es immer wieder zu verhandelten Vereinbarungen. In Gegenwart eines oder mehrerer neutraler Akteure aus der Politik oder anderen gesellschaftlichen Gruppen wird nach einem Kompromiss gesucht. Dieser wird auf bestehenden gesetzlichen Regelungen geschlossen, impliziert aber keinen neuen gesetzlichen Rahmen, sondern ist für beide Seiten bindend.

Einseitige Absichtserklärungen

Bei Konfliktlinien, in denen weder eine Einigung möglich scheint, noch eine Notwendigkeit gesehen wird, mittels gesetzgeberischer Maßnahmen zu reagieren, kann es zu einseitigen Absichtserklärungen kommen. Beispielsweise lehnt eine technikfeindliche Kommunalbehörde die Ausrüstung der Realschulen mit moderner IT als nicht notwendig ab. Das ausbildende Handwerk innerhalb der Kommune hält diesen Schritt aber für unumgänglich. So kann im Rahmen einer einseitigen Absichterklärung von Seiten des Handwerks die Ausrüstung der Realschulen mit moderner Technik vorangetrieben werden.

Gemeinsam ist allen drei Möglichkeiten, dass sie auf ein Element der Selbstregulierung innerhalb der Gesellschaft setzen. Kreative Lösungen können oft langwierige und umständliche Gesetzgebungsverfahren ersetzen. Das trägt nicht nur zu einer schnellen Entscheidungsfindung bei, sondern hilft auch, eine weitere Bürokratisierung des gesellschaftlichen Lebens zu vermeiden. Wann immer es praktikabel und rechtlich möglich erscheint, ist die freiwillige Vereinbarung eine echte Alternative zum Weg der Gesetzgebung und sollte als Option von Seiten des Lobbyisten in Betracht gezogen werden.

Kabinettsentwurf

Beschlussfähiger Entwurf im Kabinett

Nachdem der Referentenentwurf nach der Anhörung der Interessengruppen möglicherweise überarbeitet und zwischen den Fachressorts auf der Arbeitsebene abgestimmt wurde, wird er dem Bundeskabinett zugeleitet. Dort wird er dann in einer Kabinettssitzung beschlossen und als Kabinettsentwurf vom Bundeskanzler dem Bundesrat zugeleitet.

Gegenäußerung des Bundesrates

Einbindung des Bundesrats

Der Bundesrat erhält innerhalb von sechs Wochen die Gelegenheit, sich gegenüber der Bundesregierung zum

Gesetzentwurf zu äußern. Diese frühe Stellungnahme des Bundesrates – noch vor der Zuleitung des Entwurfs an das Parlament – ist deshalb vorgesehen, um die Auffassung des Bundesrates und die der Länder rechtzeitig kennenzulernen. Damit wird der Regierung die Gelegenheit verschafft, Gegenvorschläge des Bundesrates zu berücksichtigen.

Maßnahmen

Intensivierung des Länderlobbying

An dieser Station im Gesetzgebungsverfahren wird deutlich, dass die Beteiligung der Bundesländer fester Bestandteil eines vorausschauenden Lobbykonzepts sein muss. Spätestens jetzt müssen strittige Gesetzgebungsvorhaben durch ein intensives Länderlobbying begleitet werden. Dies gilt in besonderem Maße für Zustimmungsgesetze (etwa 50 Prozent der Bundesgesetze sind Zustimmungsgesetze). Zeichnet sich im Vorfeld ab, dass die Länderkammer Schwierigkeiten mit einem Zustimmungsgesetz haben wird, kann der Lobbyist, der ebenfalls Bedenken gegen das Gesetz hat, unterstützend tätig werden, indem er die entsprechenden Landesregierungen mit weiteren Argumenten gegen das Gesetz versorgt. Es ist natürlich möglich, dass die Länderkammer das Gesetz aus ganz anderen Gründen ablehnen möchte und durch andere Interessen geleitet ist.

Beim länderbezogenen Lobbying sind stets die aktuellen Mehrheitsverhältnisse im Bundesrat zu berücksichtigen. Falls die Oppositionsparteien des Bundestages im Bundesrat die Mehrheit haben sollten, ist ein abgestimmtes Vorgehen mit der Opposition zweckmäßig. Sie verfügt über Bund-Länder-Koordinatoren, mit denen der Dialog ebenfalls etabliert werden sollte. Es kommt aber auch vor, dass der Bundesrat bei gleicher Mehrheitskonstellation wie im Bundestag ein Zustimmungsgesetz ablehnt. Das geschieht etwa, wenn die Länder finanziell stark durch ein Gesetz belastet werden. Allgemein verbindliche Regeln für ein gutes Länderlobbying sind daher nicht einfach aufzustellen, da es viele spezielle Konstellationen geben kann. Eines bleibt aber festzuhalten: Das frühzeitige Einbinden der Länderregierungen in eine Lobbystrategie ist insbesondere bei Zustimmungsgesetzen unentbehrlich (siehe Seite 62–64).

Checkliste

Maßnahmen „Gegenäußerung des Bundesrates"

- Länderlobbying (siehe Seite 62–64)
- Zusammenarbeit mit der Opposition durch Gespräche mit den Fachpolitikern der Oppositionsfraktionen im Bundestag (siehe Seite 54f.)
- Durchführung Parlamentarischer Abende und Mittagsveranstaltungen (siehe Seite 73–79)
- Gespräche mit den Fachgremien der Parteien (siehe Seite 60–62)
- Kontakt mit der Regierung durch persönliche Gespräche halten (siehe Seite 46–48)

Einschaltung des Bundestages

Gesetz an alle Abgeordnete

Der Gesetzentwurf der Bundesregierung wird dem Bundestag mit Begründung, der Stellungnahme des Bundesrates und der Gegenäußerung der Bundesregierung zugeleitet und als Drucksache an alle Abgeordnete des Bundestages verteilt. Erst jetzt wird das Legislativorgan formell am Gesetzgebungsverfahren beteiligt. Dies ist der Zeitpunkt, an dem häufig eine breitere Öffentlichkeit auf das Gesetzgebungsvorhaben aufmerksam wird.

Maßnahmen

Keine gravierenden Änderungen möglich

An Regierungsvorlagen werden durch den Bundestag in der Regel keine grundlegenden Veränderungen, sondern nur noch Modifikationen vorgenommen. Für die Lobbystrategie heißt das: Spätestens ab diesem Zeitpunkt muss auf eine Fundamentalopposition verzichtet und auf das „kleinere Übel" hingearbeitet werden. Ist ein Gesetzentwurf in den parlamentarischen Prozess eingespeist worden, sind in verstärktem Maße politische Argumente in die Diskussion einzuführen. Ein rein fachlicher Diskurs ist nicht mehr hilfreich.

Kontaktaufnahme zu Ausschusssekretariaten

Bei der Einbringung des Gesetzentwurfs ins parlamentarische Geschehen ist es sinnvoll, zeitnah den Kontakt zu den Sekretariaten der vermutlich beteiligten Ausschüsse aufzunehmen. Die Arbeit der Ausschusssekretariate wird von

Lobbyisten regelmäßig in ihrer Bedeutung unterschätzt. Sie unterbreiten Vorschläge für die Tagesordnung der Ausschusssitzungen und bereiten die Sitzungen organisatorisch vor. Vor und während der Sitzung beraten sie hinsichtlich fachlicher und geschäftsordnungsrechtlicher Besonderheiten und möglicher Kontroversen. Das Sekretariat fertigt Kurzprotokolle der Sitzungen an und arbeitet eng mit der Bundesregierung zusammen, insbesondere mit dem fachlich entsprechenden Ministerium. Auch zu anderen Organisationseinheiten des Bundestages und den einschlägigen Verbänden und Organisationen besteht ein enger Kontakt (siehe Seite 59).

Checkliste

Maßnahmen „Einschaltung des Bundestages"

- Intensive Nutzung des Hebels Opposition (siehe Seite 85–88)
- Kommunikation mit der Arbeitsebene des Bundestages (siehe Seite 56–59)
- Einzelgespräche mit einzelnen Entscheidungsträgern der Regierungsfraktionen (siehe Seite 69–71)

Beratung durch die Fraktionen

Nach der Zuleitung an den Bundestag wird der Regierungsentwurf in den einzelnen Fraktionen des Bundestages beraten.

Maßnahmen

Mittelbare Maßnahmen

Ab dem Zeitpunkt der Beratung des Gesetzentwurfes in den Bundestagsfraktionen ist prinzipiell der Einsatz von allen oben beschriebenen Maßnahmen denkbar. Dazu gehören insbesondere die Durchführung von parlamentarischen Abenden und Mittagsveranstaltungen, das Verfassen von Positionspapieren und, besonders wichtig, persönliche Gespräche mit den Abgeordneten (vorzugsweise mit den jeweiligen Fachpolitikern).

Lobbying: vehement aber nicht penetrant

Grundsätzlich ist mit dem Beginn der parlamentarischen Arbeit am Gesetzentwurf die intensivste und am breitesten angelegte Lobbyarbeit verbunden. Hierbei ist zu vermeiden, die Akteure durch zu intensives Lobbying zu bedrängen oder einzelne Akteure gegeneinander auszuspielen. In diesem Stadium ist für die Wahl der Mittel entscheidend, wie viel bereits durch entsprechende Maßnahmen im Vorfeld erreicht wurde.

Der Lobbyist sollte sich davor hüten, errungene Erfolge durch nachgeschobene Forderungen wieder zunichte zu machen. Es ist sinnvoller, die ursprünglichen Ziele auch weiterhin zu artikulieren und sich im Zweifel auf ein Lobbying zu beschränken, das vorrangig auf die Sicherung der Erfolge abzielt.

Checkliste

Maßnahmen „Beratung durch die Fraktionen"

- Persönliche Gespräche mit Entscheidungsträgern (siehe Seite 69–71)
- Einbringen von Positionspapieren (siehe Seite 71–73)
- Durchführung parlamentarischer Abende und Mittagsveranstaltungen (siehe Seite 73–79)

Erste Lesung im Bundestag

Einbringung ins Plenum

Wenn ein Gesetzentwurf schon vor seiner ausführlicheren Behandlung in den Ausschüssen der Öffentlichkeit bekannt gemacht werden soll – etwa um die unterschiedlichen Standpunkte zu verdeutlichen –, wird eine Aussprache über den Gesetzentwurf in erster Lesung im Plenum vereinbart. In jedem Fall, also mit oder ohne Aussprache, wird der Gesetzentwurf am Ende der ersten Lesung an einen oder mehrere Ausschüsse des Bundestages überwiesen.

Maßnahmen

Kontakt zu den Fraktionsrednern herstellen

Wurde eine Aussprache für die erste Lesung vereinbart, ist es hilfreich, sich im Vorfeld die entsprechenden Rednerlisten der Fraktionen, insbesondere der Opposition, zu besorgen. Im Einzelfall kann man sicherlich auch bei der Vorbereitung der jeweiligen Rede unterstützend tätig werden und dem betreffenden Redner nochmals die Argumente deutlich vor Augen führen. Damit erreicht man auf geschickte Weise mittelbar die Öffentlichkeit. Wenn eine große Öffentlichkeitswirkung gewünscht wird, kann der Lobbyist bei den Fraktionen eine Aussprache in der ersten Lesung anregen.

Checkliste

Maßnahmen „Erste Lesung im Bundestag"

- Zusammenarbeit mit der Opposition, vor allem bei der Vorbereitung von Anträgen (siehe Seite 85–88)
- Enger Kontakt zur Arbeitsebene der Abgeordneten und der Verwaltung (siehe Seite 56–60)

Verweis an die Ausschüsse/Ausschussberatungen

Weiterleitung an die Ausschüsse

Nach der ersten Lesung erfolgt der Verweis an den federführenden und an die mitberatenden Ausschüsse. Hierbei ist die Rolle der von den Fraktionen vorgeschlagenen und vom Ältestenrat benannten Berichterstatter für das jeweilige Gesetzgebungsvorhaben hervorzuheben. Die Berichterstatter koordinieren die politische Willensbildung innerhalb der Fraktionen zum Gesetzentwurf und stimmen untereinander die Arbeit im Ausschuss ab.

Maßnahmen

Kommunikation mit den Ausschussmitarbeitern

Spätestens an dieser Stelle zeigt sich, wie wichtig es ist, über komplette Listen der Mitglieder aller Bundestagsausschüsse zu verfügen und den Kontakt zu entsprechenden Schlüsselfiguren schon im Vorfeld etabliert zu haben. Intensiver Gedankenaustausch mit den Berichterstattern ist dringend erforderlich. Hierbei sollte sicherlich der federführende Ausschuss im Mittelpunkt stehen. Dennoch kann ebenso wie beim Dialog mit den Ministerien der intensive Kontakt mit den mitberatenden, aber ggf. sachlich näher stehenden, Ausschüssen sehr wertvoll sein.

Checkliste

Maßnahmen „Verweis an die Ausschüsse/Ausschussberatungen"

- Ständige Gespräche mit den Ausschussmitgliedern
- Kontakte zu den Ausschusssekretariaten (siehe Seite 59)

Anhörungen in den Ausschüssen

Einbindung der Interessengruppen

Wenn sich Gesetzentwürfe als politisch kontrovers und/oder in der Materie als kompliziert erweisen, werden in den Ausschüssen öffentliche Anhörungen durchgeführt. Anhörungen werden bei fast allen Entwürfen von einiger Bedeutung veranstaltet. Dabei werden Sachverständige (zumeist Wissenschaftler) und Interessenvertreter eingeladen. Die Anhörung dient auf der einen Seite dazu, zusätzliche wissenschaftliche Sachkenntnis und Informationen über spezifische Schwierigkeiten in die Beratungen einzuführen, und hat gleichzeitig den Zweck, die Öffentlichkeit zu sensibilisieren.

Maßnahmen

Allianzen schmieden

Bei einer öffentlichen Anhörung im Bundestag bietet sich letztmalig die Chance, großen Druck gegen das Gesetz aufzubauen oder auf Veränderungen zu drängen. Dies gelingt aber nur, wenn man erreicht, unter den eingeladenen Sachverständigen breite Allianzen zu schmieden. Soll ein Gesetzentwurf endgültig scheitern, so spielt es keine Rolle, aus welchen individuellen Gründen sämtliche Beteiligte in der Anhörung gegen den Entwurf sind. Gewerkschaftsvertreter, Wissenschaftler und Interessenvertreter der Wirtschaft haben beispielsweise regelmäßig gänzlich unterschiedliche Motivationslagen, gegen ein Gesetz Stellung zu beziehen. Diese Unterschiede können und müssen im Einzelfall dem gemeinsamen Ziel, einen Entwurf zu kippen, untergeordnet sein. Grundsätzlich gilt: Je seriöser im Vorfeld zusammengearbeitet wird, desto größer sind die Erfolgschancen.

Checkliste

Maßnahmen „Anhörungen in den Ausschüssen"

- Intensive Vorbereitung und ein ausgezeichnetes Auftreten während Anhörungen (siehe Seite 100–101)
- Nachbereitung der Anhörungen durch Positionspapiere und persönliche Gespräche mit Fachpolitikern (siehe Seite 101)

Beschlussempfehlung und Bericht

Ergebnis der Ausschussarbeit

Nachdem die mitberatenden Ausschüsse an den federführenden Ausschuss berichtet haben, erfolgt die Beschlussempfehlung des federführenden Ausschusses an das Plenum im Bundestag, nach welcher dieses sein Abstimmungsverhalten richten sollte. Beschlussempfehlung und Bericht stellen das Ergebnis der vorangegangenen Ausschussberatungen dar.

Maßnahmen

Keine inhaltliche Änderung mehr möglich

Zu diesem Zeitpunkt sind keine unmittelbar auf Änderung des Gesetzentwurfs abzielenden Maßnahmen mehr sinnvoll. Die eigentliche Meinungsbildung in den entscheidungsrelevanten Fachgremien (den Ausschüssen) des Parlaments ist abgeschlossen. Diese wird in der Beschlussempfehlung und im Bericht des Ausschusses nur noch fixiert. Lediglich die Organisation von Protesten o.ä. (siehe Seite 108–110) stellen noch zu erwägende Maßnahmen dar. Diese sind jedoch erfahrungsgemäß nur anlässlich einiger weniger Gesetzesvorhaben durchführbar.

Checkliste

Maßnahmen „Beschlussempfehlung und Bericht"

- Organisation von Protesten und außerparlamentarischen Maßnahmen (siehe Seite 108–110)
- Ggf. weitere Zusammenarbeit mit der Opposition (siehe Seite 85–88)

Zweite und dritte Lesung im Bundestag

Einbindung der Fraktionen

Nachdem der Ausschuss seine Beschlussempfehlung und den Bericht abgegeben hat, befassen sich erneut die Fraktionen mit dem Gesetzgebungsvorhaben, um eine einheitliche Position für die sich anschließenden Beratungen im Plenum zu finden. Dabei geht es unter anderem darum, einen breiteren Teil der Fraktion in den Willensbildungsprozess einzubinden. Auf den Fraktionssitzungen wird entschieden, ob der in den Ausschüssen gefundenen Fassung zugestimmt oder ob diese abgelehnt werden soll bzw. ob (und in welcher Form) Änderungsanträge gestellt werden. Nach der dritten Lesung erfolgt die Schlussabstimmung im Plenum.

Maßnahmen

Anfragen und Anträge

Bei der zweiten und dritten Lesung bietet sich die Möglichkeit, gedankliche Zuarbeit für entsprechende Änderungs- und Entschließungsanträge der Opposition zu leisten. Diese dienen allerdings nicht mehr der Änderung des Gesetzentwurfs, sondern sind als Akzentsetzungen der Oppositionsarbeit zu werten. Die Opposition muss bei einer möglichen späteren Regierungsübernahme zu ihren früheren Initiativen Stellung nehmen. Dem Lobbyisten bieten sich im Idealfall auf diese Weise Angriffspunkte für eine neue Debatte über das Thema (siehe Seite 96). Außerdem besteht nochmals die Chance, Positionen durch Anregung von alternativen Gesetzentwürfen deutlich zu machen.

Checkliste

Maßnahmen „Zweite und dritte Lesung“

- Zusammenarbeit mit der Opposition durch Einbringen von Anfragen (siehe Seite 88–92) oder Stellen von Anträgen (siehe Seite 94–97)

Das Gesetz im Bundesrat (am Beispiel des Zustimmungsgesetzes)

Rolle des Bundesrates

Der Bundesrat wirkt an jedem durch den Bundestag beschlossenen Gesetz mit. Entscheidend für den Lobbyisten ist die Intensität der Mitwirkung. Handelt es sich um ein Zustimmungsgesetz, muss der Bundesrat zustimmen und hat damit ein absolutes Vetorecht. Im Fall eines Einspruchsgesetzes ist die Einbeziehung des Bundesrats in die Lobbystrategie nicht weiter interessant, da der Bundestag den Widerstand des Bundesrates mit erneuter Abstimmung über das Gesetz mit seiner absoluten Mehrheit brechen kann.

Maßnahmen

Möglicher Widerstand durch Bundesrat

Bei Zustimmungsgesetzen kann es für den Lobbyisten durchaus sinnvoll sein, einen möglichen Widerstand im Bundesrat zu unterstützen. Dies hängt stark von den Mehrheitsverhältnissen und der spezifischen Interessenlage ab und ist auf Grund der schwer zu durchschauenden Meinungsfindung im Bundesrat nicht immer einfach. Dennoch kann ein Zustimmungsgesetz durch Ablehnung im Bundesrat blockiert werden (siehe Seite 60).

Checkliste

Maßnahmen „Das Gesetz im Bundesrat“

- Intensives Länderlobbying (siehe Seite 62–64)
- Enge Abstimmung mit den Parteien, vor allem der Opposition (siehe Seite 60–62)
- Flankierende Maßnahmen wie Grassroots-Kampagnen oder andere Formen der Einbeziehung der Öffentlichkeit (siehe Seite 102–110)

Vermittlungsverfahren

Vermittlungsausschuss

Hat der Bundesrat ein Veto eingelegt, so wird der so genannte Vermittlungsausschuss angerufen. Er ist ein aus Bundestag und Bundesrat gemischt zusammengesetztes Gremium und besteht aus 16 Abgeordneten des Bundestages, die nach dem Stärkeverhältnis der Fraktionen zusammengesetzt werden, und 16 Mitgliedern des Bundesrates (ein Mitglied für jedes Bundesland). Die Sitzungen des Vermittlungsausschusses sind streng vertraulich. Auch seine Sitzungsprotokolle dürfen erst in der übernächsten Wahlperiode nach der jeweiligen Sitzung – also frühestens fünf Jahre später – eingesehen werden.

Maßnahmen

Geringe Einflussmöglichkeiten

Auf Grund der hohen Vertraulichkeitsstufe ist das Vermittlungsverfahren nur schwer durch Lobbymaßnahmen zu begleiten. Bis auf die schon erwähnten äußersten Druckmittel (Proteste usw.) ist davon auch dringend abzuraten. Kommt es zur Anrufung des Vermittlungsausschusses, gilt das Sprichwort: „Zu viele Köche verderben den Brei". Wahrscheinlich nicht ganz unverschuldet durch die vehement hervorgebrachten Interessen der Akteure, ist das Gesetzgebungsverfahren in eine schwierige Lage geraten. Es sollte jetzt in erster Linie auf vernünftige Ergebnisse im Vermittlungsausschuss gehofft werden. Die Sachargumente sind zu diesem Zeitpunkt zumeist ausgetauscht, sodass nahezu alle denkbaren Lobbymaßnahmen hier fehl am Platz wären.

Checkliste

Maßnahmen „Vermittlungsverfahren"

- Intensives Lobbying auf Länderebene (siehe Seite ((xx))
- Einzelgespräche mit Abgeordneten des Vermittlungsausschusses (siehe Seite ((x))

3 Lobbying bei Krisen

Notwendig: Vorbereitung auf Krisen

Das beste Lobbying bietet keinen hundertprozentigen Schutz vor Krisen mit politischer Dimension. Egal, ob hausgemacht oder von anderen hervorgerufen: Krisen stellen in jedem Fall eine Bedrohung für die öffentliche Wahrnehmung des durch den Lobbyisten vertretenen Unternehmens oder Verbands dar und können schwere Folgeschäden nach sich ziehen. Durch Vorfälle in der jüngsten Vergangenheit, wie zum Beispiel die Lebensmittel- und Futterskandale sowie die BSE-Krise, ist deutlich geworden, dass die Lösung von Krisen oftmals mit einer schnellen und effizienten Kommunikation mit der Politik einhergehen muss.

Aktivität, Transparenz und Vertrauen

Im Zentrum der Kommunikation bei Krisen mit politischen Dimensionen steht stets die Bestrebung, einen Reputationsverlust auf politischer Ebene zu vermeiden. Zu diesem Zweck empfiehlt es sich, nicht die Rolle eines reaktiven, sondern eines aktiven Partners der Politik einzunehmen. Dies gelingt nur durch transparentes und Vertrauen schaffendes Vorgehen. Gleichzeitig muss auf Kritik von außen mit Verständnis reagiert werden. In Krisenzeiten reagiert das gesellschaftliche Umfeld oft sehr emotional. Nur wenn diese Emotionen ernst genommen werden und man deeskalierend und sachlich argumentiert, können Krisen ohne größeren Schaden überstanden werden.

Es ist in einer „Krisensituation" wichtig, dass zwischen den Beteiligten eine Vertrauensbasis herrscht, klare Vorgaben und Zuständigkeiten existieren und alle Beteiligten in einem ständigen Informationsaustausch stehen.

Checkliste

Maßnahmen „Kommunikativer Umgang mit dem Krisenfall"

- Analyse des politischen „Status quo" (Scanning und Monitoring)
- Durchspielen verschiedener Szenarien (best case, worst case) – Machen Sie Ursache und mögliche politische Konsequenzen der Krise deutlich!
- Bestimmen von Schlüsselpersonen
- Festlegen von Zuständigkeiten
- Erarbeiten eines Maßnahmenplans, einer Kommunikations- und Umsetzungsstrategie – Beziehen Sie Betroffene wie Mitarbeiter, Geschäftspartner und Behörden frühzeitig in Ihre Planungen ein.
- Informieren der Führungsebene über die geplante Vorgehensweise
- Betreiben einer faktenorientierten, kontinuierlichen Informationspolitik nach innen und nach außen – Treffen Sie nachvollziehbare Entscheidungen und erläutern Sie jeden Schritt! Stellen Sie alle Fakten zur Verfügung, die für eine sachliche Diskussion nötig sind. Antworten Sie entsprechend dem aktuellen Stand der Erkenntnisse, gegebenenfalls unter Vorbehalt.

- Offenes und ehrliches Kommunizieren von unangenehmen Wahrheiten – Versuchen Sie nicht, die Wahrheit nur teilweise bekannt zu geben!
- Eingestehen von Fehlern – Scheuen Sie sich nicht, nach interner rechtlicher Klärung Betroffenheit einzugestehen und Fehler auch öffentlich einzuräumen! Das stärkt Ihre Glaubwürdigkeit.
- Signalisieren von Gesprächsbereitschaft gegenüber Befürwortern und Gegnern
- Flexibles und schnelles Reagieren auf veränderte Gegebenheiten
- Einsetzen von Hintergrundgesprächen bzw. Off-the-records-Informationen als vertrauensbildende Maßnahmen

Offensive Kommunikation

Der Lobbyist sollte über die Krise reden, bevor es andere tun. Offensive Informationspolitik schafft Vertrauen, die Floskel „No comment“ wird häufig als Schuldeingeständnis ausgelegt. Je umfassender und frühzeitiger der Lobbyist die Initiative ergreift, desto besser kann Mutmaßungen und Spekulationen vorgegriffen werden. In einen verantwortungsbewussten Umgang mit Krisen muss die Öffentlichkeit einbezogen werden. Alles ist besser, als keine Antwort zu geben. Für die Lösung der meisten Krisen gilt: Gehen Sie in die Offensive!

Beispiel

Probleme des Krisenmanagements in der Auseinandersetzung um die Verbreitung der UMTS-Infrastruktur

In einer Existenz bedrohenden Krise befinden sich die vier Netzbetreiber, die nach dem Ausstieg von Quam und Mobilcom auf dem UMTS-Markt übrig geblieben sind. Sie müssen Tausende von Antennen für das Breitband-Mobilfunksystem UMTS installieren. Jedes der Unternehmen, das innerhalb einer fest vorgegebenen Frist nicht ein Viertel der Bevölkerung mit UMTS versorgt, verliert seine Lizenz. Jede hat mehr als acht Milliarden Euro gekostet.

Unter Druck müssen 10.000 bis 15.000 neue Antennenstandorte im ganzen Bundesgebiet gesucht werden.

Eine nicht unbedeutende Lobby von Mobilfunkmastgegnern stellt sich diesem Vorhaben mit Vehemenz entgegen. Unter dem Dach der Organisation Bürgerwelle agieren über 1.300 Bürgerinitiativen. Sie klagen vor Gericht gegen Betriebsgenehmigungen oder bearbeiten Gemeinderäte, damit diese Baugenehmigungen für neue Sendemasten verweigern. Geschäftsinhaber, die ihr Dach an Netzbetreiber vermieten wollen, müssen mit einem Kaufboykott rechnen. Hausbesitzern wird vor Augen geführt, dass ihr Heim durch eine neue Funkantenne dramatisch an Wert verlieren könnte. Ahnungslose Lokalredakteure drucken gruselige Geschichten von Mobilfunkopfern ab. Die Protestformen nehmen zum Teil hysterische Züge an. An dieser Verunsicherung der Menschen sind die Mobilfunkkonzerne zum Teil jedoch selbst schuld. Die unterschwellige Antipathie gegen den Mobilfunk wurde unterschätzt und ihr Krisenpotenzial nicht richtig eingeschätzt.

Der Hauptvorwurf an die Mobilfunkkonzerne ist, dass sie eine mangelhafte Informationspolitik betrieben haben. So wurden viele Basisstationen entwickelt, die aussehen wie Mauerwerk, Schornsteine oder künstliche Bäume. Dieser Versuch, keine schlafenden Hunde zu wecken, ging schief: Fotos von den sendenden Architektur-Attrappen gingen durch die Presse und durchs Internet. Es gab regelrechte Wettbewerbe im Enttarnen von Antennen. Die Begründung, man habe die unansehnlichen Geräte aus Denkmalschutzgründen versteckt, verbuchten die Gegner als Ausrede: Anderenorts hätten sich dieselben Unternehmen schließlich auch nicht geniert, visuelle Monstrositäten in liebliche Landschaften zu stellen, wenn es galt, kostengünstig Funklöcher zu stopfen.

Wenig gekonnt war auch der Umgang der Konzerne mit der wissenschaftlichen Auseinandersetzung mit Vorwürfen der Mobilfunkgegner. Mit eigenen Studien über die gesundheitliche (Un-)Bedenklichkeit der Funkwellen hielten sich die Netzbetreiber jahrelang weitgehend zurück. Dafür wurden sie kritisiert. Als die Industrie schließlich Studien bei renommierten Instituten in Auftrag gab oder finanzierte, hieß es, die Wissenschaftler sollten gekauft werden. Im selben Boot wie die Netzbetreiber sitzen auch die Handyhersteller: Kündigen sie an, die Abstrahlung ihrer Geräte zu vermindern, da sie stets bemüht seien, Gesundheitsrisiken zu minimieren, ist das für Kritiker der Beweis, dass die Geräte grundsätzlich gefährlich sind.

Mittlerweile hat die Branche die wirtschaftliche Dimension dieser Proteste erkannt. Verstärkt muss nun auf ein Krisenmanagement als einzigem Weg aus der Misere zurückgegriffen werden. Es werden im Rahmen der Öffentlichkeitsarbeit gezielt Abteilungen mit Spezialisten beschäftigt. Diese repräsentieren die Unternehmen auf Veranstaltungen der Bürgerwelle oder ihr angehörenden Bürgerinitiativen. Dort suchen sie den Dialog mit den Aktiven und versuchen mit Hilfe seriöser Gutachten aufklärend zu argumentieren. Dabei stehen stets die Ängste der Bürger im Vordergrund und es wird ein konsensuales Vorgehen angestrebt. So werden Extrempositionen auf beiden Seiten abgeschwächt. Viele Wortführer der Bürgerbewegungen argumentieren aus inhaltlichen Extrempositionen heraus. Diese werden offengelegt und oft auch widerlegt. Auf der anderen Seite rücken die Infrastrukturplaner der Telekommunikationsunternehmen auch von ihrer herrschaftlichen Beschlusshaltung ab und favorisieren zunehmend die gemeinsame Standortsuche mit den Bürgerinitiativen.

Das wichtigste Argument gegen Extrempositionen der Bürgerinitiativen liegt dabei in der neuen Technologie selbst. UMTS trägt zur Gesamtbelastung durch „Elektrosmog“ in geringerem Maße bei, als die veraltete GSM-Technologie, die bis heute im Einsatz ist. Das gefürchtete Pulsieren des Funksignals entfällt, weil UMTS-Telefonate als gleichmäßiger Datenstrom durch den Äther gleiten. In den GSM-Netzen hingegen werden die Gespräche als Stakkato von 217 kurzen, heftigen Signalspitzen pro Sekunde übertragen. Diese aufklärerische Grundhaltung hilft, aufkommenden Ängsten entgegenzuwirken, bestehende Ängste abzubauen und mittelbar den Aufbau von UMTS voranzutreiben. Erst nachdem die Bedrohung durch eine kritische Öffentlichkeit in ein Krisenszenario eingebaut und die Außendarstellung dementsprechend verändert wurde, ist Bewegung in die öffentliche Meinung zu UMTS gekommen.

Positives Image erleichtert die Krise

Rasches Lobbying im Krisenfall ist gut, besser ist jedoch ein Plan, der negative Wahrnehmungen nachhaltig zu vermeiden hilft. Glaubwürdige Krisenarbeit ist fast nur dann möglich, wenn stets eine offene und dialogbereite Zusammenarbeit mit Politik und Gesellschaft gesucht wurde. Ein „gläserner Lobbyist", der sich für gesellschaftliche und ökologische Belange engagiert, wird es im Krisenfall leichter haben, Kommunikationsvorbehalte auszuräumen. Nur ein ständiges Zugehen des Lobbyisten auf die Politik kann diese nachhaltige Vertrauensbasis schaffen. Dafür ist es nötig, die eigene Arbeit so transparent und nachvollziehbar wie möglich zu gestalten.

Auch außerhalb der direkten Kommunikation mit der politischen Öffentlichkeit kann eine Vertrauensbasis etabliert werden, auf die sich der Lobbyist im Krisenfall stützen kann. Das wachsende ökologische und soziale Bewusstsein innerhalb der Gesellschaft bietet dabei einige Möglichkeiten. Werden umweltfreundliche und sozialverantwortliche Aktivitäten in den Mittelpunkt der PR z.B. eines Unternehmens gestellt, entsteht ein positives Image, das auch härteren Belastungen in Krisenzeiten standhält. Im Krisenfall kann der Lobbyist dieses Image in sein Krisenmanagement gegenüber der Politik einbeziehen und eventuelle Überreaktionen auf Seiten der Politik durch den Verweis auf eine generell wohlwollende Öffentlichkeit verhindern.

Vorsorgliche Planung politischen Krisenmanagements

Kriseninfrastruktur

Zu einer weitsichtigen Vorsorge gehört auch, dass mögliche Krisen vorher durchgespielt werden und Aktionspläne für eventuelle Krisenfälle bereitliegen. Zumindest sollte geklärt sein, wer Informationen weitergibt und als Sprecher fungiert. Der „Krisenfachmann" sollte die relevanten Politiker vor Ort kennen und im Umgang mit der Öffentlichkeit geübt sein. Außerdem muss er natürlich die Struktur sowie mögliche Schwachpunkte der eigenen Organisation bzw. des eigenen Verbandes oder Unternehmens kennen. Je schneller im Notfall reagiert werden kann, desto geringer ist die Gefahr eines bedeutenden Imageverlusts. Wer erst in der Krise überlegt, wie er mit der Politik in Kontakt treten soll, wird einen schweren Stand haben. Absolute Professionalität im Umgang mit politischen Arbeitstechniken ist in Krisenzeiten Gold wert. Durch die fundierte Kenntnis der politischen Zusammenhänge wird die Position des Krisenmanagers von Seiten der Politik als glaubwürdiger empfunden. Wer es nicht versteht, sich aktiv an den richtigen Stellen und zur richtigen Zeit zu Wort zu melden, wird in der Krisenkommunikation untergehen.

Planung möglicher externer Hilfe

Die Vorbereitung auf Krisensituationen sollte den möglichen Fall einbeziehen, dass man einer Krisensituation nicht mehr allein gewachsen ist. Gerade in einem so kommunikationsintensiven Vorgang wie dem Krisenmanagement kann sich unvermittelt die Notwendigkeit ergeben, externe Berater hinzuzuziehen. Neben Spezialanwälten mit Erfahrung in Lobbyarbeit gehören hierzu vor allem Kommunikationsberater sowie PR- und PA-Agenturen (siehe Seite 149–159).

Aus der Krise lernen

Aufarbeitung der Krisensituation

Nach der überstandenen Krise ist es wichtig, die Reaktionen der Politik aufzuarbeiten und für die Zukunft mögliche Fehlerquellen auszuschalten. Des Weiteren müssen nach einer Manöverkritik Konsequenzen aus falsch geplanten Aktionen gezogen werden und der eigene Umgang mit potenziellen neuen Krisen vorab optimiert werden. Dazu können zusätzlich zur eigenen Krisenverarbeitung externe Beobachter und Analytiker hinzugezogen werden. Indem zum Beispiel Kritiker zu Fachgesprächen geladen oder Politiker und Verwaltungsstellen mit Hintergrundinformationen versorgt werden, gelingt es auch, die Öffentlichkeit und Behörden so früh wie möglich in die Überlegungen einzubeziehen. Dies ist gleichzeitig eine gute Gelegenheit für den Lobbyisten, Wünsche und Anregungen aufzunehmen und umgehend auf ihre Machbarkeit zu prüfen. Ein „Tag der offenen Tür“ kann auch hier helfen, Hemmschwellen und Vorurteile abzubauen.

IV Das Arbeitsnetzwerk des Lobbyisten

1 Pressereferenten

Zusammenarbeit bei der externen Kommunikation

Pressereferenten können behilflich sein, Aktivitäten des Lobbyisten gegenüber den Medien zu kommunizieren. Der Lobbyist kann sich so mit Hilfe der Pressereferenten in der öffentlichen Wahrnehmung als notwendiges Korrektiv zur Politik etablieren. Der Blick der Bürger sollte darauf gelenkt werden, dass die Interessenvertretung eines Unternehmens eines Verbandes oder einer Organisation ein positiver Bestandteil im demokratischen Gefüge ist. Mit einer verbesserten Wahrnehmung des Lobbyisten und seiner Themen in der Öffentlichkeit vergrößert sich auch seine Akzeptanz bei skeptischen politischen Akteuren.

Regelmäßiger Kontakt zu Pressereferenten

Der Lobbyist kann auf die Pressereferenten als Partner regelmäßig auch dann zurückgreifen, wenn er mit Informationen aus den Medien versorgt werden möchte. In der Presseabteilung bzw. von den Referenten werden täglich Pressespiegel erstellt. In diesen werden alle für die Organisation, den Verband oder das Unternehmen wichtigen Pressemeldungen zusammengetragen. Durch eine Medienresonanzanalyse sind die Pressereferenten darüber informiert, wie die jeweilige Organisation, der Verband oder das Unternehmen in der Öffentlichkeit dargestellt wird. Die Intensität der Lobbytätigkeiten und der Umfang der Einbindung der Öffentlichkeit können darauf aufbauend in enger Abstimmung mit den Kommunikationsfachleuten aus der Presseabteilung an der öffentlichen Wahrnehmung ausgerichtet werden. Der Lobbyist sollte den Pressereferenten regelmäßig mitteilen, welche Themen für ihn von besonderer Bedeutung sind, damit diese bei der Erstellung der Pressespiegel berücksichtigt werden können.

2 Justitiare

Warum Justiziare?

Die Rechtsabteilung oder hauseigene Justitiare sind wichtige Partner für die inhaltliche Seite der politischen Interessenvertretung. Politische Entscheidungsprozesse sind in den meisten Fällen mit einer Veränderung der Rechtslage verbunden. Im Verlauf von Gesetzgebungsprozessen müssen nicht nur politische Interessen benannt und vermittelt werden, sondern auch formell umsetzbare und adäquate Rechtsvorschriften formuliert werden.

Konkrete rechtliche Hilfestellungen

Die Rechtsabteilung gibt Hilfestellungen, wenn es darum geht, juristische Feinheiten richtig zu interpretieren bzw. zu formulieren und die Praxistauglichkeit von Gesetzen oder Gesetzesvorhaben zu überprüfen. Juristische Fachkenntnis ist erforderlich, um die ständige Rechtsprechung im Auge zu behalten. Gerichtsentscheidungen können unter Umständen Folgen für die Interessen von Unternehmen, Verbänden oder Non-Profit-Organisationen haben. Oft führen Grundsatzentscheidungen zu einem Handlungsbedarf der Politik. Der Lobbyist muss eine rechtzeitige Einflussnahme planen können. Er ist auf konkrete Interpretationen von Urteilen und eine umfassende Einschätzung möglicher rechtlicher Konsequenzen angewiesen.

Die Rechtsabteilung ist in diesem Zusammenhang, sofern vorhanden, erster Ansprechpartner des Lobbyisten. Oft verfügen nur große Unternehmen, Spitzenverbände und international tätige Non-Profit-Organisationen über eigene Rechtsabteilungen. Jedoch bietet die Zusammenarbeit mit anderen Lobbyisten und die Nutzung ihrer Ressourcen meist einen ausreichenden Ersatz. Bei komplexen Themengebieten allerdings sollte auf die Dienste einer Anwaltskanzlei zurückgegriffen werden.

3 Hauptstadtvertretung

Feste Basis in der Hauptstadt

Dem Unternehmen, dem Verband oder der Organisation sollte unmittelbar vor Ort in Berlin „ein Gesicht“ gegeben werden, sodass der Ansprechpartner von Seiten der Politik wiedererkannt werden kann. Das fördert das Vertrauen und ist somit die wichtigste Basis politischer Kommunikation. Viele Verbände und Non-Profit-Organisationen haben mittlerweile ihre Hauptsitze nach Berlin verlegt. Für Unternehmen ist das oft nicht in demselben Maße möglich. Die Einrichtung eines politischen Verbindungsbüros in Berlin gewährleistet den reibungslosen Informationsaustausch über eine eng verzahnte Kommunikationskette. Es bildet und bietet die erste Anlaufstelle für die praktischen Fragestellungen von Seiten der Politik in Gesetzgebungsprozessen.

Möglichkeit der schnellen direkten Kommunikation

Bei tagesaktuell oder kurzfristig auftretenden Problemen und Fragen sind praxiskundige Sachverständige für die politischen Entscheidungsträger von großer Bedeutung. Über das Hauptstadtbüro können diese Anfragen koordiniert werden. Der direkte Draht erleichtert außerdem die Organisation informeller Gespräche. Informelle Gespräche stellen eine immer häufiger genutzte Ergänzung zu den parlamentarischen Expertenanhörungen dar. Direkter, zeitnaher Kontakt ist das Stichwort. Wichtig ist, schnell „vor Ort" zu sein und als kompetenter Ansprechpartner wahrgenommen zu werden. Wer jederzeit seine Expertise zur Verfügung stellen kann, hat die Möglichkeit, auf der Basis gegenseitiger Hilfeleistung von den Beziehungen zu politischen Institutionen zu profitieren.

Kenntnis der örtlichen Gepflogenheiten

Von großer Bedeutung für das tägliche Lobbygeschäft ist auch die Kenntnis der politischen Gepflogenheiten, der Geschehnisse vor Ort und der aktuellen Ereignisse. Ein politisches Verbindungsbüro mit einem Ohr an der Berliner Gerüchteküche und inmitten der „Politszene" kann ein besseres Bild des aktuell herrschenden Umfeldes und der politischen Stimmung vermitteln. Der regelmäßige Kontakt zu anderen Lobbyisten wird erheblich erleichtert. Auch die Pflege politischer Kontakte zu Parteien, Ministerien, Abgeordneten und der jeweiligen Arbeitsebene kann von einer Hauptstadtvertretung lebendiger gestaltet werden. Die Hauptstadtvertretung eröffnet die Chance zur direkten, persönlichen und termingenauen Kommunikation mit kurzen Kommunikationswegen und der Möglichkeit zum schnellen „Face-to-face"-Gespräch.

Ausgewählte Orte, an denen sich Lobbyisten und Politiker in Berlin regelmäßig begegnen

- Theodor Tucher

Pariser Platz 6a, 10117 Berlin (Mitte), Tel: 030 / 22489464, Fax: 030 / 224 894 65

Auf Grund der einmaligen Lage des Theodor Tucher am Brandenburger Tor im Palais am Pariser Platz und der unmittelbaren Nähe zum Reichstagsgebäude erfreut sich dieser Treffpunkt oft internationaler Gäste und Berühmtheiten. Viele Politiker und Lobbyisten konnte das Restaurant in den vergangenen Jahren als Stammgäste gewinnen. Auch Bundeskanzler Gerhard Schröder genießt regelmäßig das ausgefallene Ambiente des Restaurants bei einem kühlen Tucher Bier und einer Currywurst. Nicht umsonst wählte er für das Abendessen mit dem Präsidenten der Vereinigten Staaten, George W. Bush, am 22. März 2002 das Theodor Tucher aus.

- Café Einstein

Unter den Linden 42, 10117 Berlin (Mitte), Tel: 0 30 / 2 04 36 32

Das Wiener Kaffeehaus ist eine Institution in Berlin. Gelegen in unmittelbarer Nähe zu den Botschaften Russlands und der Vereinigten Staaten ist das Café nicht nur geografisch im Mittelpunkt des politischen Berlins. Bei österreichischer Küche und selbst geröstetem Kaffee haben neben Politikern wie Joschka Fischer auch schon Günter Grass und Yoko Ono ihre Namen und Kommentare auf die Rechnung geschrieben.

- StäV (Ständige Vertretung)

Schiffbauerdamm 8, 10117 Berlin (Mitte), Tel: 030 / 282 39 65, Fax: 030 / 285 987 35

Nicht zuletzt durch die rheinländische Fröhlichkeit der aus Bonn stammenden Besitzer hat sich die Ständige Vertretung in den letzten sechs Jahren vom Geheimtipp zum Kultlokal in Berlin Mitte entwickelt. Bei frisch gezapftem Kölsch sitzen Studenten neben Abgeordneten, Bundeskanzler Gerhard Schröder trifft auf Schauspieler Otto Sander. Bundespräsident Johannes Rau lud sogar zu seiner Geburtstagsfeier in die Ständige Vertretung ein.

- Borchardts

Französische Str. 47, 10117 Berlin (Mitte), Tel: 030 / 203 87 110

Die Geschichte des Borchardt reicht bis in das Jahr 1853 zurück. Schon damals wurde gastronomische Spitzenklasse geboten, die unter anderem der russische Zar und der Kaiser von Österreich zu schätzen wussten. Nach der Wende erlebte das Borchardts seine zweite Blüte und avancierte zum Stammlokal der Prominenz aus Politik und Kultur. Zu den illustren Gästen zählen heute neben der Prominenz aus Regierung und Opposition auch Hollywoodstars wie Leonardo DeCaprio und Arnold Schwarzenegger. Statt Hummer und Kaviar stehen im Zwei-Sterne-Restaurant Linseneintopf, Lammrücken und Arme Ritter auf dem Speiseplan.

- Parlamentarische Gesellschaft

Platz der Republik 1, 10117 Berlin (Mitte)

Die Parlamentarische Gesellschaft befindet sich im Reichstagspräsidentenpalais in unmittelbarer Nähe zum Reichstag. Schon zu Bonner Zeiten war die Parlamentarische Gesellschaft ein beliebter Treffpunkt für Abgeordnete aller Parteien. Bei einem gemeinsamen Essen oder auch einer Runde Skat spielen parteipolitische Auseinandersetzungen hier keine Rolle. Der Zutritt ist Lobbyisten jedoch nur auf besondere Einladung oder in Begleitung eines Mitglieds des Bundestages gestattet.

- Frühstück im Käfer-Restaurant des Bundestages

Platz der Republik 1, 11011 Berlin (Mitte), Tel: 030 / 226 299 19, Fax: 030 / 226 299 43

Der Reichstag ist das weltweit einzige Parlamentsgebäude mit einem öffentlichen Restaurant. Vom Dachgartenrestaurant neben der Glaskuppel hat der Besucher einen atemberaubenden Blick über Berlin. Besonders beliebt bei Abgeordneten wie Lobbyisten ist eine Verabredung zum Frühstück, welches von 9.00 bis 11.00 Uhr serviert wird.

4 Agenturen

Wichtig: Auftritt nach außen

Größere Public-Relations-Agenturen haben heute in der Regel eigene Public-Affairs-Abteilungen, die auf den Dialog zwischen Unternehmen, Organisationen und der Politik spezialisiert sind. Die meisten dieser Kommunikationsagenturen decken mit ihrem Angebot bestimmte Politikfelder ab. Die angebotenen Dienstleistungen zielen hauptsächlich auf eine möglichst vollständige Vorbereitung und Begleitung des inhaltlichen Aspekts der Lobbyarbeit.

Der Außenkontakt der Lobbyarbeit sollte nie vollständig der beauftragten Agentur überlassen werden. Der Lobbyist sollte selbst als Absender seiner Positionen auftreten und die thematische und organisatorische Linie nach außen tragen. Er muss für die Politik eindeutig als kompetenter und alleinverantwortlicher Ansprechpartner erkennbar sein. Nur so kann ein Vertrauensverhältnis zwischen Lobbyisten und bestimmten Adressaten entstehen und die Substanz für ein gutes Lobbying geschaffen werden. Mittler können in dem sensiblen Bereich der Kommunikation mit politischen Entscheidungsträgern und deren Mitarbeitern durch falsche Nuancen im schlimmsten Fall nachhaltig Gesprächsmöglichkeiten verbauen. Im Idealfall werden Agenturen daher als Ergän-

Ausgewählte Aufgaben von PA-Agenturen

Themenidentifizierung und Beobachtung

- Trendanalysen im politischen Umfeld
- Imageanalysen im gesellschaftlichen Umfeld
- Positionierung des Klienten im gesellschaftlichen und politischen Umfeld
- Aufbau und Pflege von Kontaktnetzwerken
- Kontakt- und Verhandlungsberatung
- Krisenabsicherung und Krisenmanagement
- Koordinierung von Lobbystrategie und Öffentlichkeitsarbeit
- Vorbereitung und Organisation von Veranstaltungen

zung der eigenen Ressourcen angesehen und zur Unterstützung herangezogen, um entweder auf der internen inhaltlichen Seite zu entlasten oder die externe Kommunikation unterstützend zu begleiten.

Bevor eine Agentur mit der Unterstützung der Lobbyarbeit beauftragt wird, müssen die durch die Agentur zu erbringenden Leistungen präzise definiert werden. Je klarer die Vorstellungen auf Seiten des Lobbyisten über die zweckmäßige Einbindung der Agentur sind, desto optimaler (auch unter dem Kostenaspekt) lässt sich die Zusammenarbeit mit den Agenturen gestalten.

Klare Definition der Aufgabenbereiche

Die zentralen Fragen in Bezug auf eine Kooperation mit einer Agentur sollten sein: Was soll eine Agentur in voller Verantwortung tun? Wo kann sie bei der Ausführung der Lobbyarbeit unterstützend tätig werden? Wann ist es effektiver, einen eigenen neuen Mitarbeiter einzustellen? Wichtig ist vor allem auch, ein verlässliches Bild über die fachliche Qualifikation der Agenturmitarbeiter zu gewinnen.

Logistische Unterstützung

Agenturen können häufig durch organisatorische Kompetenz bei der logistischen Vorbereitung von Events einen Beitrag zur Gestaltung von Lobbymaßnahmen leisten. Der Versand von Einladungen, das Ausfindigmachen von Veranstaltungsorten oder die Organisation des Ablaufs von Veranstaltungen sind wichtige, aber zeitintensive Vorbereitungen, die sehr gut durch Agenturen abgedeckt werden können.

Kommunikative Unterstützung

Die öffentlichkeitswirksame Vor- und Nachbereitung von Veranstaltungen (Erstellen von Pressetexten etc.) kann ebenfalls in Zusammenarbeit mit einer Agentur erledigt werden. Agenturen pflegen in der Regel flexiblere Kontaktnetzwerke als Presseabteilungen von Unternehmen, die oft nur auf die für ein Produkt oder eine Dienstleistung relevante Fachpresse spezialisiert sind.

Agenturen mit Tätigkeitsschwerpunkt „Public Affairs" in Berlin

Im Segment „Public Affairs" teilen relativ wenige Agenturen den Hauptanteil des Marktes unter sich auf.

Die folgende Zusammenstellung umfasst die renommiertesten Agenturen im Bereich „Politische Kommunikation“ in Berlin, ohne jedoch einen Anspruch auf Vollständigkeit zu erheben.

APCO Deutschland GmbH
Charlottenstraße 59
10117 Berlin
Tel.: 030 / 209 445 10
www.apcoworldwide.com

BRIDGES Consulting
Johannisstraße 20
10117 Berlin
www.bridges.de
Tel.: 030 / 726 1941 10

Burson – Marsteller/B.K.S.H.
Schützenstrasse 5
10117 Berlin
Tel.: 030 / 240 79 38 8
www.burson-marsteller.de

ECC Public Affairs Berlin
Hausvogteiplatz 2
10117 Berlin
Tel.: 030 / 726139 800
www.kohtesklewes.de

Fischer Appelt
Tucholskystraße 18
10117 Berlin
Tel.: 030 / 726 146 0
www.fischer-appelt.de

GPC Berlin
Neue Schönhauser Straße 3–5
10178 Berlin
Tel.: 030 / 590 0433 21
www.gpcinternational.com

Hill & Knowlton
Chausseestraße 128 a
10115 Berlin
Tel.: 030 / 288 758 0
www.hillandknowlton.de
IPSE Kommunikations AG
Albrechtstraße 14
10117 Berlin
030/ 288 896 0

Kohl PR & Partner
Pressehaus 5208
Schiffbauerdamm 40
10117 Berlin-Mitte
Tel.: 030 / 280 999 66
www.kohl-pr.de

Plato Kommunikation
Reinhardtstraße 19
10117 Berlin
Tel.: 030 / 726 267 60
www.plato.de

Publicis Public Relations
Chausseestraße 8
10115 Berlin
Tel.: 030 / 820 820
www.publicis-pr.de

Weber Shandwick Deutschland
PR-Berlin Public Relations
Schützenstraße 15–17
10117 Berlin
Tel.: 030 / 283 998 0
www.webershandwick.com

5 Anwaltskanzleien

Externe Rechtsberatung

Insbesondere bei rechtlich sensiblen Themen schalten Lobbyisten, die keinen Rückgriff auf eine unternehmens-, verbands- oder organisationseigene Rechtsabteilung haben, auch in Deutschland zunehmend externe Rechtsanwälte und Sozietäten ein. Die betreffenden Anwälte nehmen für sich in Anspruch, neben den rein juristischen Aspekten eines Falles auch den Bedarf an Politikberatung zu decken bzw. die entsprechende Tätigkeit zu koordinieren.

Diese Entwicklung spiegelt eine lange Tradition in den USA wider, denn dort lassen sich Lobbyisten in ihren Lobbyaktivitäten häufig von darauf spezialisierten Sozietäten vertreten. Politisch orientierte Anwaltskanzleien spielen in den USA eine große Rolle bei der Abwicklung von politischen Projekten und Transaktionen. Washingtoner Sozietäten wie etwa „Wilmer, Cutler & Pickering“, „Covington & Burling“, „Hogan & Hartson, Raue“ oder „McDermott, Will & Emery“ pflegen einen regen beruflichen Austausch zwischen Regierungsamt und Behördentätigkeit einerseits und dem Anwaltsberuf andererseits („revolving doors“). Prominente Anwälte wie Lloyd Cutler von WCP oder Lanny A. Breuer von Covington waren im Laufe ihrer Karriere auch Rechtsberater von verschiedenen U.S.-Präsidenten. Die meisten Sozietäten verfügen über ein weit verzweigtes Netzwerk in die politischen Institutionen hinein. Sie sind in der Lage, ihren Mandanten einen tiefen Einblick in die Praxis dieser Institutionen zu bieten.

Deutsche Kanzleien

Auch in Deutschland hat sich mittlerweile eine Reihe von nationalen und internationalen Sozietäten auf die Beratung an der Schnittstelle zwischen Recht, Politik und Wirtschaft spezialisiert. Nicht wenige von ihnen nutzen ihr internationales politisches Netzwerk, um die Beratung in Deutschland durch entsprechende Maßnahmen in Brüssel und gegebenenfalls in Washington zu flankieren.

Tätigkeiten und strategische Optionen von Anwaltskanzleien in der politischen Kommunikation

- Rechtspolitisches Monitoring

- Analyse und Erklärung des rechtlich-politischen Umfelds (insbesondere für ausländische Unternehmen)
- Aufarbeitung des regulatorischen Umfelds und Einschätzung von Gesetzgebungsinitiativen
- Abfassen von rechtlichen Positionspapieren und Gutachten
- Erarbeitung und Umsetzung einer kohärenten rechtlich-politischen Strategie (ggf. unter Mithilfe des Unternehmens sowie weiterer externer Berater)
- Anpassung der Strategie an das europäische/internationale rechtliche und politische Umfeld

Kein Lobbying durch Rechtsanwälte

Die politische Tätigkeit von Anwälten endet regelmäßig dort, wo das eigentliche Lobbying beginnt. Für die Rechtsanwälte ist es wichtig, die eigene Glaubwürdigkeit und damit die juristische Kompetenz in dem betreffenden Verfahren nicht aufs Spiel zu setzen. Deshalb verweisen die Profis unter den Rechtsanwälten die Lobbyisten an dieser Stelle auf deren eigene Ressourcen oder auf externe PR/PA-Kommunikationsberater.

Ausgewählte Kanzleien mit Tätigkeitsschwerpunkt „Public Affairs" in Berlin

Büsing, Müffelmann & Theye
Kurfürstendamm 177
10707 Berlin
Tel: 030 / 880 304–0
www.bmt-law.de

CMS Hasche Sigle
Markgrafenstraße 36
10117 Berlin
Tel:030 / 203 60-0
www.cmslegal.de

GSK Gassner, Stockmann & Kollegen
Mohrenstraße 42

10117 Berlin
Tel: 030 / 203 907-0
www.gsk.de

Wilmer, Cutler & Pickering – Quack
Friedrichstraße 95
10117 Berlin
Tel: 030-2022 6400
www.wilmer.de

Hogan & Hartson, Raue L.L.P.
Potsdamer Platz 1
10785 Berlin
Tel: 030 / 726 115 0
www.hhlaw.com

Freshfields Bruckhaus Deringer
Potsdamer Platz 1
10785 Berlin
Tel: 030 / 20 28 36
www.freshfieldsbruckhausderinger.com

Heuking Kühn Luer Wojtek
Friedrichstraße 149
10117 Berlin
Tel: 030 / 88 00 97 0
www.heuking.de

Inhalte der Zuarbeit

Ebenso wie Kommunikationsberater eignen sich auch Anwaltskanzleien vorwiegend als Ergänzung für eigene Lobbybemühungen. Die Bedeutung der Einbindung von Kanzleien wird besonders bei der Planung und Durchführung mittelbarer Maßnahmen deutlich. Bei den mittelbaren Maßnahmen, zu denen etwa Anträge oder Begründungen für Anfragen zählen, ist sauberes juristisches Formulieren gefragt. Nur auf diese Weise kann der Adressat das Material unmittelbar und ohne großen eigenen Aufwand im Rahmen seiner politischen Arbeit einsetzen. Juristische Expertise ist vonnöten, um Erfolgsaussichten mittelbarer Maßnahmen einschätzen zu können.

Die Zusammenarbeit mit Anwaltskanzleien verlangt vom Lobbyisten eine besondere Transferarbeit. Von den Kanzleien erstellte Dokumente sind in der Regel inhaltlich komplex sowie juristisch präzise formuliert. Darunter leidet jedoch häufig die Allgemeinverständlichkeit. Wichtig ist daher, dass der Lobbyist eine auf den jeweiligen Adressaten zugeschnittene Textfassung erstellt. Die oft ausschließlich juristische Argumentation der Dokumente kann beispielsweise bei Abgeordneten um politische Argumente erweitert werden. Bei wichtigen Entscheidungsträgern sollte in Anbetracht der oft kurzen Gesprächszeiten die Detailtiefe verringert werden.

Übersetzungsleistung des Lobbyisten

6 Externe Berater

Für bestimmte Vorhaben ist es sinnvoll, vorübergehend die Dienste von erfahrenen Beratern in Anspruch zu nehmen. Ehemalige Politiker, Beamte der Ministerialbürokratie oder Mitarbeiter der Arbeitsebene des Bundestages haben sich auf die Unterstützung von Lobbyisten in der politischen Kommunikation spezialisiert. Berater können je nach politischem Sachverhalt auf Grund ihrer speziellen Qualifikation und Kenntnisse hinzugezogen werden.

Einbindung von Politikberatern

Wenn beispielsweise ein Gesetzentwurf in verschiedenen politischen Gremien verhandelt wird, kann auf jeweils unterschiedliche Berater zurückgegriffen werden. Diese flexiblere Handhabung ist einer langfristigen Bindung an Agenturen vorzuziehen. Die Zusammenarbeit mit einem erfahrenen Berater ist besonders für Lobbyisten, die neu auf der Berliner Bühne sind, von Interesse. Die oft riesige Kontaktkartei der Berater ist ein goldener Schlüssel für Neulinge. Gespräche können schneller organisiert oder Ansprechpartner außerhalb der formellen Kommunikationswege ermittelt werden. Ziel der Kontaktberatung muss es sein, Gesprächspartner zu finden und zu sichern. Der Lobbyist sollte in keinem Fall der Versuchung erliegen, eventuell angebotene Vermittlungsleistungen allein den Beratern zu überlassen. Der Anspruch, transparentes Lobbying zu betreiben, muss besonders im Umfeld der Kontaktrecherche aufrechterhalten werden. Das eigentliche Gespräch sollte immer der Lobbyist gegebenenfalls in Begleitung seiner Berater selbst führen.

Flexible Zusammenarbeit nach Themengestalt

Probleme

Problematisch an der Zusammenarbeit kann auch sein, dass erfahrene Berater oft für mehrere Auftraggeber gleichzeitig tätig sind. Dies steht dem Ziel jedes Lobbyisten entgegen, auf Seiten der Politik eine Verbindung zwischen einem Gesicht und einem bestimmten Thema herzustellen. Der Lobbyist erkauft sich unter Umständen durch den Einsatz von Beratern ein höheres Maß an Flexibilität auf Kosten notwendiger Kontinuität. Der externe Berater ist in jedem Fall dann eine gute Lösung, wenn sich seine Zuarbeit auf ein ganz bestimmtes Projekt beziehen soll und er gerade in diesem Bereich über außerordentlichen Sachverstand verfügt.

Ausgewählte Politikberater

WMP Eurocom AG
Alte Jakobstraße 79–80
10179 Berlin
Tel.: 030 / 20 61 14 0
www.wmp-eurocom-ag.de

CNC AG
Karlsplatz 1
80335 München
Tel.: 089 / 59 94 58 0
www.cnc-ag.com

Abels & Grey
Gesellschaft für strategisches Informations- und Kommunikationsmanagement mbH
Goethestraße 51a
40237 Düsseldorf
Tel.: 0221 / 9 14 07 48

Wissenschaftler als Berater

Eine wichtige Beratungsleistung kann auch durch die Fachleute aus der Wissenschaft erbracht werden. Hier ist insbesondere das Erstellen wissenschaftlicher Gutachten zu nennen. Neben Rechtsgutachten zählen dazu vor allem wissenschaftliche Meinungen zu diversen Sachthemen. Gutachten werden gerade in der Oppositionsarbeit oft als argumentative Unterstützung in der politischen Auseinandersetzung herangezogen. Die Zusammenarbeit mit fachlichen Größen aus der Wissenschaft kann dem Lobbying eine höhere inhaltliche Qualität verleihen. Wird eine Position durch ein professionelles Gutachten gestützt, kann glaubwürdiger auf eventuellen Handlungsbedarf hingewiesen werden. Der politischen Seite wird darüber hinaus organisatorischer und finanzieller Aufwand erspart.

Der Lobbyist sollte deshalb grundsätzlich auch Kontakte zu wissenschaftlichen Einrichtungen pflegen. Ein gutes Netzwerk mit Universitäten und Forschungsinstituten eröffnet die Möglichkeit, zu bestimmten Themen schnell fundierte Meinungen einholen zu können.

7 Besondere Partner des Verbandslobbyisten

Kooperation mit den Mitgliedern

Der Verbandslobbyist ist Vertreter der Interessen seiner Verbandsmitglieder gegenüber der Politik. Aber nicht nur das. Er tritt für die verschiedenen im Verband organisierten Mitglieder auch als Hauptansprechpartner auf, wenn es um Fragen mit politischen Bezug geht.

Mitglieder als Wissenspool

Da politische Entscheidungen immer komplexer werden, beruht eine effiziente Interessenvertretung zunehmend auf großer Detailkenntnis. Der Verbandslobbyist muss als Interessenvertreter einer ganzen Branche oder seiner Mitgliedsverbände meist einen ungeheuren Wissensbereich abdecken. Dies gelingt nur durch effizientes Wissensmanagement – also durch gewissenhaftes Organisieren und optimales Ausschöpfen der von den Verbandsmitgliedern bereitgestellten Informationen. Der Verbandslobbyist muss Informationen sammeln und sich permanent neue Informationsquellen unter den Verbandsmitgliedern erschließen. Auch die Verbandsmitglieder wollen über die Verbandstätigkeit informiert werden und häufig aktiv daran teilhaben. Diese für beide Seiten notwendige Zusammenarbeit scheitert oft an mangelhafter interner Kommunikation. Bevor der Verbandslobbyist die Zusammenarbeit nutzen kann, muss er die Grundlagen für eine gute Kooperation schaffen. Seine Arbeit muss dazu gegenüber den Mitgliedern so weit wie möglich offen gelegt werden. In seinem thematischen Zuständigkeitsgebiet sollte der Verbandslobbyist regelmäßig tagende Fachgruppen oder Diskussionskreise etablieren. Je umfassender die Kommunikation nach beiden Seiten ist, desto erfolgreicher kann die Lobbyarbeit aus dem Verband gestaltet werden.

Wichtig: Regelmäßiger Kontakt

Der kontinuierliche Kontakt in die Mitgliedsunternehmen und/oder Mitgliedsverbände hinein hilft bei der Bewältigung der auf Lobbythemen bezogenen Informationssuche des Verbandslobbyisten. Der zeitnahe Austausch über neue Entwicklungen etwa in der Geschäftsstrategie von Unternehmen oder auf technischem Gebiet erleichtert die Kommunikation enorm. Einen komplizierten technischen Ablauf kann niemand besser erklären als der Ingenieur, der an der Planung beteiligt war. Die im Gespräch gewonnenen Erkenntnisse kann er nahtlos in die Kommunikation einbinden.

Vorteile einer engen Zusammenarbeit zwischen Verband und Verbandsmitgliedern

- Höhere politische Schlagkraft im Lobbying
- Kosteneffizienz auf beiden Seiten durch Einsparung eventueller Doppelleistungen
- Stärkeres gegenseitiges Vertrauen als Grundlage eines guten Krisenmanagements
- Kurze Kommunikationswege bei plötzlich auftretendem Handlungsbedarf
- Verdeutlichung der inhaltlichen und personellen Zusammenhänge zwischen Verband und Mitgliedern gegenüber der Politik
- Abgestimmte Kommunikationsinhalte als Vorsorge gegen abweichende Kommunikationsstrategien in der Öffentlichkeit

Kooperation bei Veranstaltungen

Auch über das reine Wissensmanagement hinaus ist die Einbindung der Mitglieder in die Aktivitäten des Verbandes notwendig. Dadurch wird nicht nur eine Entlastung des Verbandslobbyisten erreicht. Konkret bietet sich die enge Zusammenarbeit mit den Unternehmen an der Basis zum Beispiel für eine durch den Verband organisierte Informationsveranstaltung (z.B. Parlamentarischer Abend/ Mittagsveranstaltung) an. Dort können Vertreter aus Mitgliedsunternehmen als Referenten eingeladen werden. Auch beim persönlichen Gespräch mit politischen Entscheidungsträgern bietet es sich häufig an, jemanden „aus der Praxis" mitzubringen, um bestimmte Sachverhalte anschaulicher zu machen. Die Forderungen des Verbandes werden für die Politik dadurch weniger abstrakt. Der Charakter des Verbandes als Repräsentant seiner Mitglieder wird ebenfalls unterstrichen. Zugleich wird dem Eindruck entgegengetreten, der Verband vertrete „seine" Interessen losgelöst von den Mitgliedern.

Einschränkungen

Manchmal ist eine direkte Einbindung von Mitgliedern nicht möglich. Dann sollten zumindest die Planungen für den Ablauf oder die Themensetzung von Veranstaltungen oder Gesprächen in enger Abstimmung mit den Verbandsmitgliedern unternommen werden. Dadurch wird den Mitgliedern die Möglichkeit gegeben, eigene Anmerkungen oder Nachfragen vorzubringen. Gleichzeitig vermittelt der Verbandslobbyist nach Innen ein transparentes Bild seiner Arbeit. Das stärkt das Vertrauen der Mitglieder in ihren Verband und erhöht die Bereitschaft, sich zu engagieren. Dieses Engagement ist für eine positive Außenwirkung entscheidend. Je lebendiger der Verband nach außen hin erscheint, desto ernster wird er als möglicher Ansprechpartner genommen.

Meinungspluralität als Argumentationsbasis

Der hohe Argumentationsaufwand bei der politischen Interessenvertretung zwingt den Lobbyisten dazu, seine Argumentation auf einer möglichst breiten Basis aufzubauen. Durch eine enge Zusammenarbeit mit den Verbandsmitgliedern kann sich der Verbandslobbyist dabei einen Vorteil verschaffen. Die nach außen kommunizierte, einheitliche Position ist das Ergebnis eines langwierigen innerverbandlichen Abstimmungsprozesses.

Beispiel

Interne Abstimmung einer einheitlichen Position

Es steht eine Novellierung der Emissionsvorschriften für Industrieabgase bevor. Von Seiten der Industrie wird massiv gegen die von der Politik angedachten Emissionsgrenzen argumentiert. Der Verband der Chemischen Industrie (VCI) erarbeitet eine einheitliche

Position zu den Novellierungsvorstellungen. Einige Mitgliedsunternehmen vertreten in den Konsultationen eine hart ablehnende Haltung. Andere sind kompromissbereiter und wollen nicht durch radikale Ablehnung mögliche Einigungschancen verbauen. Die unterschiedlichen Haltungen können beispielsweise auf verschiedenen Modernitätsstandards der Filtersysteme in den einzelnen Unternehmen beruhen. Unternehmen mit modernen Filtersystemen befürworten niedrigere Emissionsgrenzen nicht zuletzt, um sich wirtschaftliche Vorteile gegenüber Unternehmen mit weniger modernen Filtersystemen zu verschaffen. Trotzdem wird eine gemeinsame Position angestrebt. Diese spiegelt naturgemäß die Interessen beider Seiten wieder. Die innerverbandliche Abstimmung nimmt in gewissem Maß die Argumentationslage der Abstimmung mit den politischen Entscheidungsträgern vorweg. Der Verbandslobbyist sollte die unterschiedlichen Argumente der Mitglieder in seine Argumentation gegenüber der Politik einbinden. Der innerverbandliche Diskurs wird so zur Grundlage für das erfolgreiche Kommunizieren der Position in die Politik hinein.

Diplomatisches Geschick und ausgeprägte Moderatorenfähigkeiten sind also nicht nur nach außen, sondern auch innerhalb des Verbands gefragt. Die Qualität des innerverbandlichen Konsensmanagements durch den Verbandslobbyisten wirkt sich entscheidend auf das Lobbyergebnis aus.

Konsens zur richtigen Zeit

Häufig besteht die Gefahr, dass zu früh mit der eigentlichen Konsensbildung begonnen wird. Ein Konsens wird nur dann haltbar und stark, wenn alle Fakten oder Handlungsalternativen gesammelt und evaluiert sind. Wird der Diskurs zu früh beendet, können Bedenken weiterbestehen oder wichtige Argumente ungehört bleiben. Die Verbandsposition ist in diesem Fall nur bedingt belastbar. Einzelne Mitglieder stehen nicht voll hinter dem gefundenen Kompromiss. In Krisenzeiten wird die vollständige und ausdauernde Unterstützung durch alle einzelnen Verbandsmitglieder ungewiss.

Innerverbandlicher Wettbewerb

Bei der Auseinandersetzung um eine gemeinsame Position muss verinnerlicht werden, dass gerade in Branchenverbänden die Mitgliedsunternehmen in Wettbewerb miteinander stehen. Es kommt vor, dass ein Unternehmen einen eigentlich unerwünschten politischen Regelungsvorschlag als annehmbar bezeichnet, weil die vorgesehenen Maßnahmen diesem Unternehmen weniger schaden als anderen im Verband organisierten Unternehmen. Das Unternehmen würde also mittelbar von dieser Regelung profitieren. Auf diese Weise wird der Wettbewerb untereinander in eine Instanz verlagert, die eigentlich zur gemeinsamen Interessenvertretung geschaffen wurde. Der Verbandslobbyist muss dafür sorgen, dass durch die Verbandsposition die Interessen aller Verbandsmitglieder berücksichtigt werden. Ein Verband darf sich in keinem Fall für den wirtschaftlichen Wettbewerb der Mitglieder untereinander instrumentalisieren lassen.

Verbände mit freiwilligen Mitgliedschaften

Eine Besonderheit ergibt sich bei Verbänden mit freiwilligen Mitgliedschaften. Ihre Positionsfindung unterliegt keiner internen Mehrheitsentscheidung. Das heißt für den Verbandslobbyisten: Bedenken und Anregungen jedes Mitglieds, egal wie groß dessen Einfluss im Verband ist, müssen in die Positionsfindung einfließen. Stellt sich heraus, dass in einem Verband kleinere Mitglieder weniger Beachtung finden, kann das zu irreparablen Imageschäden führen. Gerade Verbände mit freiwilligen Mitgliedschaften können sich kein schlechtes Image leisten – ihr wirtschaftliches Überleben hängt von der Zufriedenheit ihrer Mitglieder ab. Dennoch sollte auch in Verbänden mit Pflichtmitgliedschaften das Konsensmanagement nicht leichtfertig aufgegeben werden. Die nach außen getragene Position legitimiert sich in erster Linie durch innere Übereinstimmung. Ist diese ersichtlich nicht vorhanden, leidet darunter die Glaubwürdigkeit des Verbandes.

Prozess des Konsensmanagements im Verband

- Bestimmung des Themas durch Scanning/Monitoring und Priorisierung
- Katalogisierung der Positionen der einzelnen Verbandsmitglieder
- Suche nach Alternativen mit „kleinstem gemeinsamem Nenner“

- Evaluation der Alternativen hinsichtlich ihrer Vor- und Nachteile
- Verbindliche Festlegung auf eine verbindliche Alternative – Konsensbildung
- Gemeinsames Zusammenstellen von Umsetzungsmöglichkeiten
- Permanente Information über die Umsetzung der Position in der Lobbyarbeit durch den Lobbyisten
- Permanente inhaltliche Kontrolle während des Lobbyings durch die Verbandsmitglieder
- Gemeinsame rückwirkende Beurteilung des Konsensbildungsprozesses sowie der Nutzung der Position in der Lobbyarbeit, eventuelle Festlegung verbindlicher Schritte bei zukünftigen Konsensbildungsprozessen

Dem Verbandslobbyisten fallen in diesem Prozess folgende Aufgaben zu:

Initiative

Er initiiert die Meinungsbildung. Wenn von Seiten der Mitglieder Anregungen kommen, muss ein verantwortlicher Verbandslobbyist diese unbedingt zur Kenntnis nehmen.

Vermittlung

Er begleitet die gesamte Entscheidungsfindung als neutraler Vermittler. Insbesondere in strittigen Situationen muss der Verbandslobbyist gänzlich unabhängig bleiben. Die Konsensvermittlung sollte ausschließlich nach sachlichen Gesichtspunkten stattfinden und entlang der Schnittmengen zwischen Einzelinteressen und Koalitionsmöglichkeiten verlaufen.

Katalogisierung

Er sammelt alle für die Konsensfindung wesentlichen Fakten und bereitet diese – zugespitzt auf ein Vermittlungsergebnis – vor.

Realisierung

Er überprüft alle möglichen Handlungsoptionen auf ihre Realisierbarkeit und sortiert unrealistische aus.

Danach legt er Konzepte zur Umsetzung der Konsenspositionen vor.

Wie geht man mit einer nicht erfolgten Einigung auf eine gemeinsame Position um?

Die Möglichkeit, dass eine Einigung auf eine gemeinsame Position nicht gelingt, sollte von Anfang an für die Lobbyaktivitäten berücksichtigt werden. Eine uneinheitliche Position im Verband hat Auswirkungen auf die Kommunikation mit den Adressaten. Es ist zum Beispiel nicht mehr möglich, an alle Adressaten Positionspapiere zu verschicken oder in Anhörungen Statements für den Verband abzugeben. Häufen sich in einem Verband Uneinigkeiten dieser Art, so kann der Verbandslobbyist als Ansprechpartner für die Politik auf Dauer uninteressant werden.

Der Ausschluss aus der politischen Debatte kann durch eine wohl überlegte und dosierte Veröffentlichung der verbandsinternen Uneinigkeit und der jeweiligen Gründe, die dazu geführt haben, vermieden werden. Dabei sollten gezielt vertraute Ansprechpartner einbezogen werden, denen in Einzelgesprächen detailliert die unterschiedlichen Positionen erklärt werden. Dabei sollten die Konsenslinien herausgestellt und die internen Konfliktpunkte begründet werden. Es darf keinesfalls der Eindruck entstehen, dass die Uneinigkeit ein dauerhaftes Charakteristikum des jeweiligen Verbands ist.

Auf diese Weise werden trotz der Uneinigkeit Verbandspositionen in den politischen Entscheidungsprozess eingebracht. Den Verbandsmitgliedern muss jedoch in internen Gesprächen verdeutlicht werden, dass durch den Dissens in erheblichem Maße Kommunikationsmöglichkeiten verbaut sind und die Verbandsposition geschwächt wird.

Umgang mit anderen Verbänden

Durch die stetig wachsende Anzahl von Verbänden muss sich der Verbandslobbyist nicht nur mir den Adressaten seiner Lobbyziele und seinen Mitgliedern beschäftigen, sondern auch zunehmend darauf eingestellt sein, sich mit den Positionen von gegnerischen Verbänden oder Verbänden aus dem eigenen Lager auseinander zu setzen: Andere Verbände können als Konkurrenten um Mitglieder auftreten oder dem eigenen Verband entgegengesetzte Positionen vertreten. Andererseits sind manche Verbände nur eine spezialisierte Interessenvertretung und damit womöglich prädestiniert für eine Zusammenarbeit mit dem eigenen Dachverband.

Der produktive Umgang mit Positionen gegnerischer Verbände

Verbände mit entgegengesetzten Positionen

Für den Verbandslobbyisten wäre es kurzsichtig, die Argumentation gegen bestimmte Positionen lediglich auf die politischen Ansprechpartner auszurichten. Nicht nur der eigene Verband versucht, seine Positionen in laufenden politischen Prozessen unterzubringen. Parallel agieren in den meisten Fällen Interessengruppen mit entgegengesetzten Anliegen. Diese Interessengegnerschaft kann dazu führen, dass sich die Bemühungen der Verbände neutralisieren. Oft richten sich die Konsequenzen einer durch die Politik getroffenen Entscheidung am Ende gegen die Interessen beider Seiten.

Lobbying in gegnerischen Verbänden

In die Analyse der bestehenden Interessenverhältnisse müssen daher zwingend die Positionen der gegnerischen Verbände einbezogen werden. Gezielte Gespräche mit den anderen Verbänden können bereits im Vorfeld Schärfe aus der politischen Auseinandersetzung nehmen. Beide Seiten müssen sich darüber im Klaren sein, wo die inhaltlichen Unterschiede liegen. So können diejenigen Punkte aus der politischen Debatte herausgenommen werden, in denen Übereinstimmung herrscht. Auf diese Weise können sich die Verbände ohne Umschweife den möglichen Konfliktlösungsansätzen und der Kompromissfindung zuwenden. Die Ergebnisse werden idealerweise gemeinsam an die politischen Entscheidungsträger kommuniziert.

Einigung außerhalb der Politik

Besteht Einigkeit zwischen verschiedenen gesellschaftlichen Interessenvertretern, wird die Politik nur in den seltensten Fällen eine entgegengesetzte Regelung treffen. Bei Konflikten bietet sich die politische Seite häufig als Moderator zwischen den gegnerischen Verbänden an und nutzt eventuell erzielte Kompromisse direkt. Es kommt jedoch auch vor, dass Verbände unversöhnlich gegeneinander arbeiten. Gerade in konfliktgeladenen Auseinandersetzungen, wie denen zwischen Arbeitgeberverbänden und Gewerkschaften oder zwischen Umweltverbänden und Industrieverbänden, werden inhaltliche Differenzen oft durch eine gegenseitige ideologische Abneigung verschärft. Bei diesen Konstellationen muss besonders viel Wert auf Sachlichkeit bei der Auseinandersetzung gelegt werden.

Die inhaltlichen Positionen eines gegnerischen Verbandes müssen so genau wie möglich analysiert werden. Nur auf diese Weise kann die Motivation gegnerischer Lobbyisten nachvollzogen werden.

Weiterhin kann die genaue Kenntnis der gegnerischen Position genutzt werden, um die Debatte bei einer drohenden Ideologisierung stets auf inhaltliche Positionen zurückzuführen. Tritt der Verbandslobbyist ohne genaue Kenntnis der anderen Positionen an, wird es schwer fallen, zwischen sachlichen und ideologischen Argumenten des Gegners zu unterscheiden.

Einbindung der Öffentlichkeit

In der Auseinandersetzung mit einem gegnerischen Verband kann eine wohlgesonnne Öffentlichkeit einen entscheidenden Vorteil bedeuten. Zeigt sich der der Vertreter in der politischen Auseinandersetzung besonders unnachgiebig und präsentiert er verhärtete Positionen, sollte der Verbandslobbyist versuchen, die eigene Position öffentlich aufzuwerten. Durch eine gezielte Zusammenarbeit mit der Presse kann beispielsweise auf das eigene Abweichen von einer Maximalposition öffentlichkeitswirksam hingewiesen werden. Damit wird die eigene Kompromissbereitschaft unterstrichen. Gleichzeitig wird der Gegner als unflexibel dargestellt und sieht sich eventuell einer negativen Öffentlichkeit gegenüber.

Straffe interne Kommunikation

Natürlich verlangt die harte Auseinandersetzung mit einem gegnerischen Verband auch eine straffe interne Kommunikationsstrategie. Nur durch ein geschlossenes Auftreten aller Mitglieder gelingt es, der eigenen Position das nötige Gewicht zu verleihen und die Chancen ihrer Durchsetzung zu erhöhen. Besondere Bedeutung erlangt in diesem Fall das Lobbying nach innen. Konsensmanagement und ausführliche Informationspolitik sind wesentliche Stützen, um die eigenen Reihen geschlossen zu halten.

Der Konkurrenzverband als Partner

Wirtschaftliche Konkurrenz

Vor allem im Bereich der Wirtschaft gibt es neben den großen Industrieverbänden, an die die Unternehmen durch Pflichtmitgliedschaften gebunden sind, eine Reihe miteinander konkurrierender Branchenverbände. Die Mitgliedschaft in diesen Branchenverbänden ist freiwillig. Verbände ohne Pflichtmitgliedschaften müssen um die Unternehmen einer Branche werben und die Vorteile einer Mitgliedschaft ständig verdeutlichen. Das wirtschaftliche Überleben der Verbände hängt von der Bereitschaft der Unternehmen ab, Mitglied zu bleiben. Die Konkurrenz zu einem anderen Verband hat dadurch existenziellen Charakter. Zwischen Verbänden, die Interessen einer Branche vertreten, gibt es naturgemäß inhaltliche Überschneidungen. Eine punktuelle Zusammenarbeit ist oft für beide Seiten sinnvoll.

Zusammenarbeit als Gefahr

Regelmäßige inhaltliche Zusammenarbeit kann aber zu einer Vernachlässigung des Konkurrenzgedankens führen. Trotz produktiver Zusammenarbeit dürfen keine Verbandsinterna preisgegeben werden. Das wirtschaftliche Überleben des Verbandes hängt von seiner Profilierung gegenüber den Konkurrenzverbänden ab. Die Arbeit des Verbandslobbyisten ist das wichtigste Argument für seinen Verband im Wettbewerb.

Der Verbandslobbyist steht also in der Auseinandersetzung mit Konkurrenzverbänden vor der Notwendigkeit, zwischen punktueller Zusammenarbeit und Wettbewerb einen Ausgleich zu schaffen. Daraus leiten sich auch die wesentlichen Prinzipien für den Umgang mit Lobbyisten aus Konkurrenzverbänden ab.

Bei ähnlichen Positionen sollte immer auf eine gemeinsame Vorgehensweise hingearbeitet werden. Der Konkurrenzverband ist in Bezug auf die Vertretungsleistungen als potenzieller Partner zu betrachten. Eine Verweigerungshaltung ginge zu Lasten der effektiven Vertretung der Interessen aller Verbandsmitglieder und schadet allen beteiligten Verbänden.

Die Bildung von Allianzen

Die Wahrnehmung eines Verbandslobbyisten durch die Politik hängt stark von der Größe der wirtschaftlichen Bedeutung des durch ihn vertretenen Verbandes ab. Mittelbar wichtig ist die Anzahl der potenziell durch ihn repräsentierten Wählerstimmen. Durch planmäßiges Bilden von Allianzen mit anderen Verbänden oder Stakeholdern kann die Möglichkeit der Einflussnahme gezielt erhöht werden.

Allianzen als Argumentationsstütze

Allianzen sollten themenbezogen geschlossen werden. Für die Zeit der Zusammenarbeit kann durch die Bündelung von personellen und finanziellen Ressourcen ein messbarer Mehrwert erzielt werden. Vorteilhaft ist auch, dass durch die meist unterschiedlichen Hintergründe der Zusammengeschlossenen eine breite inhaltliche Vielfalt in der Lobbyarbeit gewährleistet ist. In dieser Hinsicht beispielhaft war die Kampagne anlässlich der hohen Benzinpreise im Sommer 2000.

Beispiel

Kooperation über ideologische Grenzen hinweg

Der Bundesverband Güterkraftverkehr, Logistik und Entsorgung (BGL) organisierte Straßenblockaden und Großdemonstrationen zusammen mit der CDU – die Gewerkschaften äußerten stillschweigendes Einverständnis. Zwar verpuffte der Ärger mit sinkendem Rohölpreis wieder, dennoch war die Aktion aus Sicht der Initiatoren ein Erfolg: Als Konsequenz erhöhte die Bundesregierung die Kilometerpauschalen und die SPD schloss eine weitere Erhöhung der Ökosteuer über das 2003 hinaus aus. Die breite gesellschaftliche Grundlage dieser Kampagne und die enge Zusammenarbeit zwischen Verbänden, der Politik und mittelbar auch den Gewerkschaften zeichneten für die erzielten Erfolge mitverantwortlich.

Möglichst breite Allianzen

Die Auswahl potenzieller Alliierter muss von vornherein über die einem Verband politisch und thematisch nahe stehenden Verbände oder Organisationen ausgedehnt werden. Das gesamte Spektrum der Stakeholder sollte einbezogen werden. Gerade Allianzen mit Partnern, die normalerweise als politische Gegner auftreten, verbessern die Position gegenüber der Politik.

Trotz erfolgreicher Zusammenarbeit darf bei der Bildung von Allianzen nicht die Eigenständigkeit des eigenen Verbandes aufs Spiel gesetzt werden. Es muss ständig überprüft werden, ob die eigene Position ausreichend repräsentiert ist. Die gegenseitige Kontrolle ist gerade bei der Zusammenarbeit mit Konkurrenzverbänden oder politischen Gegnern unerlässlich.

8 Besondere Partner des Unternehmenslobbyisten

Das Zusammenspiel mit anderen Unternehmensteilen

Kommunikation nach innen

Das Unternehmenslobbying ist für einen Großteil der Mitarbeiter in Unternehmen selbst ein weitgehend unbekanntes Feld. Der Mehrwert politischer Kommunikation ist nur selten in der Erfolgsbilanz des Unternehmens unmittelbar erkennbar. Eine transparente und effektive interne Kommunikation und Kooperation mit weiten Teilen des Unternehmens muss diese Wissenslücken schließen. Es sollte vermieden werden, dass der Lobbyist im Unternehmen den Ruf eines unnützen „Spesenritters" bekommt. Die Lobbyziele und die Arbeitstechniken des Lobbyisten müssen daher auch gegenüber den anderen Abteilungen transparent gestaltet werden. Nur so wird eine aktive Mitarbeit des gesamten Unternehmens erreicht. Der Lobbyist ist für seine Sache stets auch als „interner" Lobbyist im eigenen Haus unterwegs.

Der Unternehmenslobbyist ist darauf angewiesen, dass ihm Informationen aus seinem Unternehmen schnell zur Verfügung stehen. Er ist abhängig von der Kooperationsbereitschaft anderer Unternehmensteile und vom reibungslosen Zugang zu den Kommunikationswegen in die einzelnen Unternehmensgliederungen.

Die Unternehmensmitarbeiter

Mitarbeiter als Multiplikatoren

Die Mitarbeiter des Unternehmens sind nicht nur als Informationsgeber interessant. In ihrer Gesamtheit stellen sie eine gewichtige Stimme in der Außendarstellung der Firma dar. In der Kommunikation mit Geschäftspartnern oder in Gesprächen im privaten Umfeld vertreten die Mitarbeiter auch immer Positionen ihres Unternehmens. Sie sind glaubwürdige Botschafter und Multiplikatoren von unternehmensbezogenen Lobbyzielen. Oft befinden sich in ihrem

Bekannten- oder Freundeskreis weitere Multiplikatoren, sodass auf diesem Wege ebenfalls Meinungen mitgestaltet und im Sinne der Unternehmensposition verbreitet werden können. Schon aus diesem Grund ist die Einbindung des gesamten Unternehmens in die Lobbyingaktivitäten wichtig. Alle Mitarbeiter sollten über die durchzusetzenden Ziele sowie deren Relevanz für den eigenen Arbeitsplatz und das Unternehmen informiert werden. Der Unternehmenslobbyist sollte deshalb regelmäßig dafür sorgen, dass die Lobbyziele in Mitarbeiterzeitschriften, internen Newslettern oder bei Briefings zur Sprache kommen.

Beispiel

Mitarbeitereinbindung in das Lobbying gegen die Erhöhung der Dienstwagensteuer

Die Bundesregierung plant im Rahmen ihres „Steuervergünstigungsabbaugesetzes" eine Erhöhung der Dienstwagensteuer. Natürlich wird unter anderem von Seiten der Automobilindustrie massives Lobbying gegen diese Erhöhung betrieben. Nach Bekanntwerden des Vorhabens verzeichneten die deutschen Automobilkonzerne in den Monaten November und Dezember 2002 einen Einbruch der Bestellungen für Dienstwagen um 19,5 Prozent gegenüber dem Vorjahreszeitraum. In Deutschland arbeiteten im Jahr 2002 durchschnittlich 764.161 Menschen unmittelbar in der Herstellung von Kraftwagen und Kraftwagenteilen. Darüber hinaus sind ungleich mehr Arbeitsplätze im Vertrieb, der Instandhaltung oder aber auch in nachgelagerten Branchen wie Bauindustrie und Maschinenbau mittelbar von der Autoindustrie abhängig. Ein signifikanter Rückgang der Verkäufe von Dienstwagen ist eine ernst zu nehmende Bedrohung für viele dieser Arbeitsplätze. Die Mitarbeiter der Autohersteller und viele der Beschäftigten, deren Arbeitsplätze von der Automobilindustrie abhängen, können im Sinne des Lobbyzieles aktiviert werden. Durch Gespräche in den Familien oder mit Bekannten wirken die Mitarbeiter als Multiplikatoren der Argumente gegen eine Erhöhung der Dienstwagensteuer. Die öffentliche Meinung wird so erheblich zu Gunsten der Unternehmensposition beeinflusst. Dadurch wird das Lobbying gegen die Dienstwagensteuer in seiner Wirksamkeit gestärkt.

Einbeziehung der Mitarbeiterorganisationen

Auch die Mitarbeiterorganisationen, wie z.B. der Betriebsrat, können eine wichtige Rolle bei der Durchsetzung von Unternehmensinteressen spielen. So kann die Einbeziehung des Betriebsrats dann zweckmäßig sein, wenn der Dialog mit der gewerkschaftsnahen SPD gesucht wird. Eine direkte Vereinnahmung des Betriebsrats für die Unternehmensinteressen ist aber in jedem Fall kontraproduktiv. Vielmehr muss durch geschickte Kommunikation versucht werden, Eigeninitiativen des Betriebsrates anzuregen und zu unterstützen. Wichtig ist deshalb, dass das Verhältnis zwischen Betriebsrat und Unternehmenslobbyisten von Vertrauen geprägt ist.

Wahrnehmung sozialer Verantwortung

Soziales Engagement als Imagefaktor

Immer mehr Unternehmen stellen sich aktiv ihrer gesellschaftlichen Verantwortung und engagieren sich in sozialer Hinsicht. Die Möglichkeiten sind vielfältig und reichen vom Kultursponsoring bis hin zum Aufbau von schulischen Einrichtungen oder Stiftungsprofessuren. Dieses soziale Engagement ist ein wichtiges Argument in der politischen Kommunikation.

Halbherziges Engagement kann allerdings unglaubwürdig wirken. Als Argument für das Lobbying ist es dann kontraproduktiv. Nur wenn sich ein Unternehmen als verlässlicher Partner im sozialen Bereich etabliert, wird dieses Engagement von der Politik positiv aufgenommen. Soziales Engagement von Unternehmensseite muss deshalb ernst genommen werden und darf sich nicht auf Alibihandlungen beschränken.

Offene Kommunikation von Erfolgen

Die Erfolge im sozialen Bereich dürfen ruhig betont werden. In manchen Zusammenhängen können sie sogar als Gesprächsgrundlage oder „Türöffner" verwendet werden. An diesem Punkt werden die engen Verknüpfungspunkte zwischen der gesellschaftspolitischen und der sozialen Arbeit und des Politikmanagements im engeren Sinne deutlich.

Neubewertung der sozialen Verantwortung durch die Unternehmen

Unternehmen sehen sich in immer stärkerem Maße auch einer gesellschaftlichen Verantwortung gegenüber. Dies trifft in besonderem Maße für große Aktiengesellschaften zu, die im Blickpunkt von Aktionären, Kunden und Politik stehen. Auch Journalisten und NPOs verfolgen aufmerksam das gesellschaftliche Handeln von Unternehmen.

In einer im Jahre 2000 durchgeführten Studie untersuchte die Agentur Burson-Marsteller, welche Faktoren die öffentliche Reputation von Unternehmen bestimmen und wie Manager hierauf reagieren. 64 Prozent der insgesamt 100 befragten Meinungsführer – darunter institutionelle Anleger und Wirtschaftsjournalisten, Parlamentsabgeordnete und Vertreter einflussreicher NPOs – gaben an, dass Corporate Responsibility ihr Handeln beeinflusst. Weitere 25 Prozent stimmten dem eingeschränkt zu. Dabei wird Corporate Responsibility vielschichtig ausgelegt: Die Befragten verstanden hierunter vor allem verantwortungsvollen Umgang mit Mitarbeitern, aber auch verantwortungsvolle Geschäftspraktiken und die Wahrnehmung von sozialer Verantwortung in der Gesellschaft. Unternehmen stellen sich mehr denn je auch sozialen, ethischen, politischen und gesellschaftlichen Fragen.

Beispiel

Das „Corporate Volunteering"

Beim „Corporate Volunteering" stellen Unternehmen gemeinnützigen Organisationen neben finanziellen Mitteln vor allem auch Dienstleistungen zur Verfügung. Das kann mittels ihrer Infrastruktur in Form von Büros, Kommunikationstechnik, Wagenpark, die Arbeitsleistung ihrer Mitarbeiter oder ihr Kontaktnetzwerk geschehen.

Eine Unternehmensberatung kann unentgeltlich Berater zur wirtschaftlichen Neupositionierung einer gemeinnützigen Organisation stellen. Ein Pharmaunternehmen kann die medizinische Nachsorge für schwer kranke Kinder organisieren oder unentgeltlich Arzneimittel an eine internationale Non-Governmental-Organisation aus dem Entwicklungshilfebereich übergeben.

Auch denkbar ist, dass Manager aus einem großen Unternehmen direkt bei einer sozialen Einrichtung oder Organisation Hilfestellung leisten. Das kann die Mitarbeit in einem Wohnprojekt für psychisch Kranke oder aber auch die Arbeit in einer Suppenküche der Bahnhofsmission sein. Möglichkeiten des sozialen Engagements von Seiten der Wirtschaft gibt es unzählige. Gemeinnützige Organisationen sind auf soziales Engagement angewiesen.

Das Konzept des „Corporate Volunteering" kommt aus den USA und ist dort längst fester Bestandteil der Wirtschaftskultur geworden – als klassische Win-Win-Situation. In den USA betreiben viele Unternehmen „Corporate Volunteering" (CV). Sie unterstützen zum einen bürgerschaftliches Engagement von Unternehmensmitarbeitern in ihrer Freizeit, zum anderen gibt es bezahlte Freistellungen von Mitarbeitern, wenn diese für gemeinnützige Zwecke arbeiten. Der Nutzen für die Arbeitnehmer und die gemeinnützigen Organisationen ist deutlich, aber CV ist auch für die Unternehmen von Nutzen, weil die Mitarbeitenden in den Projekten z.B. ihre soziale Kompetenz und Führungsqualitäten ausbauen und die Unternehmen ihr öffentliches Ansehen verbessern können.

Im Jahr 2000 wurde das Konzept des „Corporate Volunteering" von der Hamburger Körber-Stiftung im Transatlantischen Ideenwettbewerb USable mit einem Hauptpreis ausgezeichnet. Der Preisträger, Marketingberater Dieter Schöffmann aus Köln, hat im Anschluss eine bundesweite Studie zum Engagement von Unternehmen durchgeführt – in Zusammenarbeit mit der Kölner Freiwilligenagentur und finanziert von der Körber-Stiftung. Sein Fazit: Corporate Volunteering wird auch in Deutschland immer wichtiger. Die Ergebnisse der Studie und ein umfassender Überblick über soziale Aktivitäten von Unternehmen in Deutschland wurden 2001 in einem Buch mit dem Titel „Wenn alle gewinnen. Bürgerschaftliches Engagement von Unternehmen", herausgegeben von Dieter Schöffmann (ISBN 3-89684-033-9), veröffentlicht.

Das Buch liefert anschauliche Praxisbeispiele aus Deutschland sowie konkrete Handlungsempfehlungen, die eine wertvolle Basis für die Einführung eigener Corporate-Volunteering-Programme sind. Es ist ein nützlicher Ratgeber für Entscheider und Praktiker aus Unternehmen, PR- und Marketingfachleute, Betriebsräte, aber auch für alle engagierten und interessierten Menschen.

Verbände

Interessenvertretung durch Verbände

Eine große Rolle bei der Vertretung unternehmerischer Belange gegenüber der Politik spielen die Verbände. Vor allem in Deutschland hat diese Form der Interessenvermittlung eine lange Tradition. Verbände sind bei der Artikulation unternehmensspezifischer Interessen vor allem dann besonders hilfreich, wenn sich diese in branchenspezifische oder unternehmensübergreifende Interessen einbetten lassen. Besonders für kleinere und mittlere Unternehmen ist die Organisation in Verbänden wichtig, um in der Zusammenarbeit mit anderen Unternehmen ein größeres Gewicht in der politischen Kommunikation zu haben.

Nutzung der Verbandsdienstleistungen

Verbände können außerdem für kleinere Unternehmen wichtige Vorarbeiten für das Lobbying leisten. Lobbyisten aus Unternehmen ohne eigene Rechtsabteilung können auf die Dienste der im Verband beschäftigten Juristen zurückgreifen. Vom Verband koordinierte Pressearbeit entlastet Lobbyisten aus Unternehmen ohne Presseabteilung. Kontakte zu bestimmten Adressaten können oft mit Hilfe der Verbände hergestellt werden. Der ständige inhaltliche Austausch zwischen Mitgliedsunternehmen und Verband bzw. zwischen den Unternehmen untereinander bietet gute Möglichkeiten für den Unternehmenslobbyisten, um seine Argumentationsbasis zu verbreitern. Im Gespräch mit anderen Unternehmenslobbyisten können neue Impulse für die eigene Arbeitsweise gesammelt, gemeinsame Vorgehensweisen abgesprochen oder Kontakte vermittelt werden. Der Verband organisiert solche Gespräche und bereitet sie im Nachgang inhaltlich auf.

Politisches Gewicht

Ein weiterer Pluspunkt der Zusammenarbeit mit Verbänden ist das Gewicht, das Verbandsmeinungen bei Anhörungen oder in Gesetzgebungsverfahren für die Politik haben. Verbände suchen immer nach Positionen, die zwischen den Mitgliedern abgestimmt sind und einen Kompromiss der vorhandenen Meinungen darstellen. Die Verbandsposition spiegelt eine umfassende Interessenabwägung wider. Politische Entscheidungsträger übernehmen diese Kompromisspositionen häufig. Dabei haben die Positionen der großen Verbände (BDI, DIHK) in Ministerien und Parlament den Ruf, neutraler zu sein. Sie vertreten in den Augen der Politik die Allgemeininteressen der Wirtschaft besser als die Positionen einzelner Unternehmen oder kleiner Branchenverbände. Kompromisse, die zu weit von der eigenen Position abweichen, sind für die meisten Unternehmen aber eher von Nachteil. Weichen die Meinungen der Verbandsmitglieder zu sehr voneinander ab, ist die Interessenvertretung durch den Verband oft nicht die beste Lösung. In diesem Fall ist eigenes Engagement des Unternehmens angebrachter.

Einschränkungen der Bedeutung von Verbänden für das Unternehmenslobbying

Verbände sind Repräsentanten all ihrer Mitgliedsunternehmen und können daher keine partikularen Interessen einzelner Unternehmen vertreten. Vor diesem Hintergrund ist auch die Unzufriedenheit vieler Unternehmer mit der Arbeit ihrer Verbände zu erklären: So waren 1997 nur 33 Prozent der befragten Unternehmen mit der Vertretung ihrer Interessen durch die Verbände zufrieden.

Es kann vorkommen, dass Unternehmen mit entgegengesetzten politischen Interessen Mitglieder im gleichen Verband sind. Beispielsweise sind sowohl die Deutsche Telekom als auch ihre Wettbewerber im Bundesverband Informationswirtschaft Telekommunikation und neue Medien e.V. (BITKOM) organisiert. Die Deutsche Telekom und ihre Wettbewerber haben durchaus ähnliche Interessen in vielen Bereichen der Medienpolitik. Im besonders für die Wettbewerber lebenswichtigen Bereich der Wettbewerbspolitik stehen sich die Positionen jedoch konträr gegenüber. Soll der BITKOM eine Stellungnahme zur Wettbewerbspolitik abgeben, beginnt innerhalb des Verbandes der Kampf darum, welches Unternehmen seine Partikularinteressen am effektivsten in die Verbandsposition einbringt. Der Zwang, nach außen im Konsens aufzutreten, kann im Extremfall zu einer für beide Seiten unerwünschten Verwässerung der Verbandsposition führen. Für das oben angeführte Beispiel kann das bedeuten, dass der Verband eine Position zur Wettbewerbspolitik kommuniziert, die auf Kosten der wirtschaftlichen Gesundung der Wettbewerber geht.

Vorteile aktiver Mitarbeit

Entscheidend für eine erfolgreiche Zusammenarbeit zwischen Unternehmen und Verband ist vor allem der Einsatz des Unternehmens bei der Unterstützung der Verbandsarbeit. In vielen Verbänden ist (leider) nur eine Minderheit der Mitgliedsunternehmen wirklich aktiv, und der Austausch mit den Mitgliedsunternehmen funktioniert schlecht. Der Verbandsreferent muss, ohne selbst die unternehmerische Praxis direkt zu kennen, selbstständig Stellungnahmen anfertigen und Positionen des Verbandes entwickeln. Bedenkt man, wie spät Verbände häufig ihre Positionen ins parlamentarische oder politische Geschehen einbringen, wird die mangelnde Unterstützung durch die Mitglieder in vielen Verbänden deutlich.

Hier bietet sich für den Unternehmenslobbyisten die Chance, die Verbandsmitgliedschaft für das eigene Lobbying aktiv zu nutzen. Von Unternehmensseite eingebrachte Entwürfe zu Stellungnahmen werden von vielen Verbänden dankbar übernommen und als Verbandsposition weitergeleitet. Es lohnt sich, dem Verband Rückgriff auf eigene Ressourcen zu ermöglichen. Der Verbandslobbyist kann beispielsweise durch die Presseabteilung des Unternehmens unterstützt werden. Expertisen zu komplexen technischen oder rechtlichen Fragen können aus den Fachabteilung des Unternehmens für den Verband erstellt werden.

Es reicht meistens nicht, sich als Unternehmen ausschließlich auf das Lobbying durch die Verbände zu verlassen. Doch bedeutet es einen Gewinn für die eigenen Lobbybemühungen, wenn diese durch den Verband mitgetragen werden. Die beste Unterstützung durch den Verband ist dann gegeben, wenn dieser sich durch das Unternehmen selbst unterstützt sieht. Ein gutes Kontaktnetzwerk in die Verbände hinein ist der denkbar beste Ausgangspunkt für eine enge Zusammenarbeit.

Möglichkeiten einer guten Zusammenarbeit zwischen Unternehmen und Verbänden

- Laden Sie Verbandsmitarbeiter zu Veranstaltungen Ihres Unternehmens ein.
- Stehen Sie den Verbändevertretern mit technischem Sachverstand zur Seite, sodass diese ein besseres Verständnis für die unternehmenstypischen Probleme entwickeln und damit Positionen wirksamer nach außen transportieren können.
- Schreiben Sie Entwürfe für Positionspapiere der Verbändevertreter.
- Sprechen Sie in den Gremiensitzungen bei den Verbänden Themen an, die Sie für wichtig halten. Verbände sind dankbar für solche Vorschläge.
- Halten Sie engen fachlichen und persönlichen Kontakt mit den Verbandsmitarbeitern über den Einzelfall hinaus. Geben Sie dem Verbandsmitarbeiter nicht das Gefühl, ausgenutzt oder instrumentalisiert zu werden.
- Versuchen Sie, dafür zu sorgen, dass zumindest die großen Verbände keine Gegenposition zu Ihrem Unternehmen vertreten. Neben der Folgen auf der politischen Bühne ist dabei auch das Gewicht dieser Verbände in der Presse zu berücksichtigen.
- Entscheiden Sie im Einzelfall, mit welchen Verbänden Sie zusammenarbeiten. Allianzen sollten fallbezogen geschmiedet werden. Manchmal ergeben sich erstaunliche Möglichkeiten der Zusammenarbeit. Zum Beispiel können Gewerkschaften und Branchenverbände im Einzelfall an einem Strang ziehen. So hat der Bundesverband Güterkraftverkehr und Logistik (BGL) in der Frage der LKW-Maut mit den Gewerkschaften zusammengearbeitet. Gerade ungewöhnliche Allianzen überzeugen die Politik und sind auch für die Medien interessant.
- Erwecken Sie nie den Eindruck, dass zwischen Ihrem Unternehmen und dem Verband offener Dissens besteht.

9 Besondere Partner des NPO-Lobbyisten

Zusammenarbeit mit der Politik

Vorteile beim Aufbau von Allianzen

Non-Profit-Organisationen müssen sich zur Durchsetzung ihrer politischen Ziele oft einen oder mehrere Partner suchen. Das Spektrum potenzieller Mitstreiter ist bei den Non-Profit-Organisationen jedoch anders gelagert als bei Unternehmen und Verbänden. Das starke zivilgesellschaftliche Fundament der meisten Non-Profit-Organisationen und das oft moralisch geprägte Selbstverständnis sind ein wesentlicher Pluspunkt bei der Suche nach Alliierten. Dennoch stellt dieses Selbstverständnis oft genug auch ein Hindernis dar, weil es durch ideologisch geprägte Vorurteile nützliche Allianzen unter Umständen von vornherein verhindert. Das oberste Gebot bei der Bildung von Zusammenschlüssen sollte für den Lobbyisten der Non-Profit-Organisation daher absolute Unvoreingenommenheit sein. Wichtig ist allein das Thema der politischen Auseinandersetzung, nicht das ideologische Gerüst. Die Lobbyisten aus Non-Profit-Organisationen sollten im Extremfall bereit sein, Allianzen einzugehen, die an der Basis der Organisation auf Widerstand stoßen.

Politik als Adressat und Unterstützer

Die Politik selbst kann dabei sowohl als Adressat als auch als Unterstützer für eine Lobbystrategie auftreten. Das häufig ideelle Selbstverständnis von Non-Profit-Organisationen und die breite gesellschaftliche Unterstützung machen es für die Politik reizvoll, bestimmte Positionen von Non-Profit-Organisationen aufzugreifen. Die dadurch resultierende gestärkte Schlagkraft in den Medien ist für beide Partner wichtig.

Ein guter Ausgangspunkt für eine enge Zusammenarbeit mit der Politik ist ein direkter zeitlicher und inhaltlicher Zusammenhang zwischen den Zielen einer Organisation und einem konkreten politischen Ereignis. Die Flutkatastrophe in Sachsen und Sachsen-Anhalt hat beispielsweise zu einer plötzlichen Renaissance der Positionen von Umweltschutzorganisationen geführt. Von der radikalen Ablehnung weiterer Flussbegradigungen bis hin zu Forderungen nach einer Fortführung der Ökosteuer wurden Themen in der politischen Diskussion wieder aktuell.

Sensible Beobachtung der Öffentlichkeit

Der Lobbyist der Non-Profit-Organisation muss in besonderem Maße aufmerksam verfolgen, wie die Öffentlichkeit auf bestimmte Ereignisse reagiert. Befürchtungen, wachsende Vorbehalte oder auch Euphorie in der Öffentlichkeit können zu einer massiven Stärkung der eigenen Positionen beitragen. Im Idealfall ist die Politik in diesen Fällen dankbar für Kooperationsangebote und zieht gemeinsam mit der Organisation an einem Strang.

Zusammenarbeit mit Unternehmen

Unerwartete Allianzen mit großem Vorteil

Non-Profit-Organisationen sollten Mut beweisen und Allianzen mit Unternehmen eingehen. Meist sind solche Zusammenschlüsse besonders wirksam. Da Non-Profit-Organisationen fast ausschließlich moralisch-ideelle Zielsetzungen verfolgen und Wirtschaftsunternehmen in erster Linie wirtschaftliche, werden beide als natürliche Antipoden wahrgenommen. In der öffentlichen Wahrnehmung werden Allianzen zwischen den vermeintlichen Gegnern deshalb mit besonderem Interesse verfolgt. Da die Imagepflege der Unternehmen zunehmend auch die Wahrnehmung gesellschaftlicher Verantwortung geprägt wird, stehen die Chancen für derartige Verbindungen gar nicht schlecht. Anstatt alte Gräben offen zu halten, sollten Non-Profit-Organisationen den Schulterschluss mit ausgewählten Wirtschaftsunternehmen in Betracht ziehen, um das Durchsetzen ihrer Interessen zu beschleunigen.

Die meisten Unternehmen verfügen neben ausreichenden finanziellen Ressourcen über ein zusätzliches Know-how, das den Non-Profit-Organisationen zur Verfügung gestellt werden könnte. Nicht immer ist es notwendig, finanzielle Zuwendungen von Unternehmen einzuwerben. Effektiver und nutzbringender kann die Inanspruchnahme der vorhandenen Infrastruktur des Unternehmens sein. Auf diese Weise kann sich der Lobbyist aus der Non-Profit-Organisation die unternehmenseigenen Kontakte nutzbar machen und Ressourcen sparen, indem etwa die unternehmenseigene Public-Relations-Abteilung bei der Pressearbeit Unterstützung bietet.

Kooperationen mit Marketing- und Werbefirmen können die Non-Profit-Organisation bei ihrer Kampagnenführung entlasten.

Beispiel

Gelungene Zusammenarbeit zwischen Non-Profit-Organisationen und Wirtschaftsunternehmen

Der WWF (World Wide Fund For Nature) ist ein Beispiel dafür, dass ein Zusammentreffen von Umwelt und Wirtschaft nicht nur durch Konflikte gekennzeichnet sein muss. Seit einigen Jahren gibt es zwischen der Umweltorganisation und einigen Wirtschaftsunternehmen erfolgreiche Kooperationen. Andere Organisationen, wie der BUND (Bund für Umwelt und Naturschutz Deutschland), nehmen sich diese Zusammenarbeit inzwischen zum Vorbild.

Der WWF arbeitet seit über 15 Jahren mit Unternehmen aus der Wirtschaft zusammen. Die wichtigste Voraussetzung ist nach eigenen Aussagen, dass sich die Partner bereit erklären, „Umweltbelastungen durch verbesserte Produkte und Produktionsverfahren abzubauen“. Die Verträge sind meist auf ein Jahr begrenzt, was der Organisation die Möglichkeit bietet, relativ schnell die Zusammenarbeit zu beenden, sollte sich das Unternehmen als nicht tragfähiger Partner herausstellen.

Beispielsweise kooperiert der WWF mit der Computerfirma Xesos. Diese stellt eine Mouse aus zu 75 Prozent recyceltem Kunststoff her, der in einem Leinensäckchen verkauft wird. Die umweltfreundliche Produktidee wird mit dem WWF-Logo auf der Mouse honoriert. Deutlich wird hier der beiderseitige Nutzen der Zusammenarbeit. Xesos kann mit dem moralischen Gewinn dieser Zusammenarbeit aktiv werben. Auf der anderen Seite verdeutlicht der WWF über diese Zusammenarbeit, dass höhere Umweltstandards nicht immer gegen die Interessen der Wirtschaft verstoßen müssen. Teilen der Politik dienen diese Zusammenschlüsse als Argumentationshilfe in der politischen Debatte um den Umweltschutz. Die Position des WWF wird so viel effektiver auf die politische Agenda gebracht als durch einseitige Kommunikationsbemühungen.

Zusammenarbeit mit anderen Non-Profit-Organisationen

Starke Basis als Druckmittel

Eine „große Koalition“ zwischen verschiedenen Non-Profit-Organisationen ist eine andere potenziell äußerst effektive und öffentlichkeitswirksame Form der Interessenartikulation. Der hohe Grad gesellschaftlichen Engagements, der hinter den meisten Non-Profit-Organisationen steht, ist ein immenses Druckmittel. Die Mitglieder und Unterstützer der Organisation vertreten zudem einen nicht unbeachtlichen Teil von Wählerstimmen. Werden Allianzen mit andern Non-Profit-Organisationen eingegangen, können im Idealfall Millionen Mitglieder repräsentiert werden. Im Vergleich zur Zusammenarbeit mit Unternehmen oder politischen Akteuren wird hier ein wesentlich größeres Mobilisierungspotenzial erreicht. Durch die Freiwilligkeit der Mitarbeit besitzen die Unterstützer von Non-Profit-Organisationen einen besonders hohen Identifikationsgrad mit den Zielen der jeweiligen Organisation. Das ist besonders für die Zusammenarbeit in Kampagnen wichtig. Geht es darum, Interessenvertretung mittels Demonstrationen, Mailings oder anderen Grassroots-Aktionen zu betreiben, ist ein Zusammenschluss verschiedener Interessengruppen aus dem Non-Profit-Sektor sehr hilfreich.

V Anhang

Organisationspläne

Organigramme erleichtern die Suche nach dem richtigen Ansprechpartner. Zumeist lassen sich auf den Homepages der Institution, die kontaktiert werden soll, ausführliche Organisationspläne finden. Im folgenden finden sich einige direkte Links zu den Organigrammen ausgewählter Institutionen, die ihre Strukturen im Internet veröffentlicht haben.

Bundesministerium für Wirtschaft und Arbeit
http://www.bmwi.de/Homepage/download/Ministerium/OrgPlan1.pdf

Bundesministerium des Innern
http://www.bmi.bund.de/frame/dokument/Wir_ueber_uns/Organigramm/ix3779_18100.htm?script=1

Bundesministerium für Bildung und Forschung
http://www.bmbf.de/pub/orgplan.pdf

Bundesministerium für Verbraucherschutz, Ernährung und Landwirtschaft
http://www.verbraucherministerium.de/bml_darstellung/organigramm/leitung.htm

Bundesministerium für Familie, Senioren, Frauen und Jugend
http://www.bmfsfj.de/top/dokument/Ministerium/Organigramm/ix4801_27240.htm?script

Bundesministerium für Gesundheit und soziale Sicherung
http://www.bmgs.bund.de/downloads/Orgaplan_BMGS.pdf

Bundesministerium für Verkehr, Bau- und Wohnungswesen
http://www.bmvbw.de/Organigramm-.355.htm

Bundesministerium für wirtschaftliche Zusammenarbeit und Entwicklung
http://www.bmz.de/about/organisationsplan.pdf

Staatskanzlei Saarland
http://www.staatskanzlei.saarland.de/1205.htm

Staatskanzlei Bayern
http://text.bayern.de/Berlin/berlin-organigramm.pdf

Staatskanzlei Niedersachsen
http://www.stk.niedersachsen.de/functions/downloadObject/0,,c1691170_s20,00.pdf

Staatskanzlei Sachsen-Anhalt
http://www.sachsen-anhalt.de/pdf/pdf43439.pdf

Gesetzgebungsprozesses für Zustimmungsgesetze

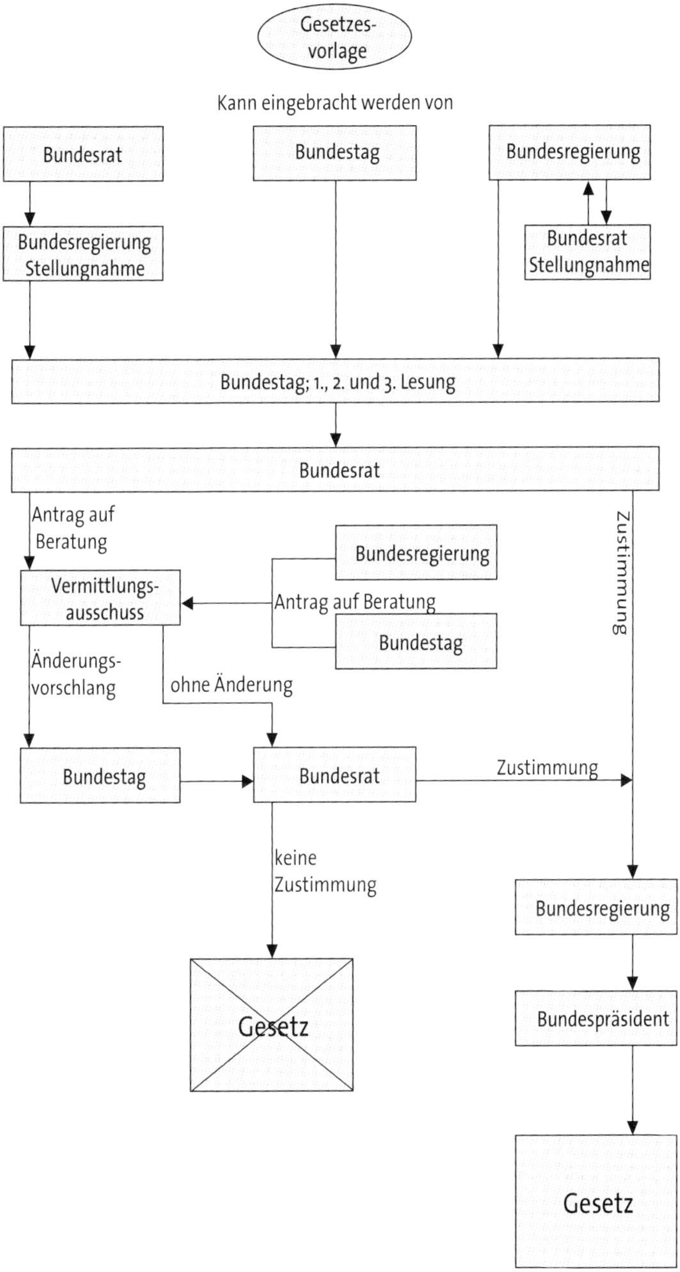

Gesetzgebungsprozess für Einspruchsgesetze

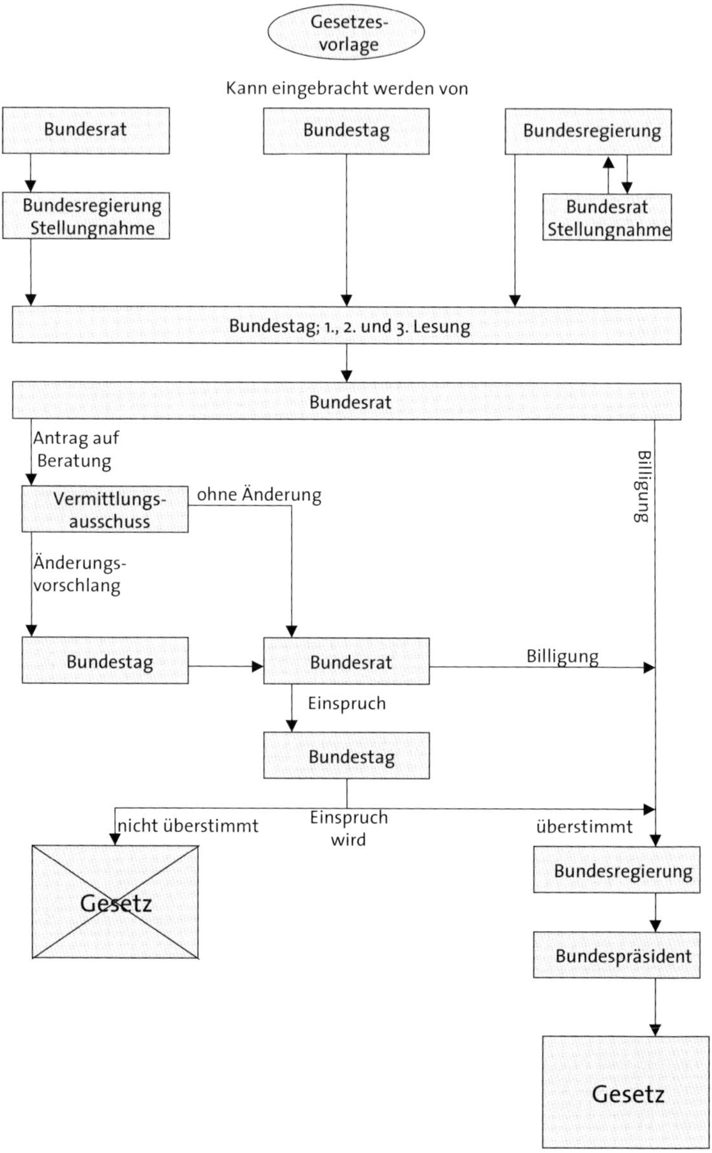

Beispiele für eine kleine Anfrage und für Einzelfragen

Deutscher Bundestag Drucksache **15/660**
15. Wahlperiode 17. 03. 2003

Kleine Anfrage

der Abgeordneten Dr. Martina Krogmann, Günter Nooke, Bernd Neumann (Bremen), Renate Blank, Dr. Peter Gauweiler, Volker Kauder, Dr. Günter Krings, Dr. Norbert Lammert, Vera Lengsfeld, Heinrich-Wilhelm Ronsöhr, Andreas Scheuer, Dr. Ole Schröder, Erika Steinbach, Christian Freiherr von Stetten, Edeltraut Töpfer, Wolfgang Zeitlmann und der Fraktion der CDU/CSU

Auswirkungen des „Trusted Platform Module" und der Software „Palladium"

International führende Unternehmen der Computerindustrie haben sich zu der Trusted Computing Platform Alliance (TCPA) mit dem Ziel zusammengeschlossen, einen Standard für eine Hardware-Sicherheitsplattform für Personal Computer zu entwickeln. Dabei soll ein Hardware-Sicherheitsmodul, das so genannte TPM („Trusted Platform Module") in die Rechner, später eventuell in die Prozessoren, integriert werden.

Das TPM kann verwendet werden, um den Benutzer zu identifizieren, Verschlüsselungen zu erzeugen sowie Zertifikate zu verifizieren und zu nutzen etc. Zusätzlich kann es durch Überwachung des Bootvorgangs auf Anfrage einen vertrauenswürdigen Zustand des Rechners attestieren und Manipulationen an der Rechnerkonfiguration oder am Betriebssystem ausschließen. Es überprüft bei jedem Start des Computers alle Hardware-Komponenten und das BIOS, dann das Betriebssystem sowie bestimmte Anwendungen auf die Übereinstimmung mit den von der TCPA zertifizierten und – anwendungsabhängig – auf externen Servern hinterlegten Konfigurationsangaben. Dadurch kann das TPM die Integrität der installierten Hard- und Software erkennen und kontrollieren, ob Programme, Software, Dokumente, etc. in einer für Inhaber von Rechten an Programmen und Daten akzeptablen Form genutzt werden.

Während bereits die ersten Computer mit einem TPM ausgerüstet sind, ist derzeit noch nicht konkret absehbar, wann die Firma Microsoft das Schutzssystem „Palladium", eine Betriebssystem-Schnittstelle für die von der Hardware vorbereitete sichere Umgebung, einführen wird. „Palladium" (neuerdings: NGSCB, Next Generation Secure Computing Base) soll ein integrierter Bestandteil zukünftiger Betriebssysteme der Firma Microsoft werden und kann auf die vom TPM bereitgestellten Funktionen aufsetzen. „Palladium" erlaubt den Betrieb aller bisheriger Windows Software, aber über TCPA-Hardware auch neue, speziell für TCPA/Palladium geschriebene Applikationen und Datenformate.

Von der neuen Technologie erhoffen sich Anbieter urheberrechtlich geschützter digitaler Inhalte eine deutliche Verbesserung der Durchsetzbarkeit ihrer Nutzungs- und Verwertungsrechte, zum Beispiel auch gegen illegale Nutzung und Verbreitung geschützter Inhalte. Denkbare Anwendungsszenarien sind ferner der bessere Schutz von Firmennetzwerken, die Eindämmung von Attacken, die Sicherung von E-Government-Anwendungen oder der Schutz vor Schadprogrammen.

Andererseits werden durch die neue Technologie neue Nutzungs-, Partizipations- und Rechtsverhältnisse geschaffen. Erstmals können bestimmte Verhaltensweisen erzwungen werden, damit der Rechner für den Nutzer wichtige Inhalte verarbeitet. Die Intransparenz TPM-basierter Software und neue Lizenzierungsmodelle für Programme und Inhalte könnten negative Folgen für den Wettbewerb in der Hard- und Software-Branche, die gerade in Deutschland durch kleine und mittlere Unternehmen geprägt ist, nach sich ziehen. Der Nutzer könnte mit TCPA und „Palladium" effektiv in seinen Rechten eingeschränkt und in seiner Privatsphäre verletzt werden. Es ist nicht mehr kontrollierbar, ob verschlüsselte Software schädliche Zusatzfunktionen enthält, z. B. so genannte „Spyware" oder fernsteuerbare Funktionen. Durch die kryptografischen Funktionen der sicheren Hardware abgesichert, könnten auch kriminelle und terroristische Netzwerke sicherer kommunizieren. Damit ergeben sich neue Probleme im Zusammenhang mit Datenschutz, Schutz vor Industriespionage sowie für Aspekte der inneren Sicherheit.

Der Kenntnisstand in der deutschen Öffentlichkeit über TCPA und „Palladium" ist bisher äußerst gering. Die zahlreichen, heute nur schwer absehbaren Auswirkungen werden kontrovers und mit Sorge diskutiert.

Wir fragen die Bundesregierung:

1. Welche Maßnahmen trifft das Bundesamt für Sicherheit in der Informationstechnik (BSI) bezüglich TPM/Palladium?
2. Wann und zu welchem Zweck wurde eine entsprechende Arbeitsgruppe am BSI gegründet?
3. Wie viele Mitarbeiter umfasst diese Arbeitsgruppe?
4. Welche Erkenntnisse liegen der Arbeitsgruppe bisher vor?
5. Beabsichtigt die Bundesregierung entsprechende Erkenntnisse des BSI regelmäßig zu veröffentlichen?

   Wenn ja, in welchem Zeitraum?

   Wenn nein, warum nicht?
6. Inwieweit ist der Bundesbeauftragte für den Datenschutz bereits mit der TCPA/Palladium-Problematik befasst und was ist seine Einschätzung?
7. Beabsichtigt die Bundesregierung, die Auswirkungen dieser neuen Technologie in Anbetracht ihrer Bedeutung auf europäischer Ebene zu thematisieren?

   Welche Gremien wären hier nach Meinung der Bundesregierung zuständig?
8. Welche wirtschaftlichen Chancen/Risiken sieht die Bundesregierung durch TCPA für die digitale Wirtschaft?
9. Welche Chancen/Risiken sieht die Bundesregierung in der Realisierung eines hardwaregestützten sicheren Betriebssystems?
10. Wie beurteilt die Bundesregierung in der Öffentlichkeit wiederholt geäußerte Befürchtungen einer möglichen restriktiven Lizenzierungspolitik für die Hard- und Software?
11. Welche wettbewerbs- und kartellrechtlichen Auswirkungen sind nach Ansicht der Bundesregierung zu erwarten?
12. Wird TCPA/Palladium Auswirkungen nach Einschätzung der Bundesregierung auf die Zahl der Arbeitsplätze in den kleinen und mittleren Unternehmen der Soft- und Hardware-Branche haben?

13. Welche Auswirkungen könnten nach Ansicht der Bundesregierung TCPA/ Palladium auf Open-Source-Software haben?
14. Wie wirkt sich TCPA/Palladium längerfristig auf die Kompatibilität mit den mit Open-Source-Software ausgerüsteten Rechnern der Bundesverwaltung und mit den auf ihnen erstellten Inhalten aus?
15. Ist nach Auffassung der Bundesregierung TCPA-konforme Hard- und Software für den Einsatz in sicherheitsrelevanten Bereichen geeignet und zulässig?
16. Wenn nein, welche Maßnahmen für diesen Bereich fasst die Bundesregierung angesichts einer zunehmenden Marktpenetration von TCPA-konformer Hard- und Software ins Auge?
17. Wie beurteilt die Bundesregierung die Einschätzung, dass diese Entwicklung durch Marktpenetration zu einem faktischen Standard führen könnte?
18. Ist der Bundesregierung bekannt, wer die Hard- und Software wie zu welchem Preis zertifiziert, und wenn nein, welche Anstrengungen hat sie bisher unternommen, entsprechende Erkenntnisse zu gewinnen?
19. Wie beurteilt die Bundesregierung die Auswirkungen für die Durchsetzbarkeit von Nutzungs- und Verwertungsrechten für die Anbieter digitaler Inhalte?
20. Wie verhält sich hierzu nach Ansicht der Bundesregierung die Schrankenregelung der so genannten Privatkopie?
21. Wie beurteilt die Bundesregierung Bedenken von Datenschützern, dass die auf Servern externer Kontrollinstanzen hinterlegten Daten missbraucht werden können?
22. Wie beurteilt die Bundesregierung Bedenken von Datenschützern, dass der Anwender die alleinige Kontrolle über die Funktionen des eigenen Computers mit TCPA/Palladium verliert?
23. Wie beurteilt die Bundesregierung Bedenken von Datenschützern, dass andere Institutionen oder Personen an vertrauliche und persönliche Informationen gelangen könnten, die im Zusammenhang mit TCPA/Palladium auf externen Servern angelegt werden, ohne dass der Anwender dies merkt?
24. Worin liegt nach Auffassung der Bundesregierung der Vorteil von TPM/ Palladium für E-Government-Lösungen?
25. Birgt TPM/Palladium nach Ansicht der Bundesregierung auch Nachteile für E-Government, und wenn ja, welche?
26. Nimmt die Bundesregierung Befürchtungen ernst, dass durch diese Technologie einzelne, überwiegend ausländische Unternehmen mittelfristig eine signifikante Kontrolle über Systeme und Daten von Unternehmen und Behörden in Deutschland erhalten könnten?

Berlin, den 14. März 2003

Dr. Angela Merkel, Michael Glos und Fraktion

Einzelfragen

Schriftliche Fragen des Abgeordneten Hans-Joachim Otto (FDP) vom 21. Februar 2003 (Eingang BK), Arbeitsnummern 2/178, 2/179, 2/180

Frage Nr. 2/178:

Verfügt die Bundesregierung über Erkenntnisse, wie hoch der Anteil von Spiel- und Fernsehfilmen mit Untertiteln im Deutschen Fernsehen verglichen mit anderen europäischen Staaten ist?

Antwort:

Seit Jahren wird bei den öffentlich-rechtlichen Rundfunkanstalten in Deutschland ein zunehmender Anteil an Sendungen mit Videotext untertitelt. Im Ersten Programm der ARD werden jährlich rd. 61.000 Sendeminuten mit Videotext untertitelt, in den Dritten Programmen der ARD sind es nochmals rd. 30.000 Sendeminuten (Stand: 2000). Beim ZDF ist die Anzahl der mit Untertiteln ausgestrahlten Sendeminuten von 22.345 im Jahr 1996 auf 72.668 im Jahr 2001 angestiegen; die Anzahl der untertitelten Sendungen stieg im gleichen Zeitraum von 171 auf 289, das sind 14 Prozent aller Sendungen. Darüber hinaus werden bei der zeitgleichen Ausstrahlung der Hauptausgabe der „Tagesschau" und des „heute journal" im Ereignis- und Dokumentationskanal PHOENIX Gebärdensprachdolmetscher eingesetzt.

Nach hiesiger Kenntnis bietet unter den privaten Rundfunkveranstaltern bisher allein ProSieben Programme mit Untertiteln für Hörgeschädigte an. Der bisher geringe Umfang soll wohl schrittweise gesteigert werden und sowohl Spielfilme als auch Nachrichtensendungen betreffen.

Ein konkreter Vergleich mit anderen europäischen Staaten kann in der Kürze der Zeit nicht gezogen werden; man kann jedoch allgemein feststellen, dass Untertitelungen in einigen europäischen Staaten – wie etwa den Niederlanden oder Skandinavien – weiter verbreitet sind, was wohl neben sprachlichen Gesichtspunkten vorrangig auf die höheren Kosten für Synchronisation zurückzuführen ist.

Frage Nr. 2/179:

Welche Möglichkeiten sieht die Bundesregierung, im Interesse hörgeschädigter und sprachinteressierter Bürger das reichhaltige Angebot sowohl an deutschen als auch ausländischen Filmen im Fernsehen mit Untertiteln zugänglich zu machen?

Antwort:

Die Bundesregierung befürwortet alle Maßnahmen, die geeignet sind, die gleichberechtigte gesellschaftliche Teilhabe von Gehörlosen und schwer hörgeschädigten Menschen zu fördern. Im Bewusstsein der gesellschaftlichen Verantwortung, Menschen mit Behinderungen Zugang zum Medium Fernsehen und damit die Teilhabe an einem wichtigen Bestandteil des gesellschaftlichen Lebens zu ermöglichen, bemühen sich die öffentlich-rechtlichen Rundfunkanstalten Deutschlands – wie die Ausführungen zu Frage 1 belegen – schon seit geraumer Zeit um die Kommunikationsinteressen gehörloser bzw. hörbehinderter Zuschauer.

Die Untertitelung fremdsprachiger Angebote würde auch sprachlich und kulturell interessierten Bürgern die Möglichkeit eröffnen, fremdsprachige Filme in der Originalfassung zu sehen. Von dieser Möglichkeit wird von den Rundfunkveranstaltern wenig Gebrauch gemacht, da aus dortiger Sicht das Publikumsinteresse an fremdsprachigen Filmen und Programmen insgesamt eher gering ist und die Strukturen auf dem Filmmarkt in Deutschland auf synchronisierte Filme ausgerichtet sind. Das vorhandene Angebot an Sendungen in Originalfassungen mit Untertiteln, insbesondere bei ARTE, aber auch auf 3sat und gelegentlich in den „Dritten Programmen“, dürfte sich daher auf absehbare Zeit nicht nennenswert erhöhen.

Auch die Ausstrahlung im Zwei-Kanal-Ton, bei der das Publikum die Wahl hat zwischen der synchronisierten und der Originalfassung, wirft Probleme auf: Zum einen könnte es jedenfalls bei analoger Übertragung eventuell bei zahlreichen Zuschauern zu Klagen wegen eines gestörten Empfangs bzw. wegen Wegfalls des Stereoeffekts kommen, zum anderen verfügen die Rundfunkveranstalter in Deutschland nur in geringem Umfang auch über die Rechte zur europaweiten Ausstrahlung der Originalfassungen. Da das über Satellit gesendete Programm jedoch in großen Teilen Europas zu empfangen ist, würde die Ausstrahlung der Originalfassung ggf. mit den Verwertungsrechten ausländischer Veranstalter – z.B. in Skandinavien – kollidieren. Dieses Problem betrifft auch die Satellitenausstrahlung der Originalfassungen mit Untertiteln.

Im übrigen kann die Bundesregierung unter Berücksichtigung der Zuständigkeit der Länder für das inländische Rundfunkwesen und mit Blick auf die Programmautonomie der Rundfunkveranstalter letztlich nicht auf die Programmentscheidungen Einfluss nehmen. Die Bundesregierung würde es aber sehr begrüßen, wenn die Rundfunkveranstalter zu freiwilligen Selbstverpflichtungen zur weiteren Verbesserung des Angebots von Sendungen mit Untertiteln kämen.

Frage Nr. 2/180:

Wie steht die Bundesregierung zur Idee einer gemeinsamen bundesweiten Initiative von Bund und Ländern zugunsten von mehr Untertiteln im Fernsehen im Interesse einer zweisprachigen Ausstrahlung und ihrer europa- und bildungspolitischen Vorteile?

Antwort:

Die Konferenz der Ministerpräsidenten hat im Juni 1999 den Beschluss „Blinde und Gehörlose als Nutzerinnen und Nutzer von Rundfunkmedien" gefasst. Im August 2000 hat die Bundesregierung auf eine entsprechende schriftliche Frage von MdB Claudia Nolte (CDU) eine Unterstützung der Bemühungen der Länder in Aussicht gestellt. Auf den Antrag der Fraktionen der SPD und BÜNDNIS 90/DIE GRÜNEN „Teilhabe von Gehörlosen und Ertaubten an der Informationsgesellschaft – Gleichberechtigten Zugang zum Fernsehen sichern" (BT-Drs. 14/3382) – der u.a. auf die Verbesserung des Angebots von Sendungen mit Untertiteln oder Begleitung durch Gebärdensprache zielt und den der Deutsche Bundestag im Dezember 2000 angenommen hat – haben im Februar 2001 Vertreter von Bund und Ländern im Rahmen einer von BKM anberaumten Bund-Länder-Referentenbesprechung das weitere Vorgehen erörtert. Vor dem Hintergrund, dass die Rundfunkkommission Ende 1999 die Rundfunkveranstalter um Angaben zu umgesetzten und vorgesehenen Maßnahmen zur Verbesserung des Angebots für sensorisch Behinderte gebeten hatte und die damalige Resonanz deutlich gemacht hat, dass gerade bei den öffentlich-rechtlichen Anstalten in dieser Hinsicht durchaus einiges getan wird, wurde eine gemeinsame Initiative von BKM, Rundfunkkommission der Länder und dem Behindertenbeauftragten der Bundesregierung verabredet, um nach Beobachtung der entsprechenden Entwicklung die von den Ländern begonnene Initiative fortzusetzen. Soweit erforderlich, wird die Bundesregierung die Länder dabei unterstützen, die Rundfunkveranstalter an ihre soziale Verantwortung zu erinnern, die sich auch auf die Belange sensorisch Behinderter bezieht. Auch europa- und bildungspolitische Aspekte werden im weiteren Zusammenhang zu prüfen sein.

Beispiele für die Antragsarten im Deutschen Bundestag

Deutscher Bundestag Drucksache 14/5693
14. Wahlperiode 28. 03. 2001

Antrag

**der Abgeordneten Klaus Barthel (Starnberg), Thomas Sauer, Dr. Axel Berg, Rolf Hempelmann, Hubertus Heil, Jelena Hoffmann (Chemnitz), Volker Jung (Düsseldorf), Ulrich Kelber, Werner Labsch, Christian Lange (Backnang), Christian Müller (Zittau), Birgit Roth (Speyer), Gerhard Rübenkönig, Wilhelm Schmidt (Salzgitter), Dr. Sigrid Skarpelis-Sperk, Dr. Ditmar Staffelt, Wolfgang Weiermann, Dr. Rainer Wend, Dr. Margrit Wetzel, Klaus Wiesehügel, Engelbert Wistuba, Dr. Peter Struck und der Fraktion der SPD
sowie der Abgeordneten Michaele Hustedt, Grietje Bettin, Andrea Fischer (Berlin), Werner Schulz (Leipzig), Kerstin Müller (Köln), Rezzo Schlauch und der Fraktion BÜNDNIS 90/DIE GRÜNEN**

Wettbewerb und Regulierung im Telekommunikationssektor

Der Bundestag wolle beschließen:

Der Deutsche Bundestag stellt fest:

Der Telekommunikationssektor steht in einem tiefgreifenden Umwandlungsprozess von ehemals öffentlich-rechtlich organisierten zu privatrechtlich und wettbewerblich organisierten Bereichen der Volkswirtschaft. Dieser Prozess war und ist politisch gewollt und bedarf weiterhin der politischen Gestaltung. Das Telekommunikationsgesetz (TKG) und die auf dieser Grundlage ergangenen Verordnungen und Entscheidungen bilden zusammen mit dem Grundgesetz und dem allgemeinen Wettbewerbsrecht die wesentlichen Grundlagen in diesem Umstrukturierungsprozess. Insbesondere die Regulierungsbehörde für Telekommunikation und Post (RegTP) setzt diese Vorgaben um.

Der Rechtsrahmen definiert ein Bündel von vielfältigen, gleichrangigen Politik- und Regulierungszielen. Dazu gehören die Schaffung fairer Wettbewerbsbedingungen, ein flächendeckendes und erschwingliches Angebot von Telekommunikations- und Postdienstleistungen (Universaldienst), die Wahrung des Datenschutzes, der öffentlichen Sicherheit und andere gemeinwohlorientierte Ziele wie gesamtwirtschaftlicher Nutzen, soziale Arbeitsbedingungen und die Ausstattung öffentlicher Einrichtungen.

1. Die Berichte der Regulierungsbehörde für Telekommunikation und Post und der Monopolkommission belegen eindrücklich die erreichten Fortschritte und die Dynamik dieser Märkte. Der Deutsche Bundestag begrüßt diese Entwicklung. In Zukunft ist das Augenmerk verstärkt auch auf die anderen Regulierungsziele zu richten. Der Deutsche Bundestag begrüßt in Übereinstimmung mit der Bundesregierung die positive Entwicklung des Telekommunikationsmarktes und sieht dies als wesentlichen Erfolg der sektorspezifischen Regulierung. Bisher war es aufgrund der Marktentwicklung nicht erforderlich, Regulierungsinstrumente im Rahmen der Universaldienstver-

pflichtung anzuwenden. Der wirtschaftlich, technologisch und regulatorisch bedingte rasante Umbruch im Telekommunikationssektor schaffte und schafft binnen kürzester Zeit neue Verhältnisse, die sich deutlich vom Beginn der völligen Marktöffnung 1998 unterscheiden.

2. Die Berichte der Regulierungsbehörde für Telekommunikation und Post und der Monopolkommission zeigen, dass sich der Wettbewerb in den einzelnen Marktsegmenten unterschiedlich entwickelt hat. Während der Ortsnetzbereich weiterhin quasi monopolistisch geprägt ist, herrscht auf anderen Teilmärkten, wie bei Fern- und Auslandsgesprächen inzwischen ein reger Wettbewerb. Während sich der Wettbewerb auf diesen Teilmärkten anfänglich vor allem regulierungsinduziert auf der Basis bestehender Netzinfrastrukturen entwickelte, entstehen inzwischen auch leistungsfähige alternative Infrastrukturen bei den Wettbewerbern. Der bestehende Regulierungsrahmen ist flexibel genug, dies bei der zukünftigen Regulierung zu berücksichtigen. Regulierung hat von der jeweiligen Wettbewerbssituation ausgehend u. a. die Frage der Marktbeherrschung zu untersuchen. Dabei sind die Kriterien des § 19 Gesetz gegen Wettbewerbsbeschränkungen umfassend und auf den TK-Sektor spezifisch anzuwenden. Danach ist ein Unternehmen marktbeherrschend, wenn kein wesentlicher Wettbewerber vorhanden ist oder das Unternehmen im Verhältnis zu seinen Mitbewerbern eine überragende Marktstellung hat. Bei der Beurteilung sind folgende Kriterien zu berücksichtigen: der Marktanteil, die Finanzkraft, der Zugang zu den Beschaffungs- und Absatzmärkten, Verflechtungen mit anderen Unternehmen, die Marktsituation auf Auslandsmärkten, rechtliche und tatsächliche Schranken für den Marktzugang anderer Unternehmen.

   Es ist zu berücksichtigen, dass es keinen isolierten nationalen Telekommunikationsmarkt gibt, sondern auf dem globalen Telekommunikationsmarkt neben einer Reihe von noch schutzbedürftigen kleinen und neugegründeten Unternehmen vor allem globale Unternehmen und deren Töchter miteinander konkurrieren. Nationale bzw. europäische Regulierungspolitik sollte auch zur Schaffung international vergleichbarer Marktzutrittschancen und fairer Wettbewerbsbedingungen beitragen. Bei der Beurteilung der Wettbewerbssituation muss nationale Regulierungspolitik die internationale Situation im Blick haben. Der Deutsche Bundestag teilt die Erwartung der Bundesregierung, dass die RegTP möglichst umgehend relevante Teilmärkte definiert und gegebenenfalls dereguliert, falls dort keine marktbeherrschende Position mehr gegeben ist. Die Regulierungsbehörde hat entschieden, die Regulierung bei Auslandsgesprächen in die Türkei zurückzufahren. Weitere Entscheidungen in Bezug auf Märkte für Gespräche ins Ausland sind zu erwarten. Die deregulierten Teilmärkte müssen von der Regulierungsbehörde auch in Zukunft genau beobachtet werden. Im Inland stößt die Betrachtung von Teilmärkten (etwa in Bezug auf Kundengruppen oder Ballungsräume) dagegen auf Definitions- und Abgrenzungsfragen. Regionale Marktabgrenzungen im Inland bzw. weitere Differenzierungen nach Kundengruppen bergen die Gefahr unterschiedlicher regionaler Preis- und Angebotsentwicklungen und strategischer Dumpingangebote auf den deregulierten Teilmärkten, die den erreichten Wettbewerb substanziell gefährden würden. Die RegTP muss künftig in der Lage sein, die tatsächliche Marktentwicklungen auf der Grundlage eigener Erhebungen ökonomisch besser als bisher untersuchen und beurteilen zu können. Im Übrigen hat die Bundesregierung in ihrer Stellungnahme zum Tätigkeitsbericht der RegTP (Bundestagsdrucksache 14/4064) differenzierte Aussagen zur Entgeltregulierung, nicht nur nach unterschiedlichen Marktsegmenten, sondern auch zu Vorleistungen und Endkundenmärkten getroffen. Der Deutsche Bundestag unterstützt diese Aussagen.

3. Der Deutsche Bundestag teilt die Auffassung der Bundesregierung und der EU-Kommission, dass die Konvergenz der Bereiche Medien, Telekommunikation und Informationstechnologie größere Regulierungs- und allgemeinpolitische Aufmerksamkeit erfordert. Wenn Branchen teilweise zusammenwachsen und ineinander übergehen, entstehen Abgrenzungsprobleme und regulierungpolitischer Klärungsbedarf in Bezug auf die betroffenen Branchen und die zuständigen politischen Ebenen. Die bisherigen Aussagen von Regulierungsbehörde und Monopolkommission reichen hierzu nicht aus. Die Beurteilung der oligopolistischen Strukturen im Bereich der privaten elektronischen Medien im Vergleich zur Marktentwicklung auf dem Telekommunikationsbereich durch die Monopolkommission und die daraus gezogenen Schlussfolgerungen sind in sich nur teilweise schlüssig. Das Quasi-Duopol der privaten Fernsehanstalten muß stärker auf den Prüfstand gestellt werden. Die Konvergenzentwicklung darf nicht dazu führen, dass die EU-Kommission ohne ausreichende Diskussion in den Mitgliedstaaten weitere Kompetenzen an sich zieht. Ziel muss eine kohärente und integrierte Kommunikationsordnung zunächst auf nationaler Ebene sein, die in Abstimmung mit den Ländern schrittweise entwickelt werden und durch den Aufbau angemessener Instrumente gestrafft und effektiviert werden muss. Angesichts der immer enger zusammenwachsenden europäischen Märkte müssen die Voraussetzungen für einen europaweit harmonisierten Telekommunikationsmarkt geschaffen werden.

4. Abgesehen von punktuellen Problemen mit Telefonzellen und dem Sozialtarif der DTAG war bisher die flächendeckende Versorgung mit TK-Dienstleistungen zu erschwinglichem Preis nicht gefährdet. Zunehmend entwickelt sich mit der steigenden Leistungsfähigkeit von Telekommunikationsnetzen der allgemeine Stand der Technik weiter. Wir wollen sicherstellen, dass die Wettbewerbsdynamik nicht einseitig zu einem schnellen und intensiven Ausbau von Netzen und Dienstleistungsangeboten in Ballungszentren in Verbindung mit Preissenkungskämpfen der Anbieter führt, während außerhalb der Zentren die Preise hoch und das Angebot begrenzt bleiben. Derzeit führt die Marktdynamik zu hohen Zuwächsen und Verbreitungsquoten sowohl bei ISDN, DSL und Mobilfunk zu tendenziell sinkenden Preisen. Wettbewerb beim Teilnehmeranschluss außerhalb der sektorspezifischen Regulierung wird dann entstehen, wenn kostengünstige und leistungsfähige alternative Zugänge zu den Haushalten und Unternehmen vorhanden sind. Das Fernsehkabelnetz ist ein solcher alternativer Zugang. Wir begrüßen daher, dass die Telekom nunmehr mit einem Investor eine Absichtserklärung über die Veräußerung wesentlicher Anteile an den regionalen Kabelgesellschaften abgeschlossen hat. Allerdings wird Wettbewerb erst dann greifen, wenn die notwendigen Investitionen in das Breitbandkabeletz getätigt sind.

   Um eine digitale Spaltung der Gesellschaft zu vermeiden und die erklärten Ziele der EU und der Bundesregierung über die Entwicklung der Informationsgesellschaft erreichen zu können, muss die Regulierungpolitik die Entwicklung beobachten, um gegebenenfalls dazu beitragen zu können, dass flächendeckend erschwingliche breitbandige Angebote vorhanden sind. Der dynamische Universaldienstbegriff des TKG bietet den Ansatzpunkt dafür, auch hochwertige Datenübertragungsmöglichkeiten im Falle von Defiziten auf dem Markt als Universaldienstleistungen abzusichern. Der Deutsche Bundestag fordert Bundesregierung und Regulierungsbehörde auf zu prüfen, ob und wie im Hinblick auf die europäische Diskussion und die dynamische Definition im TKG der Universaldienstbegriff fortgeschrieben und modernisiert werden kann und wie die Umsetzung des Gebotes der Förderung von Telekommunikationsdiensten bei öffentlichen Einrichtungen in die Praxis vorangetrieben werden kann.

5. Die Arbeit der Regulierungsbehörde war bisher naturgemäß oft durch Einzelentscheidungen aufgrund von Anträgen, Beschwerden und kurzfristigem Entscheidungsbedarf geprägt. Um die Berechenbarkeit, Planbarkeit und Transparenz von Regulierungsentscheidungen zu erhöhen, fordert der Deutsche Bundestag eine stärker vorausschauende Regulierungspolitik. Grundsatzfragen (z. B. bezüglich der Abgrenzung von Teilmärkten, Regelungen des Inkassos, Interconnectionregime, UMTS) sollen zukünftig vorausschauend und breit diskutiert werden. Auf dieser Basis sollte dann die Regulierungsbehörde Eckpunkte entwickeln. Im Rahmen einer Verstetigung und gegebenenfalls Rückführung von regulatorischen Eingriffen muss ein zuverlässigerer Rahmen für Investitionsentscheidungen der Unternehmen geschaffen werden, der auch genügend Anreize für Investitionen in Infrastrukturen schafft und sicherstellt, dass solche Investitionen nicht durch regulatorische Eingriffe unangemessen entwertet werden.

6. Der Deutsche Bundestag betont die Unabhängigkeit der Regulierungsbehörde für Post und Telekommunikation. Er stimmt der Auffassung der Bundesregierung zu, dass gegebenenfalls notwendige Korrekturen in Teilaspekten des Regulierungsregimes ohne Veränderung des gesetzlichen Rahmens möglich sind. Wenn die vorhandenen Spielräume sinnvoll genutzt werden, sind grundsätzliche Änderungen des TKG nicht zwingend notwendig. Änderungsbedarf könnte sich jedoch beispielsweise im Hinblick auf die von der EU-Kommission vorgeschlagenen neuen Richtlinien für einen neuen Rechtsrahmen für elektronische Kommunikationsnetze und -dienste sowie im Zusammenhang mit der Umsetzung der 2. Stufe bei der Reform des Datenschutzrechtes ergeben.

7. Der Deutsche Bundestag begrüßt und unterstützt die Auffassung der Bundesregierung über eine notwendige Harmonisierung der europäischen Telekommunikationsmärkte. Er unterstützt die EU-Kommission in ihrem Ziel, faire und vergleichbare Wettbewerbsbedingungen in allen Mitgliedstaaten zu schaffen. Die Kommission hat dazu ein Paket von Richtlinien vorgelegt. Der Deutsche Bundestag unterstützt die Position der Bundesregierung, dass eine Ausweitung der Kompetenzen der EU-Kommission in diesem Bereich nicht ansteht. Die im Rahmen der Richtlinienentwürfe des TK-Paketes vorgesehenen zusätzlichen Rechte der EU-Kommission, etwa zu den Eingriffsmöglichkeiten in Entscheidungen der nationalen Regulierungsbehörden, lehnt der Deutsche Bundestag derzeit ab. Eine solche Regelung würde die Gefahr übereilter europäischer Entscheidungen, denen keine Analyse der tatsächlichen marktmäßigen und technischen Entwicklungen vorausgegangen ist, mit sich bringen. Ziel europäischer Telekommunikationspolitik muss vorrangig die Herstellung von Wettbewerb und die Angleichung der tatsächlichen Wettbewerbsbedingungen im Rahmen eines europäischen Modernisierungs- und Sozialmodells unter Berücksichtigung der beschäftigungspolitischen Zielsetzungen sein.

8. In der Öffentlichkeit machen sich Sorgen über gesundheitliche Auswirkungen elektromagnetischer Felder breit, wie sie vor allem im Zuge des Einsatzes mobiler Kommunikation befürchtet werden. Die RegTP als für die Einhaltung der Grenzwerte zuständige Behörde sollte befähigt und angehalten werden, flächendeckend, kompetent und vertrauensbildend die Entwicklung dieser Belastungen zu beobachten, auszuwerten und Wege zur Minimierung möglicher Gefahren und Belastungen aufzuzeigen. Wir fordern die Bundesregierung auf, zeitnah zu prüfen, ob die derzeit geltenden Grenzwerte und Sicherheitsabstände noch dem neuesten Stand von Forschung und Wissenschaft entsprechen. Gegegebenenfalls sind Korrekturen vorzusehen, beispielsweise bei Grenzwerten und/oder im Hinblick auf Räume und Gebäude mit sensibler Nutzung.

Auch die gemeinsame Nutzung von Infrastrukturen in der Mobilkommunikation ist ein Weg zur Reduzierung gesundheitlicher Belastungen. Dieser Weg sollte, soweit es unter den Bedingungen der Unabhängigkeit der Betreiber, unter Aufrechterhaltung des Wettbewerbs und Einhaltung der Lizenzbedingungen möglich ist, beschritten werden. Die Regulierungsbehörde sollte die Unternehmen auf diesem Weg konstruktiv begleiten.

Berlin, den 28. März 2001

Dr. Peter Struck und Fraktion
Kerstin Müller (Köln), Rezzo Schlauch und Fraktion

Deutscher Bundestag Drucksache 15/92
15. Wahlperiode 13. 11. 2002

Änderungsantrag

der Abgeordneten Cornelia Pieper, Ulrike Flach, Christoph Hartmann (Homburg), Rainer Brüderle, Ernst Burgbacher, Helga Daub, Dr. Christian Eberl, Jörg van Essen, Otto Fricke, Horst Friedrich (Bayreuth), Rainer Funke, Hans-Michael Goldmann, Joachim Günther (Plauen), Klaus Haupt, Birgit Homburger, Dr. Werner Hoyer, Dr. Heinrich L. Kolb, Gudrun Kopp, Jürgen Koppelin, Sibylle Laurischk, Harald Leibrecht, Ina Lenke, Markus Löning, Dirk Niebel, Günther Friedrich Nolting, Hans-Joachim Otto (Frankfurt), Eberhard Otto (Godern), Detlef Parr, Gisela Piltz, Marita Sehn, Dr. Rainer Stinner, Carl-Ludwig Thiele, Dr. Dieter Thomae, Jürgen Türk, Dr. Claudia Winterstein, Dr. Wolfgang Gerhardt und Fraktion der FDP

zu der zweiten Beratung des Gesetzentwurfs der Fraktionen SPD und BÜNDNIS 90/DIE GRÜNEN
– Drucksachen 15/25, 15/77 –

Entwurf eines Ersten Gesetzes für moderne Dienstleistungen am Arbeitsmarkt

Der Bundestag wolle beschließen:

Artikel 1 Nr. 14 wird wie folgt geändert:

1. § 80 Satz 2 wird wie folgt gefasst:

   „Lehrgangskosten werden auch für die Zeit vom Ausscheiden eines Teilnehmers bis zum planmäßigen Ende der Maßnahme übernommen, wenn der Teilnehmer wegen Arbeitsaufnahme oder einen anderen nicht vom Träger zu vertretenden Umstand ausgeschieden ist und eine Nachbesetzung des frei gewordenen Platzes in der Maßnahme nicht möglich ist."

2. § 84 wird wie folgt gefasst:

   „§ 84
   Anforderungen an die Träger

   Zugelassen für die Förderung sind Träger, bei denen eine externe fachkundige Stelle als Zertifizierungsagentur festgestellt hat, dass

   1. der Träger der Leistung die erforderliche Leistungsfähigkeit besitzt
   2. der Träger in der Lage ist, durch eigene Vermittlungsbemühungen die Eingliederung von Teilnehmern zu unterstützen,
   3. Aus- und Fortbildung sowie Berufserfahrung der Leitung und der Lehrkräfte eine erfolgreiche berufliche Weiterbildung erwarten lassen und
   4. der Träger ein System zur Sicherung der Qualität anwendet.

Soweit und solange Zertifizierungsagenturen nicht bestehen, kann auch das Arbeitsamt als fachkundige Stelle über die Zulassung von Trägern entscheiden. Externe Zertifizierungsagenturen dürfen nicht selbst Träger von Maßnahmen sein.

Die Zulassung von Zertifizierungsagenturen erfolgt durch Akkreditierung beim Bundministerium für Bildung und Forschung."

3. § 85 Abs. 1 Nr. 3 wird wie folgt gefasst:

„3. mit einem Zeugnis abschließt, das Auskunft über den Inhalt des vermittelten Lehrstoffes gibt und die individuelle Leistung des Teilnehmers bzw. der Teilnehmerin erkennen lässt. Bei länger als 6 Monate dauernden Maßnahmen ist nach angemessener Zeit ein Zwischenzeugnis auszustellen."

4. § 86 Abs. 3 wird folgender Satz 2 angefügt:

„Hierbei sind die Erfahrungen der Arbeitgeber, die ehemalige Teilnehmer und Teilnehmerinnen eingestellt haben, in besonderer Weise zu berücksichtigen."

Berlin, den 12. November 2002

Cornelia Pieper
Ulrike Flach
Christoph Hartmann (Homburg)
Rainer Brüderle
Ernst Burgbacher
Helga Daub
Dr. Christian Eberl
Jörg van Essen
Otto Fricke
Horst Friedrich (Bayreuth)
Rainer Funke
Hans-Michael Goldmann
Joachim Günther (Plauen)
Klaus Haupt
Birgit Homburger
Dr. Werner Hoyer
Dr. Heinrich L. Kolb
Gudrun Kopp
Jürgen Koppelin
Sibylle Laurischk
Harald Leibrecht
Ina Lenke
Markus Löning
Dirk Niebel
Günther Friedrich Nolting
Hans-Joachim Otto (Frankfurt)
Eberhard Otto (Godern)
Detlef Parr
Gisela Piltz
Marita Sehn
Dr. Rainer Stinner
Carl-Ludwig Thiele
Dr. Dieter Thomae
Jürgen Türk
Dr. Claudia Winterstein
Dr. Wolfgang Gerhardt und Fraktion

Begründung

Zu § 80

Die Kostenkalkulation der Träger erfolgt in enger Kontrolle durch das Arbeitsamt bzw. in Zukunft der fachkundigen Stelle ohne die Möglichkeit einer Risikokalkulation. Bisher wurden die Kosten bei Ausscheiden eines Teilnehmers/ Teilnehmerin in der Regel bis zu 2 Monaten übernommen. Gründe für unvorhergesehenes Ausscheiden sind z. B. Schwangerschaft, Krankheit usw. Oftmals scheiden jedoch auch Teilnehmer wegen Arbeitsaufnahme aus. Im Gesetzentwurf wird in diesem Fall der Nachweis durch den Träger der Maßnahme verlangt, das neue Arbeitsverhältnis durch eigene Vermittlung direkt initiiert zu haben. Dies widerspricht dem Ansatz, die Teilnehmerinnen und Teilnehmer zu selbstverantwortlichem Handeln und Bewerbungen aus Eigeninitiative fortlaufend anzuhalten. Hierzu werden derzeit schon Bewerbungstrainings-Maßnahmen in verschiedensten Weiterbildungskursen durchgeführt. Außerdem steigert bereits die Teilnahme an einer Maßnahme und ggf. die Vorlage einer Zwischenbescheinigung die Vermittlungschancen. Die Ursächlichkeit solcher Maßnahmen für eine Vermittlung nachzuweisen, wäre bürokratisch nicht oder nur mit unangemessenem Aufwand möglich und es wäre unfair gerade gegenüber den Trägern, die das Ziel der eigenverantwortlichen Einstellungsbemühung der Teilnehmerinnen und Teilnehmer in besonderer Weise unterstützen.

Für einen solchen, oft indirekten Vermittlungserfolg können die Träger nicht durch Einstellen der Zahlungen bestraft werden.

Zu § 85

Bei beruflichen Weiterbildungskursen ist erfahrungsgemäß die Motivation der Teilnehmerinnen und Teilnehmer unterschiedlich. Zu einer zielführenden Maßnahme gehört jedoch gerade die entsprechende Motivation. Zeugnisse, die nichts über die individuelle Leistung aussagen und so kein „feed-back“ geben, tragen hierzu nichts bei.

Bei längeren Kursen ist aus den gleichen Gründen ein Zwischenzeugnis angezeigt.

Durch ein Zwischenzeugnis können darüber hinaus ggf. eigene Bemühungen um die Erlangung eines Arbeitsplatzes verstärkt werden.

Zu § 86

Zwar sind schon in der Vergangenheit die Erfahrungen der Arbeitgeber in die Evaluation der Weiterbildungsmaßnahmen eingeflossen. Dennoch gab es in vielen Einzelfällen Klagen über Inhalte und Ergebnisse, die zwar zwischen Trägern und Arbeitsämtern abgestimmt waren, die jedoch Bedürfnisse der Betriebe nur unzureichend erfüllten. Durch die Ergänzung der Ziffer (3) soll eine zeitnahe Auswertung der Arbeitgeber-Erfahrungen garantiert werden.

Deutscher Bundestag Drucksache 15/...

15. Wahlperiode 20.05.2003

Entschließungsantrag

der Abgeordneten Dr. Hans Georg Faust, Horst Seehofer, Andreas Storm, Annette Widmann-Mauz, Dr. Wolf Bauer, Monika Brüning, Verena Butalikakis, Michael Hennrich, Hubert Hüppe, Barbara Lanzinger, Maria Michalk, Hildegard Müller, Matthias Sehling, Jens Spahn, Matthäus Strebl, Gerald Weiß, Wolfgang Zöller und der Fraktion der CDU/CSU

zu der dritten Beratung des Gesetzentwurfs der Fraktionen SPD und BÜNDNIS 90/DIE GRÜNEN sowie der Bundesregierung

- Drucksachen 15/614, 15/897, 15/... -

Entwurf eines Gesetzes zur Änderung der Vorschriften zum diagnoseorientierten Fallpauschalensystem für Krankenhäuser – Fallpauschalenänderungsgesetz (FPÄndG)

Der Bundestag wolle beschließen:

I. Der Deutsche Bundestag stellt fest,

Mit der Einführung der diagnosebezogenen Fallpauschalen (Diagnosis Related Groups; DRGs) hat das Krankenhausfinanzierungssystem in Deutschland die seit Jahrzehnten stärkste Veränderung erfahren. Das neue System hätte die Chance für eine leistungsgerechte Finanzierung und für eine deutliche Reduktion der Krankenhauskosten geboten.

Deutschland ist weltweit das einzige Land, in dem die DRGs fast alle klinischen Versorgungsbereiche umfassen und abbilden sollen. In Australien, dessen AR-DRG-System als Vorlage ausgewählt wurde, wird dieses System jedoch weitaus weniger umfassend eingesetzt als in Deutschland, so dass den australischen Ärzten ein größerer Handlungsspielraum verbleibt. Diese politisch vorgegebene umfassende Abbildung aller klinischen Versorgungsbereiche hat eine folgenschwere Schwäche der deutschen Fallpauschalen-Regelung zur Folge, so dass etwa 20-30% der medizinischen Leistungen nicht sachgerecht abgebildet werden können, wie z.B. Intensivmedizin, Frührehabilitation, Onkologie, Kinderchirurgie, Transplantationsmedizin, Unfallchirurgie, Personen mit zusätzlichen Behinderungen, Rheumatologie und Schmerztherapie.

Die Bundeswehrkrankenhäuser bleiben wie bisher zur Behandlung von Zivilpatienten berechtigt, um eine ausreichende Aus-, Fort- und Weiterbildung des Sanitätspersonals zu gewährleisten.

Die Fallpauschalen-Regelung hat zu einer immensen Zunahme der Belastungen von Ärzten und Pflegepersonal im Krankenhaus mit bürokratischen Arbeiten geführt, so dass heute nahezu ein Drittel der Arbeitszeit durch Dokumentations- und Administrationsaufgaben gebunden wird. Durch dieses Mehr an zeitaufwendigen Verwaltungsaufgaben verbleibt immer weniger Zeit für die medizinische und pflegerische Versorgung des Patienten mit negativen Folgen für die Behandlungsqualität.

Aufschlussreich ist in diesem Zusammenhang auch eine Studie aus den USA, die an der University School of Medicine in Connecticut durchgeführt wurde. Darin wurden die Behandlungsdaten von Patienten mit Pneumonie aus den Jahren 1992 und 1997 analysiert, vor und nach der Einführung von Fallpauschalen. Es zeigte sich in der Tat, dass die Verweildauer durchschnittlich mit dem neuen System um 35 Prozent zurückging. Die Krankenhauskosten pro Fall verringerten sich um 25 Prozent. Die Sterblichkeit im Krankenhaus ging um 15 Prozent zurück. Bei Ausweitung der Untersuchung auf die ersten 30 Tage nach der Entlassung stellte man jedoch fest, dass hier die Sterblichkeit um 35 Prozent gestiegen war. Die Wiederaufnahmen wegen eines Rückfalls nahmen um 23 Prozent zu und die Verlegung in eine Pflegeeinrichtung um 42 Prozent. Diese Zahlen belegen für den Fall der Pneumonie eine eindeutige Verschlechterung der Behandlungsqualität.

Mit dem nun vorliegenden Gesetzentwurf zur Änderung des Fallpauschalengesetzes ziehen die Bundesregierung und die sie tragenden Koalitionsfraktionen die Konsequenzen aus den bekanntgewordenen Fehlentwicklungen im Zusammenhang mit der Einführung des DRG-Fallpauschalensystems in den Krankenhäusern. Diese Nachbesserungen wären vermeidbar gewesen, wenn die Verantwortlichen für dieses Fallpauschalensystem – wie schon im Entschließungsantrag der CDU/CSU-Bundestagsfraktion vom 12.12.2001, Drs. 14/7843, festgestellt - nicht auf eine vorschnelle Umsetzung bestanden und an einer willkürlich vorgegebenen hundertprozentigen Abbildung im DRG-Fallpauschalen-System festgehalten hätten.

Die aufgezeigten Fehlentwicklungen und Mängel des DRG-Fallpauschalen-Systems wurden auch durch die deutliche Kritik der Sachverständigen im Rahmen der Öffentlichen Anhörung zum Fallpauschalenänderungsgesetz am 9. April 2003 bestätigt. Insbesondere legten die Sachverständigen dar, dass eine sachgerechte Abbildung für die Jahre 2003 und 2004 dringend erfolgen muss, um eine angemessene Finanzierung der Krankenhäuser sicherzustellen und eine stationäre Unterversorgung zu vermeiden.

Zudem führt die bisher vorgesehene formelhafte Ermittlung des Mehrerlösausgleiches bei verschiedenen Konstellationen zu untragbaren Ergebnissen. Bei der formelhaften Ermittlung wird außerdem grundsätzlich unterstellt, dass eine Erhöhung des Case-Mix-Index (CMI) immer auf sog. Upcoding-Effekte zurückzuführen ist. Ein steigender CMI muss jedoch nicht zwangsläufig auf eine veränderte Codierung zurückzuführen sein. Es ist ebenso denkbar, dass durchgehend richtig und konstant kodiert wurde, aber beispielsweise auf Grund der demographischen Entwicklung verstärkt ältere, multimorbide Patienten mit einem höheren Behandlungsaufwand behandelt wurden. Dem Krankenhaus entsteht hierdurch ein tatsächlicher Mehraufwand, der leistungsgerecht höher vergütet werden muss und nicht zu 100% ausgeglichen werden darf.

Keine Berücksichtigung findet die Rechtsprechung des Europäischen Gerichtshofs zum Bereitschaftsdienst als Arbeitszeit bei der Ermittlung der Fallpauschalen. Dies hat zur Folge, dass zusätzlich benötigtes Personal nicht eingestellt werden kann, weil über die Fallpauschalen die notwendigen finanziellen Ressourcen nicht bereitgestellt werden.

II. Der Deutsche Bundestag fordert die Bundesregierung deshalb auf,

das Fallpauschalengesetz grundlegend zu überarbeiten und dabei vor allem

1. für eine sachgerechte Abbildung der Indikationen und damit verbundenen medizinischen und pflegerischen Leistungen in den Fallpauschalen Sorge zu tragen.

2. In die Bewertungsrelationen den Bereitschaftsdienst als Arbeitszeit mit einzubeziehen.

3. eine Regelung für den Erlösausgleich zu finden, die eine sachgerechte Differenzierung von Kodiereffekten und Veränderungen der Leistungsstruktur vorsieht.

Berlin, 20. Mai 2003

Dr. Hans Georg Faust, Horst Seehofer, Andreas Storm, Annette Widmann-Mauz, Dr. Wolf Bauer, Monika Brüning, Verena Butalikakis, Michael Hennrich, Hubert Hüppe, Barbara Lanzinger, Maria Michalk, Hildegard Müller, Matthias Sehling, Jens Spahn, Matthäus Strebl, Gerald Weiß, Wolfgang Zöller, Dr. Angela Merkel, Michael Glos und Fraktion

Positionspapier des VPRT zum Gesetzentwurf der Bundesregierung für ein „Gesetz zur Regelung des Urheberrechts in der Informationsgesellschaft“, BT-Drucks. 15/38 (Stand: 6. November 2002)

A

ORD\USER14\RL Informationsgesellschaft\PosAnhörungRechtsausschuss290103-FINAL.doc

Der VPRT möchte sich vorab beim Rechtsausschuss des Deutschen Bundestages für die Möglichkeit einer schriftlichen Stellungnahme bedanken und auf diesem Wege die wesentlichen Überlegungen seiner Mitglieder im Zusammenhang mit der Umsetzung der Richtlinie darlegen. Die Bundesregierung hat ihren Gesetzentwurf vom 16. August 2002 zur Regelung des *Urheberrechts in der Informationsgesellschaft* (Stand: 6. November 2002) am 14. November 2002 in den Bundestag zur Ersten Lesung eingebracht. Die nachfolgende Stellungnahme basiert auf dem Regierungsentwurf der Bundesregierung, berücksichtigt jedoch zugleich die Stellungnahme des Bundesrates vom 27. September 2002 sowie die Gegenäußerung der Bundesregierung vom 6. November 2002. Explizit Bezug genommen wird auch auf die von der CDU/CSU-Fraktion vorgelegten Änderungsanträge.

B

Der VPRT hat bereits am 18. April 2002 (zum Referentenentwurf) sowie am 6. September 2002 (zum Regierungsentwurf) umfangreiche Stellungnahmen verfasst. Alle in diesem Zusammenhang bereits vorgetragenen, wesentlichen inhaltlichen Punkte können Sie jedoch den nachfolgenden Ausführungen entnehmen. Zur Bekräftigung unserer Argumentation werden wir im Folgenden auch auf ein von Prof. Dr. Sieber und Prof. Dr. Pfitzmann im Herbst 2002 erstelltes Gutachten zu den „Anforderungen an die gesetzliche Regulierung zum Schutz digitaler Inhalte unter Berücksichtigung der Effektivität technischer Schutzmechanismen“ Bezug nehmen.

EXECUTIVE SUMMARY

- **§ 53 UrhG**

➔ Privatkopie nur von einer rechtmäßigen Vorlage

Es kann nicht Bestreben des Gesetzgebers sein, Raubkopien zu legalisieren. Eine Vielzahl von Schädigungen, z.B. durch Weitergabe urheberrechtlich geschützter Filme in Tauschbörsen, erfolgt - für jeden Nutzer erkennbar - bevor der Schutzgegenstand überhaupt rechtmäßig in die Verwertungskette gelangt ist.

➔ keine Möglichkeit des Herstellenlassens einer Kopie durch Dritte

Die Privilegierung ist angesichts der flächendeckenden Verbreitung von Brenn- und Kopiermedien mittlerweile überholt. Es besteht die Gefahr, dass sich geringfügige individuelle Nutzung in eine Massennutzung des Werkes umwandelt.

- **§ 87 Abs. 4 UrhG**

➔ Keine Ausnahme der Sendeunternehmen vom Anspruch auf Pauschalvergütung

Nach den Vorgaben der Richtlinie sind alle Rechteinhaber gleichermaßen für einen Rechteverlust zu kompensieren. Daher sind die Sendeunternehmen in den Kreis der Anspruchsberechtigten in Bezug auf Pauschalvergütungsansprüche nach § 54 UrhG einzubeziehen.

- **§ 95 b UrhG**

➔ Vorrang freiwilliger Maßnahmen zur Durchsetzung der Ansprüche der Schrankenbegünstigten, daher keine gesetzliche Regelung in § 95 b Abs. 2

Einer gesetzlichen Regelung zur Durchsetzung der Schrankenbestimmungen durch den privilegierten Nutzer bedarf es nach den Vorgaben der Richtlinie nicht. Daher sollte auf freiwillige Vereinbarungen zwischen Rechteinhabern und Schrankenbegünstigten vertraut werden.

➔ Berücksichtigung der Besonderheiten des digitalen Fernsehens, vor allem Klarstellung in der Begründung: Einbeziehung vergleichbarer Angebote in die Ausnahmebestimmung des § 95 b Abs. 3

Von der Ausnahmeregelung des § 95 b Abs. 3 müssen auch digitale Fernsehangebote wie Pay-Per-View-Dienste und Near-Video-On-Demand-Angebote mitumfasst werden, bei denen eine vergleichbare Sach- und Interessenlage besteht. Dies ist durch einen entsprechende Klarstellung in der Begründung sicherzustellen.

- **§ 52 a UrhG**

➔ Einschränkung der Vorschrift im Tatbestand

➔ Vergütungspflicht für beide Tatbestandsalternativen

➔ Bereichsausnahme für den Filmbereich

Die öffentliche Zugänglichmachung für Unterricht und Forschung sollte sich nur auf die Veröffentlichung kleiner Teile eines Werkes oder Werke geringen Umfangs beziehen: Beide Nutzungsvorgänge (Unterricht, Forschung) müssen einer Vergütungspflicht unterfallen. Für den Bereich der Funksendungen und der Filmwerke ist aufgrund des erhöhten Schädigungspotentials ein Einwilligungsvorbehalt der Rechteinhaber vorzusehen.

C

Allgemeine Anmerkungen:

Der VPRT hat sich stets dafür ausgesprochen, die in der Richtlinie 2001/29/EG enthaltenen zwingenden Vorgaben wie z.B. die gesetzliche Festschreibung eines Rechts der öffentlichen Zugänglichmachung (§ 19 a UrhG-E) sowie die allgemeine Zulässigkeit von technischen Schutzmaßnahmen (§ 95 a UrhG-E) so schnell wie möglich ins nationale Recht umzusetzen. Rechteinhaber, die der unkontrollierten Vervielfältigung ihrer Inhalte durch den Einsatz von Digital Rights Management-Systemen (DRM) Einhalt gebieten wollen, können dies nur erreichen, wenn ihnen ein entsprechendes Instrumentarium an Rechtsvorschriften zur Verfügung gestellt wird. Unabhängig davon sollten jedoch auch in diesem ersten Schritt der Umsetzung, als der das Gesetzesvorhaben stets betrachtet wurde, einige wesentliche Modifikationen an dem bisher vorgelegten Entwurf vorgenommen werden. Bei der Umsetzung der Richtlinie muss insbesondere darauf geachtet werden, dass alle dem Anwendungsbereich unterfallenden Angebote (Free-TV, Pay-TV, Online, Offline etc.) und deren technische Besonderheiten angemessene Berücksichtigung finden.

D

Der VPRT möchte noch einmal ausdrücklich betonen, dass für seine Mitglieder die Möglichkeit einer individuellen Vereinbarung mit dem Nutzer stets Vorrang vor pauschalen Vergütungsmodellen genießt. Sowohl für die Rechteinhaber als auch für die Urheber stellt eine individuelle Abrechnung die gerechtere weil präzisere Vergütungsregelung dar. Der VPRT begrüßt daher ausdrücklich den vom „Prinzip der kommunizierenden Röhren" geprägten Ansatz des Gesetzentwurfs, den Einsatz von Schutzmechanismen bei der Bestimmung der Höhe der Pauschalvergütung zu berücksichtigen. Für einen Übergangszeitraum und für diejenigen Angebote der VPRT-Sender, die auch künftig nicht durch Schutzmaßnahmen geschützt werden sollen, ist jedoch eine Beteiligung der Sendeunternehmen an den Ansprüchen der §§ 54 ff. UrhG unerlässlich.

Zu den Vorschriften im Einzelnen:

§ 53 UrhG-E

Die Erhaltung der privaten Kopiermöglichkeit auch im digitalen Umfeld setzt voraus, dass die Schranken des § 53 UrhG-E folgendermaßen modifiziert werden:

- *Vorschlag:* In § 53 Abs. 1 UrhG sollte ausdrücklich klargestellt werden, dass eine Kopie nur von einer rechtmäßigen Vorlage zulässig ist. Diese Forderung wird auch von dem Änderungsantrag der CDU/CSU-Fraktion unterstützt. Satz 1 des § 53 Abs. 1 UrhG würde dann lauten: „Zulässig sind [...], sofern sie weder unmittelbar noch mittelbar Erwerbszwecken dienen *und aus legalen Quellen stammen.*"

E

  Begründung: Eine digitale Privatkopie darf nur von einer **rechtmäßigen Vorlage** vorgenommen werden, da der Gesetzgeber zu keinem Zeitpunkt beabsichtigt haben kann, Raubkopien zu legalisieren. In der Gegenäußerung der Bundesregierung (BT-Drucks. 15/38, S. 39) heißt es, ein Verbot der Kopie von einer illegalen Quelle ignoriere die soziale Realität und untergrabe die Autorität und Glaubwürdigkeit der Rechtsordnung. Dies vermag jedoch nicht zu überzeugen. Denn z.B. jeder Nutzer von Tauschbörsen ist sich der fehlenden Einwilligung der Rechteinhaber in der überwiegenden Zahl der Fälle durchaus bewusst. Insbesondere im Filmbereich entstehen Schäden durch die Verbreitung von Filmen, die noch gar nicht legal in die Verwertungskette gelangt sind. Die Rechteinhaber werden sowohl im Falle einer rechtmäßigen Kopie als auch bei einer Kopie von einer rechtswidrigen Vorlage gleichermaßen geschädigt (so auch Prof. Dr. Sieber, Anforderungen an die gesetzliche Regulierung zum Schutz digitaler Inhalte, III B 2 c).

- *Vorschlag*: Die Herstellungsmöglichkeit „durch einen anderen" ist für den Bereich der digitalen Kopie zu streichen. Der VPRT schließt sich insofern dem von der CDU/CSU-Fraktion angebrachten Änderungsantrag an, der die Anfügung eines Satz 3 an § 53 Abs. 1 UrhG vorsieht: *„Satz 2 gilt nicht für die Überspielung von Bild- oder Tonträgern auf andere Träger"*.

  Begründung: Die Möglichkeit des „**Herstellenlassens" durch einen anderen** ist angesichts der zunehmenden Verbreitung von CD-Brennern im digitalen Bereich obsolet geworden und führt zu einer unüberschaubaren Ausdehnung der Privilegierung. Geringfügige individuelle Nutzung kann sich hier schnell in eine Massennutzung des Werkes umwandeln (so auch Schack in ZUM 2002, 501). Die gesetzliche Einschränkung dahingehend, dass der andere unentgeltlich handeln muss, erscheint aufgrund der allseits bekannten, kostenlosen Tauschbörsenproblematik als ungeeignet.

- *Vorschlag*: Der sog. „**Drei-Stufen-Test**" ist in das Gesetz und nicht lediglich in die Begründung aufzunehmen. Der Wortlaut des Art. 5 Abs. 5 der Richtlinie sollte in einem neu zu schaffenden § 63 b UrhG-E gesetzlich ausdrücklich normiert werden.

  Begründung: Die sog. „Schranken-Schranke" des Art. 5 Abs. 5 der Richtlinie sieht vor, dass Ausnahmen und Beschränkungen des Vervielfältigungsrechtes nur in bestimmten Sonderfällen angewendet werden dürfen, in denen die normale Verwertung des Werks nicht beeinträchtigt wird und die berechtigten Interessen des Rechteinhabers nicht ungebührlich verletzt werden. In Fällen, in denen technische Schutzmaßnahmen nicht greifen oder umgangen werden können, kann z.T. - insbesondere im Bereich der Musik - auch schon heute davon ausgegangen werden, dass sich private Kopien zur primären Nutzungsform entwickeln und daher eine normale Auswertung des Werkes erheblich beeinträchtigen, zumal die digitale „Kopie" stets Originalqualität aufweist. Zudem wendet sich Art. 5 Abs. 5 der Richtlinie neben dem Gesetzgeber auch an die Gerichte und ist daher in den Gesetzeswortlaut zu übernehmen.

§ 87 Abs. 4 UrhG-E

Vorschlag: Die Sendeunternehmen sind in den Kreis der Anspruchsberechtigten in Bezug auf Pauschalvergütungsansprüche einzubeziehen, da nach der Richtlinie alle Rechteinhaber gleichermaßen für einen Rechteverlust zu kompensieren sind. § 87 Abs. 4 UrhG-E muss daher wie folgt lauten: „Die Vorschriften des Abschnitts 6 des Teils 1 mit Ausnahme des § 47 Abs. 2 Satz 2 sind entsprechend anzuwenden".

Begründung: Die Sendeunternehmen sind als Rechteinhaber derzeit von dem Anspruch auf Pauschalvergütung aus § 54 Abs. 1 UrhG (sog. Leermedienabgabe) gänzlich ausgeschlossen. Die Richtlinie sieht diese Benachteiligung der Sendeunternehmen in Art. 5 Abs. 2 (b) nicht vor, da alle Rechteinhaber einen gerechten Ausgleich erhalten sollten, falls sie durch private Kopien einen Rechteverlust erleiden. Gleichzeitig können einzelne Urheber den Sendeunternehmen nach der derzeitigen Gesetzeslage ihre Ansprüche aus § 54 UrhG auch nicht im Voraus abtreten. Dies ist darauf zurückzuführen, dass § 63 a UrhG im Zuge des Urhebervertragsrechts zugunsten der Urheber geändert wurde. Diese **doppelte Benachteiligung der Sendeunternehmen** muss daher unbedingt aufgehoben werden.

Es besteht kein rechtlicher Grund mehr, die Sendeunternehmen von der Pauschalvergütung auszunehmen. Die Voraussetzungen, unter denen die Vorschrift geschaffen wurde, sind heute nicht mehr aktuell. Im Rahmen der Urheberrechtsnovelle von 1985 wurden die Sendeunternehmen noch ausgenommen, da ihnen kein schutzwürdiges Interesse zuerkannt wurde. Dies geschah vor dem Hintergrund, dass der Fernsehmarkt zum damaligen Zeitpunkt in erster Linie durch öffentlich-rechtliche Programme bestimmt war – diesen wurde kein Kompensationsanspruch für den Rechteverlust zugestanden, da sie ohnehin aufgrund ihres Grundversorgungsauftrages zur Ausstrahlung von Filmen und anderen urheberrechtlich geschützten Werken verpflichtet seien. Im Laufe der letzten fast 20 Jahre hat sich diese Situation durch die Etablierung der privaten Fernsehsender auf dem Fernsehmarkt jedoch grundlegend gewandelt. Insbesondere im Bereich des privaten Rundfunks werden mittlerweile eine Vielzahl an attraktiven Filmen ausgestrahlt, die ebenso dem Schutzzweck des § 54 UrhG unterfallen wie beispielsweise Tonträger. Durch das private Kopieren ihrer Sendungen werden die Sendeunternehmen daher im selben Umfang in ihren Rechten verletzt wie andere Rechteinhaber auch.

Das Bundesjustizministerium hat zwar in Aussicht gestellt, die Einbeziehung der Sendeunternehmen in die Pauschalvergütungsansprüche im Rahmen der zweiten Umsetzungsphase der Richtlinie - nachdem in einer ersten Phase die zwingenden Richtlinienvorgaben umgesetzt werden sollen - zu behandeln. Die Einbeziehung der Sendeunternehmen hat jedoch bereits zum jetzigen Zeitpunkt zu erfolgen. Denn die **Entschädigung aller Rechteinhaber** bei Verlust ihrer Rechte stellt eine **zwingende Vorgabe der Richtlinie** dar. Insofern ist eine Einbeziehung im Rahmen der ersten Umsetzungsphase geboten.

. . .

Berlin, den 24. Januar 2003

Kommentierung

Im Lichte der in diesem Buch aufgestellten Grundsätze ist das Positionspapier des VPRT zum Regierungsentwurf des neuen Urheberrechtsgesetzes ein gutes Beispiel für das Verfassen von Positionspapieren. Entlang der Markierungen am Rand des Textes (Buchstaben A bis E) werden einzelne Aspekte besonders hervorgehoben.

A Absender und Inhalt des Positionspapiers werden am Anfang klar dargestellt. Durch die Trennung vom Text (durchgezogene Linie) und die Hervorhebung durch Fettdruck sind beide auf den ersten Blick zu erfassen. Dem Adressaten wird es so leicht gemacht, das Papier sofort in den Arbeitskontext einzuordnen. Der Text der Überschrift könnte dennoch übersichtlicher gestaltet werden. Es bietet sich an, Absender, Inhalt und zeitlichen Rahmen durch Leerzeilen getrennt voneinander darzustellen.

B Unter der Überschrift wird genauer auf den Bezugsrahmen der Stellungnahme hingewiesen. Die Einordnung in den Gesetzgebungskontext wird somit erleichtert. Es wird auf vorhergehende Stellungnahmen verwiesen, die der VPRT zum selben Thema abgegeben hat. Auch wird ein vom VPRT in Auftrag gegebenes wissenschaftliches Gutachten ins Spiel gebracht. Der VPRT verdeutlicht sein großes Interesse an der inhaltlichen Mitgestaltung des Gesetzes. Der Verweis auf die wiederholte Zuarbeit macht den VPRT für die Politik zu einem ernst zu nehmenden Gesprächspartner.

C Die Executive Summary verschafft einen Überblick über die Hauptanliegen des VPRT im Zusammenhang mit dem Gesetzentwurf. Anhand einzelner Aspekte der Vorlage werden die politischen Beweggründe zu den Änderungswünschen aufgezeigt. Der Adressat der Stellungnahme kann in kurzer Zeit die Positionen erfassen. Von Vorteil ist die aufgelockerte formale Gestaltung. Die Executive Summary ist inhaltlich analog zum speziellen Teil gegliedert. Der Leser kann einzelne Punkte zurückverfolgen und die konkreten Änderungsvorstellungen nachlesen. Die Handhabung des gesamten Positionspapiers wird so deutlich erleichtert. Hilfreich wären allerdings Seitenverweise in der Executive Summary für den Hauptteil.

D In den Allgemeinen Anmerkungen werden noch einmal kurz die politischen Eckpunkte der Position des VPRT und seiner Mitglieder dargestellt. Die darauf folgenden konkreten Änderungsvorstellungen werden in einen Gesamtkontext gestellt und erscheinen nicht als bloße juristische Feinarbeit. Hier wäre der geeignete Ort, um eventuelle Überschneidungen zwischen Allgemeinwohlaspekten und Verbandspositionen anzuzeigen und dabei eine Win/Win-Situation herauszuarbeiten. Sinnvoll ist in diesem Zusammenhang ein Vergleich mit der Argumentationsstruktur der Webseiteninitiative www.52a.de. Dort werden schlüssig die Überschneidungen zwischen wirtschaftlichem Nachteil für die Mitgliedsunternehmen und öffentlichem Interesse aufgezeigt. Positionspapiere erhalten dadurch eine bessere Verwertbarkeit für die politische Debatte zu den Gesetzgebungsvorhaben.

E Unter der Überschrift „Zu den Vorschriften im Einzelnen" werden im Folgenden die jeweiligen Punkte des Gesetzentwurfs dargestellt, die Änderungsbedarf aufweisen. Dem jeweiligen Paragraphen des Gesetzentwurfs wird dabei ein konkreter, ausfomulierter Alternativvorschlag beigefügt. Die Hervorhebung durch kursive Kennzeichnung am Anfang und die gelbe Hinterlegung des Textes machen die verschiedenen Ebenen klar unterscheidbar. Dem Vorschlag selbst folgt dann die Begründung für die angedachten Änderungen. Wichtige Gedanken sind darin durch Fettdruck hervorgehoben. Durch die Gliederung wird die Navigation im Text erleichtert. Die Änderungsvorschläge sind so formuliert, dass sie direkt in die politische Debatte überführt werden können. Die Begründungen sind hilfreiche Argumentationshilfen für die politische Auseinandersetzung. Dabei ist wichtig, dass sie nicht einseitig an einer Parteiposition ausgerichtet sind, punktuell bieten die Inhalte Konsensmöglichkeiten.

Generell muss auf den sprachlichen Stil des Positionspapiers hingewiesen werden, der ein schnelles Lesen ermöglicht. Schwierige Satzkonstellationen werden genauso vermieden wie komplizierte Fachtermini. Das Papier ist in allen Punkten seriös gearbeitet.

Anschriften und Anreden

Hier finden Sie Hinweise für die korrekte Adressierung und Anrede von Personen des öffentlichen und gesellschaftlichen Lebens.

a) Adressen

Die Bezeichnung des Empfängers in der Anschrift umfasst:

	Beispiel
Prädikat	An den/die
Amts-, Berufs- oder Funktionsbezeichnung	Vorsitzenden/Vorsitzende des/der....
Anredeform Herr/Frau	Herrn/Frau
Akademischer Grad	Prof./Professor/ Professorin
Vor- und Familienname	Dr. Jens/Anne Maier

Falls der Empfänger mehrere Amts-, Funktionsbezeichnungen besitzt, ist in erster Linie die Bezeichnung zu wählen, die den stärksten Bezug zum Inhalt des Schreibens hat. Im Zweifel sollte die Bezeichnung gewählt werden, mit der die Persönlichkeit des Empfängers im allgemeinen Bewusstsein am stärksten verknüpft ist.

Auf die Angabe von Berufs- und Funktionsbezeichnungen, die keine nähere Präzisierung enthalten (Journalist, Politiker, Jurist), sollte verzichtet werden.

Vorgedruckte Einladungskarten werden höflichkeitshalber handschriftlich ausgefüllt. Bei Schreiben an Ehepaare werden in der Anschrift entweder beide Adressaten gemeinsam aufgeführt (z.B. „Herrn und Frau ...") oder nacheinander die vollen Titulierungen eines jeden Ehegatten gesetzt (z.B. „Herrn ... und Frau ...").

b) Korrekte Anreden bei offiziellen Titeln

Für die Gestaltung der schriftlichen und mündlichen Anrede lassen sich keine festen Regeln aufstellen. Die schriftliche Anrede beginnt in der Regel mit Höflichkeitsworten, z.B. „Sehr verehrter/geehrter", sie entfallen bei einer Verwendung des Prädikats. Ämter werden in der schriftlichen und mündlichen Ansprache nicht näher spezifiziert; Fachminister, z.B. der Bundesminister für Arbeit und Sozialordnung, werden als „Herr Bundesminister" angesprochen. In der Anrede wird bei langen Amts-, Berufs- und Funktionsbezeichnungen gern einer Kurzform der

Vorzug gegeben. So wird z.B. der Präsident (die Präsidentin) des Deutschen Bundestages meist mit „Herr Präsident" („Frau Präsidentin") angesprochen. Inhaber akademischer Titel werden in der Anrede mit ihrem Titel genannt. Es werden in der Anrede keine Abkürzungen verwendet (nicht: Sehr geehrter Herr Prof. ..., sondern: Sehr geehrter Herr Professor .... Der Doktortitel darf indes in der schriftlichen Anrede abgekürzt werden, fällt aber in der Anrede eines Professors/Professorin weg).

In der Anrede ist folgende Reihenfolge bei der Namensnennung üblich:

	Beispiel
Akademischer Grad	Professor
Vorname	Johann
Adelsprädikat	Graf
Nachname	Von Gutenberg

c) Grußformeln

Schlussformeln bringen den Charakter des Schreibens (offiziell, dienstlich, geschäftlich oder privat) und zugleich die persönlichen Beziehungen zwischen Absender und Adressat zum Ausdruck. Die Gestaltungsmöglichkeiten sind vielfältig. Die hier gegebenen Beispiele beschränken sich auf Höflichkeitsformeln bei offiziellen Schreiben:

- Mit freundlichem Gruß,
- Mit vorzüglicher Hochachtung,
- Mit ausgezeichneter Hochachtung.

Beispiele

Bundeskanzler

Anschrift:	Herrn Bundeskanzler
Anrede schriftlich:	Sehr geehrter Herr Bundeskanzler
Schlussformel:	Mit freundlichen/verbindlichen Grüßen/ Empfehlungen/Mit ausgezeichneter Hochachtung

Bundesminister/in

Anschrift:	Herrn Bundesminister des (der, für) ... Frau Bundesminister/Bundesministerin des (der/ für) ...

Anrede schriftlich:	Sehr geehrter Herr Bundesminister/Minister Sehr geehrte Frau Bundesminister/Bundesministerin/Minister/Ministerin
Schlussformel:	Mit freundlichen/verbindlichen Grüßen/Empfehlungen/Mit ausgezeichneter/vorzüglicher Hochachtung

Parlamentarischer Staatssekretär/in

Anschrift:	An den Parlamentarischen Staatssekretär des Bundesministeriums des (der/ für) ... Herrn ... An die Parlamentarische Staatssekretärin bei der Bundesministerin/ beim Bundesminister des (der, für) ... Frau ...
Anrede schriftlich:	Sehr geehrter Herr Parlamentarischer Staatssekretär/ Herr... Sehr geehrte Frau Parlamentarische Staatssekretärin ...
Schlussformel:	Mit freundlichen/verbindlichen Grüßen/Empfehlungen/Mit vorzüglicher Hochachtung

Botschafter/in

Anschrift:	Seiner Exzellenz dem Botschafter (Gesandten) von (des, der) ... Herrn ... Ihrer Exzellenz Der Botschafterin von (des, der)... Frau ... Anrede schriftlich: Exzellenz/ Herr Botschafter (Gesandter) Frau Botschafterin (Gesandtin)
Schlussformel:	Genehmigen Sie, Exzellenz/Herr/Frau Botschafter/in (Gesandter/Gesandtin), die Versicherung meiner ausgezeichneten Hochachtung/Mit freundlichen/verbindlichen Empfehlungen

Weiterführend: Finck von Finckenstein, Theodor 1998: Protokollarischer Ratgeber – Hinweise für persönliche Anschriften und Anreden im öffentlichen Leben. 3., neubearb. Aufl., Köln: Bundesanzeiger.

Verhaltenskodex

Deutsche Gesellschaft für Politikberatung e.V.

Präambel

Politikberaterinnen und Politikberater haben eine Vermittlungsfunktion zwischen Wirtschaft, Politik und Öffentlichkeit. Dies stellt sie vor die Aufgabe, einerseits die Interessen ihres Auftraggebers zu wahren, andererseits die Wahrung des Gemeinwohls als Zielsetzung von Politikberatung auch bei der Durchsetzung individueller Interessen eines Auftraggebers zu berücksichtigen.

Der ständige Wechsel zwischen den Feldern Politik, Wirtschaft und Öffentlichkeit verlangt daher von Politikberaterinnen und Politikberatern eine besondere Sensibilität und Transparenz in der Ausübung ihres Berufs.

Vor diesem Hintergrund haben die in Brüssel ansässige Society of European Affairs Professionals (SEAP), die American Association of Political Consultants (AAPC) und die englische Association of Professional Political Consultants (APPC) bereits Verhaltenskodizes verabschiedet. Im Rahmen des Professionalisierungsprozesses von Politikberatung gibt sich die Deutsche Gesellschaft für Politikberatung e.V. (degepol) einen eigenständigen Verhaltenskodex, um gegenüber der Öffentlichkeit und den Auftraggebern aus Politik, Wirtschaft und Zivilgesellschaft ein klares Zeichen der Transparenz zu setzen. Degepol-Mitglieder sind Berufstätige aus den Bereichen Public Affairs, Politikfeldberatung und Kampagnenberatung.

Verhaltenskodex

Politikberatung ist Bestandteil demokratischer Prozesse. In der Ausübung ihres Berufes respektieren und befördern Politikberaterinnen und Politikberater die Grundsätze des internationalen Rechtes und die Vorgaben der nationalen Gesetzgebung, insbesondere die Grundsätze der Freiheit der Meinungsäußerung, des Rechts auf Information, der Unabhängigkeit der Medien und des Schutzes der Persönlichkeitsrechte.

Integrität, die Einhaltung der demokratischen Spielregeln sowie die Achtung der demokratischen Grundordnung bilden die Voraussetzung für den Wettstreit um die besten Ideen und Konzepte. Mit diesem Selbstverständnis stehen die degepol-Mitglieder für die Professionalisierung der Politikberatung

Die Mitglieder der degepol verpflichten sich, folgende Grundsätze bei der Ausübung ihrer beruflichen Tätigkeit einzuhalten:

Wahrhaftigkeit

Verpflichtung zur Wahrhaftigkeit gegenüber Auftraggebern, politischen Institutionen, den Medien und der Öffentlichkeit: degepol-Mitglieder arbeiten ausschließlich mit Informationen, die nach bestem Wissen und Gewissen der Wahrheit entsprechen. Sie achten auf Transparenz und vermeiden Irreführung durch Verwendung falscher Angaben. Bei der Ausübung ihrer beruflichen Tätigkeit geben sie den Namen ihres Auftraggebers bekannt, wenn sie für ihn tätig werden.

Diskretion

Verpflichtung zur Diskretion: Vertrauliche Informationen von aktuellen oder früheren Auftraggebern werden nur mit deren ausdrücklicher Zustimmung weitergegeben. Zudem tragen degepol-Mitglieder dafür Sorge, mögliche berufliche Interessenkonflikte im Sinne der gleichzeitigen Vertretung einander unmittelbar entgegenlaufender Interessen zu vermeiden. Bei möglichen Interessenkonflikten sind die Auftraggeber zu informieren.

Keine finanziellen Anreize

Degepol-Mitglieder üben zur Kommunikation und Realisierung von Interessen keinen unlauteren oder ungesetzlichen Einfluss aus, insbesondere weder durch direkte oder indirekte finanzielle Anreize.

Keine Diskriminierung

Degepol-Mitglieder verpflichten sich, in ihrer beruflichen Tätigkeit keine rassistische, sexistische, religiöse oder anderweitige Diskriminierung zuzulassen oder an ihr teilzunehmen.

Respekt

Degepol-Mitglieder gehen mit Auftraggebern und Kollegen respektvoll um und verpflichten sich, deren berufliche und persönliche Reputation zu achten.

Klare Trennung

Degepol-Mitglieder achten bei der Ausübung ihrer beruflichen Beratungs- und Vertretungstätigkeit auf die strikte Trennung zwischen ihrer beruflichen Tätigkeit einerseits und weiteren politischen Ämtern, Mandaten und Funktionen andererseits.

Keine Berufsschädigung

Jedes degepol-Mitglied vermeidet grundsätzlich Aktivitäten, die der Gemeinschaft der Politikberater, der Politikberatung an sich oder dem öffentlichen Ansehen der degepol schaden könnten.

Die Mitglieder der degepol haben mit ihrem Eintritt diesen Verhaltenskodex anerkannt und werden sich für dessen Einhaltung, Verbreitung und Weiterentwicklung einsetzen.

Glossar

Ältestenrat

Der Ältestenrat als das zentrale Lenkungs- und Koordinationsgremium des Bundestages unterstützt den Bundestagspräsidenten bei der Führung der Geschäfte. Der Bundestagspräsident ist zugleich der Vorsitzende des Ältestenrates und leitet dessen Sitzungen. Seine Stellvertreter sind ebenfalls Mitglieder des Ältestenrates. Weitere Mitglieder entsenden die Fraktionen im Verhältnis ihrer Stärke. Sie achten darauf, dass die Parlamentarischen Geschäftsführer, die in ihren Treffen die Plenarsitzungen bereits im Detail besprechen, ebenfalls im Ältestenrat sitzen und weitere Empfehlungen zur Festlegung der Tagesordnung und der Redezeiten geben können. Weil die jeweils anstehende Thematik im Bundestag auch von der Arbeit der Bundesregierung beeinflusst wird, nimmt ein Vertreter der Bundesregierung an den Sitzungen des Ältestenrates teil. Neben der einvernehmlichen Besetzung der Vorsitze und stellvertretenden Vorsitze in den einzelnen Ausschüssen zu Beginn einer Wahlperiode kommt dem Ältestenrat immer wieder eine Rolle als Schlichtungsinstrument zu.

Anhörungen

Anhörungen werden von den Ausschüssen des Bundestages und den Referaten der Ministerien themenbezogen veranstaltet. In den Anhörungen erhalten geladene Interessenvertreter und externe Experten die Möglichkeit, sich zu politischen Vorhaben zu äußern. Mittlerweile laden die Ausschüsse zu allen Gesetzentwürfen von besonderer Bedeutung Wissenschaftler und Interessenvertreter zu einer (meist öffentlichen) Begutachtung der Gesetzesvorhaben und Nachfragen ein. Das geschieht zum einen als Teil der politischen Auseinandersetzung, weswegen Oppositionsfraktionen gerne Experten einladen, die die Position der Regierung in Frage stellen dürften, und Regierungsfraktionen Fachleute anhören, die dabei vermutlich die Regierungspläne gutheißen. Aber steuern lässt sich das nie – zumal die Fachleute wechselweise ins Kreuzverhör genommen werden.

Arbeitsebene im Bundestag

Neben den Mitarbeitern der Abgeordneten zählen vor allem auch die Verwaltungsangestellten zur Arbeitsebene des Bundestages.

Arbeitsebene im Ministerium

Auf der Arbeitsebene arbeiten direkt den Abteilungsleitern untergeordnet die Unterabteilungsleiter. Diesen nachgeordnet sind die Referatsleiter. Die inhaltliche Arbeit wird hauptsächlich von den Referenten und Sachbearbeitern geleistet. Auf der Arbeitsebene werden hauptsächlich inhaltliche Fragen geklärt.

Audience Management

Audience Management meint die strategische Identifizierung, Analyse und Beobachtung von Themen vor einem parteipolitischen Hintergrund

Ausschussobleute

Ausschussobleute sind die von den verschiedenen Fraktionen in die Ausschüsse entsandten Fachpolitiker (Sprecher). Sie koordinieren die Arbeit der Ausschusssitzungen in den sogenannten Obleutebesprechungen.

Bundesratsausschüsse

Die Ausschüsse sind das Herzstück der parlamentarischen Arbeit des Bundesrates. In den Ausschüssen des Bundesrates werden die Vorlagen aus dem Bundestag beraten und Beschlussempfehlungen an den Bundesrat abgegeben. Die thematische Ausrichtung der Ausschüsse entspricht in der Regel dem Zuschnitt der Bundesministerien.

Bundestagsausschüsse

Zur Vorbereitung seiner Beschlüsse setzt der Bundestag Ausschüsse ein. Die Anzahl der Ausschüsse wird von den Fraktionen festgelegt. Die thematische Ausrichtung der Ausschüsse entspricht in der Regel dem fachlichen Zuschnitt der Bundesministerien. Die Einrichtung des Auswärtigen Ausschusses, des Verteidigungs- sowie des Petitionsausschusses ist durch die Verfassung vorgeschrieben, die des Haushaltsausschusses, des Wahlprüfungsausschusses und des Ausschusses für die Angelegenheiten der Europäischen Union gesetzlich verankert. Die Besetzung der Ausschüsse sowie der Vorsitz in den einzelnen Ausschüssen richtet sich nach dem Stärkeverhältnis der Fraktionen. Die Ausschussmitglieder sind in der Regel Fachpolitiker.

Einspruchsgesetz

Bei einem Einspruchsgesetz ist die Zustimmung des Bundesrates nicht erforderlich. Bei Einwänden gegen eine Gesetzesbeschluss des Bundestages kann der Bundesrat jedoch Einspruch einlegen. Allerdings kann der Bundesrat mit diesem Einspruchsrecht das Gesetzesvorhaben nicht verhindern, sondern nur verzögern.

Enquete-Kommissionen

Auf Antrag eines Viertels seiner Abgeordneten ist der Bundestag verpflichtet, zur Vorbereitung von Entscheidungen über umfangreiche und bedeutsame Sachkomplexe Enquete-Kommissionen einzusetzen. Die Benennung der Mitglieder der Enquete-Kommission findet im Einvernehmen mit den Fraktionen statt. Neben Abgeordneten sind auch externe Sachverständige in den Enquete-Kommissionen vertreten. Sie legen dem Bundestag Berichte und Empfehlungen bis zum Ende der Wahlperiode vor. Auf deren Grundlage kann der nächste Bundestag darüber entscheiden, ob die Enquete-Kommission ihre Arbeit fortsetzt.

Fraktionsreferenten

Die Bundestagsfraktionen beschäftigen übergreifend Mitarbeiter, die für einzelne Politikfelder zuständig sind. Fraktionsreferenten haben die Aufgabe, die Positionen innerhalb der Fraktion zu einem Thema zu koordinieren und nach außen zu vertreten. Sie sind in der Regel keine Mitglieder des Bundestages.

Fraktionssprecher

Fraktionssprecher sind von der Fraktion gewählte Fachpolitiker. Sie vertreten als Repräsentanten die Haltung der Fraktion in einem Politikfeld. Die Politikfelder korrespondieren dabei im wesentlichen mit den Ausschüssen.

Freiwillige Vereinbarungen

Freiwillige Vereinbarungen sind Absprachen zwischen verschiedenen Gesellschaftsvertretern oder einseitige Absichtserklärungen ohne gesetzgeberischen Input von Seiten der Politik. Die politische Ebene tritt allenfalls als Moderator auf.

Fundraising

Fundraising ist die gezielte Maßnahme zur Beschaffung von Geld- und Sachmitteln sowie Dienstleistungen. Erfolgreiches Fundraising entsteht auf Basis einer langfristig angelegten Kommunikationsstrategie für die Beschaffung von Ressourcen. Non Profit Organisationen sind häufig auf diese Finanzierung angewiesen, um ihre Lobbyingaktivitäten durchführen zu können.

Grassroots-Kampagne

In Grassroots-Kampagnen wird versucht, Unterstützung für Vorhaben direkt von den Wählern (den Graswurzeln der Abgeordneten) zu erhalten. Dadurch erhöht sich die Chance, dass das Thema schnell auf die politische Agenda gesetzt wird, denn das Bestreben der Politiker ist es schließlich, dem Willen und den Wünschen der Wähler unmittelbar Rechnung zu tragen.

Grünbücher

Grünbücher werden von der Europäischen Kommission mit dem Ziel veröffentlicht, eine Debatte über grundlegende politische Ziele in bestimmten Bereichen (z.B. Sozialpolitik, Fernmeldewesen) in Gang zu setzen. Die durch Grünbücher eingeleiteten Beratungen können zur Veröffentlichung eines Weißbuches führen.

Hauptstadtbüro

Das Hauptstadtbüro ist die Repräsentanz der Unternehmen, Verbände oder Organisationen am Regierungssitz. Durch das Hauptstadtbüro solle der ständige Kontakt zu den politischen Entscheidungsträgern gewährleitestet werden.

In-House Lobbyist

Der In-House Lobbyist betreibt im Gegensatz zu einem Contract-Lobbyisten nur Lobbyarbeit für eine Organisation.

Issue Management

Issue Management, zu deutsch Themenmanagement, ist ein strategisch geleiteter Prozess zur Steuerung der Meinungsbildung. Um Krisen vorzubeugen und ein positives Image für ein Unternehmen zu verbreiten, geht es beim Issue Management vor allem darum, frühzeitigen Einfluss auf öffentliche Diskussionen zu nehmen.

Koalitionsregierung

Eine Koalitionsregierung ist ein Zusammenschluss von mehreren Parteien zur gemeinsamen Regierungsbildung. Dies ist notwendig, wenn keine Partei die absolute Mehrheit der Wählerstimmen auf sich vereinigen kann. In der Bundesrepublik sind Koalitionsregierungen die Regel.

Kollegialprinzip

Nach dem Kollegialprinzip entscheiden Kanzler und Minister gemeinsam über Angelegenheiten von allgemeiner politischer Bedeutung. Bei Meinungsverschiedenheiten zwischen den Ministern entscheidet jedoch der Kanzler. Das Kabinett muss schließlich mit Mehrheit zu einer Entscheidung finden.

Kommunikationsmanagement

Kommunikationsmanagement bezeichnet das Gestalten und Steuern von komplexen Kommunikationsprozessen und aller daran beteiligter Akteure. Je nach dem wer der Ansprechpartner ist, wird zwischen internem und externem Kommunikationsmanagement unterschieden.

Kommunikative Aufgaben

Kommunikativen Aufgaben sind alle die Aufgaben, die nach der Identifizierung von Thema und Adressaten im Rahmen des Lobbying wahrgenommen werden.

Kontaktmanagement

Um einen effizienten Umgang mit oftmals großen Zahl gesammelter Adressdaten zu gewährleisten, ist ein professionelles Kontaktmanagement notwendig. Hilfreich ist hierbei spezielle Kontaktmanagementsoftware, die den Umgang mit den Daten erheblich erleichtert.

Korporatistisches System

Korporatismus ist der Versuch der Regierung, Lösung für wirtschafts- und sozialpolitische Probleme gemeinsam mit großen Interessengruppen zu erarbeiten. Beispiele in Deutschland sind die „Konzertierte Aktion im Gesundheitswesen" und das „Bündnis für Arbeit".

Krisenmanagement

Damit im Falle einer möglichen Krise angepasst darauf reagiert werden kann, ist es notwendig, verschiedene Krisenszenarien mit samt möglichen Lösungsansätzen zu entwerfen. Krisenmanagement umfasst aber nicht nur die Prophylaxe möglicher Krisen, sondern auch die Nachbereitung von entstandenen Problemsituationen.

Leitungsebene Ministerium

Die Leitungsebene in den Ministerien setzt sich wie folgt zusammen: An erster Stelle steht der Minister, dann kommen in Reihenfolge die parlamentarischen Staatssekretäre, die beamteten Staatssekretäre und die Abteilungsleiter. Die ministerielle Leitungsebene übernimmt vorwiegend administrative und kommunikative Aufgaben.

Lobbying

Lobbying bezeichnet die Vertretung von Sonderinteressen vor allem gegenüber politischen Entscheidungsträgern. Daneben umfasst der

Begriff auch die interessensgeleitete Kontaktpflege zu weiteren Stakeholdern wie den Medien und der Öffentlichkeit, um diese im Sinne des jeweiligen Unternehmens oder der Organisation zielgerichtet zu beeinflussen. Zur Beeinflussung der verschiedenen Stakeholder werden unterschiedlichste kommunikative Maßnahmen und Strategien eingesetzt. Auf Grund der steigenden Interdependenz zwischen Politik, Wirtschaft und Gesellschaft findet gegenwärtig eine Neubewertung des ehemals stark negativ konnotierten Begriffes statt.

Mapping

Beim Mapping werden in einem ersten Schritt alle relevanten Akteure identifiziert. Daran schließt sich häufig eine Mappinganalyse an. In dieser werden alle Stakeholder nach ihren inhaltlichen Standpunkten sowie ihren politischen und gesellschaftlichen Einflussmöglichkeiten charakterisiert.

Medienresonanzanalyse

Die Medienresonanzanalyse ist ein Instrument zur Beurteilung von PR-Arbeit, welches über das bloße Sammeln von relevanten Medienberichten hinausgeht. Die gesammelten Medienerwähnungen werden bewertet, um interpretative Rückschlüsse auf die PR-Strategien ziehen zu können.

Monitoring

Monitoring ist die zielgerichtete Beobachtung potentiell relevanter Themen. Damit gehört das Monitoring zu den wichtigsten Aufgaben eines Lobbyisten, denn nur wenn der Lobbyist schon frühzeitig von geplanten Initiativen erfährt, kann er entsprechende Maßnahmen einleiten.

Netzwerkanalyse

Die Netzwerkanalyse ist die Zusammenstellung aller Kontakte und deren strategische Bewertung. Als Ergebnis der Netzwerkanalyse sind relevante Adressaten und Unterstützer eindeutig bestimmt.

Non-Profit-Organisation

Non-Profit-Organisation bezeichnet staatliche oder private Organisationen und Institutionen, die nicht aus erwerbswirtschaftlichen Gründen geschaffen wurden. Ihr Aufgabenbereich liegt häufig im gemeinnützigen Bereich. Wie erwerbswirtschaftliche Unternehmen sind jedoch auch Non-Profit-Organisationen darauf angewiesen, effizient zu arbeiten.

Politische Agenda

Neben der politischen Tagesordnung werden unter dem Begriff auch globalere politische Vorhaben wie die Agenda 21 zur nachhaltigen Entwicklung gefasst.

Politische Akteure

Einem weiten Begriffsverständnis folgend werden unter dem Begriff all diejenigen Akteure gefasst, die in irgendeiner Art und Weise auf die Politik und die Politikergebnisse einwirken.

Politische Kommunikation

Die politische Kommunikation umfasst die Vermittlung von politischen Inhalten und ist ein Instrument zur Beeinflussung der öffentlichen Meinung. Ziel der politischen Kommunikation ist die Schaffung und Pflege von Vertrauen in der Öffentlichkeit. Dazu werden heute sämtliche Instrumente der Kommunikation eingesetzt.

Politisches Wahrnehmungsmanagement

Politisches Wahrnehmungsmanagement meint die Überwachung der öffentlichen Meinung, um durch Rücksichtnahme auf ökologische, politische, kulturelle und humanitäre Belange einen möglichen Imageschaden des Unternehmens zu vermeiden.

Positionspapiere

Positionspapiere sind Dokumente, in denen eine politische Haltung zu einem Thema dargestellt wird. Sie dienen der Positionsbestimmung und beziehen sich nicht auf einen konkreten politischen Anlass wie eine Anhörung o.ä. Positionspapiere werden an Abgeordneten, Regierungsmitglieder sowie Beamte unterschiedlicher Arbeitsebenen versandt.

Public Affairs

Die Verbreitung von gesellschaftspolitisch relevanten Informationen sowie die Gestaltung der betrieblichen Beziehungen zur sozialen und politischen Umwelt werden unter dem Begriff Public Affairs zusammengefasst. Dies bezieht sich sowohl auf interne als auch auf externe Kommunikation. Ziel der Public Affairs Arbeit ist die Bestärkung und Veränderung sozialer und gesellschaftlicher Verhaltensweisen und Zustände. Dabei bedient sie sich unterschiedlicher Instrumenten wie dem Lobbying oder der Public Relations.

Public Policy

Der Begriff lässt sich nur sehr schwer in die deutsche Sprache übersetzen. Policy meint im Englischen in Abgrenzung zur prozessualen und institutionellen Dimension von Politik die inhaltliche Bedeutung von Politik. Juristisch bedeutet Public Policy die öffentliche Ordnung.

Public Relations

Public Relations (PR) organisiert auf konzeptioneller Grundlage die Kommunikationsprozesse zwischen Unternehmen, Organisationen oder Personen und deren Stakeholdern in Form einer bewussten, zielgerichteten und systematischen Gestaltung der Kommunikationsaktivitäten.

Referentenentwurf

Der Referentenentwurf ist die erste offiziell zugängliche Textgrundlage eines Gesetzes.

Ressortkompetenz

Innerhalb der vom Bundeskanzler vorgegebenen Richtlinien (Richtlinienkompetenz) verwalten die Minister ihre jeweiligen Ressorts eigenverantwortlich.

Richtlinienkompetenz

Nach Artikel 65 des Grundgesetzes bestimmt der Bundeskanzler die Richtlinien der Regierungspolitik. Die Richtlinienkompetenz ist in Deutschland recht stark ausgeprägt. Daher kann der Bundeskanzler als einziges Kabinettsmitglied (und dann mit seiner ganzen Regierung) vom Parlament durch ein Misstrauensvotum vom Amt enthoben werden.

Sachanträge

Sachanträge bieten die Möglichkeit, neue Themen auf die politische Tagesordnung zu setzen. Da Sachanträge zumeist von der Opposition gestellt werden, sind ihre Erfolgsaussichten eher gering. Jedoch bieten sie eine gute Möglichkeit, der Regierung Alternativen aufzuzeigen.

Scanning

Scanning meint die permanente und ungerichtete Beobachtung des gesellschaftlichen und politischen Umfelds mit dem Ziel, eventuell relevante Themen frühzeitig zu identifizieren.

Social Responsibility

Social Responsibility bezeichnet die Übernahme gesellschaftlicher Verantwortung vor allem durch Unternehmen. Die Programme reichen von Kultursponsoring bis hin zu konkretem sozialen Engagement in städtischen Projekten beispielsweise für sozial benachteiligte Jugendliche. In vielen vor allem größeren Unternehmen werden die Aufgaben im Rahmen der Social Responsibility durch die Corporate Social Responisbility Abteilungen abgedeckt.

Stakeholder

Stakeholder sind alle die Parteien, Organisationen, Verbände, Unternehmen oder Einzelpersonen, die in irgendeiner Form einen Anteil an einem Thema haben. Politische Entscheidungen über dieses Thema wirken sich direkt oder indirekt auf den jeweiligen Stakeholder aus.

Stellungnahmen

Stellungnahmen sind Dokumente in denen die politische Haltung zu einem Thema anlässlich eines konkreten Anlasses dargestellt wird. Stellungnahmen werden zum Beispiel zu Gesetzgebungsvorhaben in Vorbereitung auf Anhörungen vorbereitet. Adressaten für Stellungnahmen sind Abgeordnete, Regierungsmitglieder und die jeweiligen Arbeitsebenen.

Think Tanks

Think Tanks sind Denkfabriken, von denen Politiker häufig Expertise im Vorfeld von komplizierten Entscheidungen erhalten. Dazu zählen beispielsweise die parteinahen politischen Stiftungen.

Vermittlungsverfahren

Ein Vermittlungsverfahren wird eingeleitet, wenn der Bundesrat ein Veto gegen einen Gesetzesbeschluss des Bundestages einlegt. Es wird dann einer Vermittlungsausschuss gebildet, der aus je 16 Mitgliedern des Bundestages und Bundesrates besteht. Das Vermittlungsverfahren ist sehr zeitaufwändig.

Weißbücher

Weißbücher der Europäischen Kommission knüpfen häufig an Grünbücher an. Sie enthalten eine Bestandsaufnahme zu bestimmten Problemfelder der europäischen Mitgliedstaaten und grundsätzliche Vorschläge zur Entwicklung der Gemeinschaftspolitik in einem bestimmten Bereich. Aus Weißbüchern heraus werden oft Aktionsprogramme entwickelt.

Win/win-Situation

Eine Win/Win-Situation ist ein Verhandlungsergebnis, das für alle beteiligten Akteure eine positive und sachgerechte Lösung bietet.

Zustimmungsgesetze

Zustimmungsgesetze sind Gesetze, zu deren Inkrafttreten eine Zustimmung durch den Bundesrat zwingend notwendig ist.

Literatur

Alemann, von Ulrich 2000: Vom Korporatismus zum Lobbyismus? Die Zukunft der Verbände zwischen Globalisierung, Europäisierung und Berlinisierung. In: Aus Politik und Zeitgeschichte, Nr. 26, 8–18.

Althaus, Marco (Hg.) 2002: Kampagne!: neue Strategien für Wahlkampf, PR und Lobbying. 3. Aufl., Münster.

Althaus, Marco/Cecere, Vito (Hg.) 2003: Kampagne! 2: neue Strategien für Wahlkampf, PR und Lobbying. Münster.

Andersen, Svein S./Kjell A. Eliassen, 1991: European Community lobbying. In: European Journal of Political Research 20 (2), 173–189.

Becker-Sonnenschein, Stephan 2002: Vom schlichten Sein zum schönen Schein? Kommunikationsanforderungen im Spannungsfeld von Public Relations und Politik. Westerwaldverlag Ingrid Görlich.

Behrent, Michael/Mentner, Peter 2001: Campaigning. Werbung in den Arenen der Öffentlichkeit. Münster.

Berry, Jeffrey 1989: The interest group society. Boston: Little, Brown.

Bilgeri, Alexander 2001: Das Phänomen Lobbyismus: eine Betrachtung vor dem Hintergrund der einer erweiterten Strategie-Struktur-Diskussion. Lindau.

Cawson, Alan 1997: Big firms as political actors: Corporate power and the governance of the European consumer electronics industry. In: Helen Wallace and Alasdair R. Young (Hg.): Participation and Policy-Making in the European Union. Oxford: Clarendon Press, 185–205.

Coen, David 1997: The Evolution of the Large Firm as a Political Actor in the European Union. In: Journal of European Public Policy. Vol. 4, Nr. 1, 91–108.

Coen, David 1998: European Business Interest and the Nation State: Large Firm Lobbying in the European Union and Member States. In: Journal of Public Policy Vol. 18 Nr. 1, 75–100.

Edinger, Lewis J. 1993: Pressure Groups Politics in West Germany. In: Richardson, Jeremy J.: Pressure Groups. 175–190, Oxford.

Eising, Rainer/Kohler-Koch, Beate 1994: Inflation und Zerfaserung. Trends der Interessenvermittlung in der Europäischen Gemeinschaft. In: Streeck, Wolfgang (Hg.): Staat und Verbände, PVS-Sonderheft 25; Opladen, S. 175–206.

Finck von Finckenstein, Theodor 1998: Protokollarischer Ratgeber – Hinweise für persönliche Anschriften und Anreden im öffentlichen Leben. 3., neubearb. Aufl., Köln: Bundesanzeiger.

Fischer, Klemens H. 1996: Lobbying und Kommunikation in der Europäischen Union. Berlin.

Grant, Wyn/Martinelli, Alberto/Paterson, William 1989: Large Firms as Political Actors. A Comparative Analysis of the Chemical Industry in Britain, Italy, and Western Germany, in: West European Politics 12, 1, 72–90.

Green Cowles, Maria 1996: German Big Business and Brussels: Learning to Play the European Game. In: German Politics and Society, Vol. 14 Nr. 3, 72–107.

Greenwood, Justin et al. (Hg.) 1992: Organized Interests in the European Community. London.

Holzapfel, Klaus-J. 2003. Kürschners Volkshandbuch – Deutscher Bundestag. Bonn.

Köppl, Peter 2000: Public Affairs Management: Strategien und Taktiken erfolgreicher Unternehmenskommunikation. Wien: Linde.

Lahusen, Christian/Jauß, Claudia 2001: Lobbying als Beruf. Interessengruppen in der Europäischen Union (Europarecht und Europäische Integration). Baden-Baden: Nomos.

Machiavelli, Niccolò 2001: Der Fürst. Aus dem Italienischen von Friedrich von Oppeln-Bronikowski. Frankfurt am Main: Insel Verlag.

Mann, Siegfried 1994: Macht und Ohnmacht der Verbände: das Beispiel des Bundesverbandes der Deutschen Industrie e.V. (BDI) aus empirisch-analytischer Sicht. Baden-Baden: Nomos.

Mazey, Sonia/Richardson, Jeremy (Hg.) 1993: Lobbying in the European Community. Oxford.

Merkle, Hans 2003: Lobbying. Das Praxishandbuch für Unternehmen. Primus Verlag.

Morris, Dick 1999: The new Prince: Macchiavelli updated for the twenty-first century. Los Angeles: Renaissance books.

Niejahr, Elisabeth/Pörtner, Rainer 2002: Joschka Fischers Pollenflug und andere Spiele der Macht. Wie Politik wirklich funktioniert. Frankfurt: Eichborn.

Platzer, Heinz-Wolfgang 2002: Interessenverbände und europäischer Lobbyismus. In: Weidenfeld, Werner (Hg.) Europa Handbuch. Bonn 409–422.

Schöffmann, Dieter (Hg.) 2001: Wenn alle gewinnen. Bürgerliches Engagement von Unternehmen. Hamburg: Ed. Körber-Stiftung.

Schönborn, Gregor/Wiebusch, Dagmar (Hg.) 2002: Public Affairs Agenda. Politikkommunikation als Erfolgsfaktor. Neuwied: Luchterhand.

Strauch, Manfred (Hg.) 1993: Lobbying. Wirtschaft und Politik im Wechselspiel. Frankfurt am Main, Wiesbaden: Frankfurter Allgemeine Zeitung, Gabler.

Streeck, Wolfgang (Hg.) 1994a: Staat und Verbände. PVS-Sonderheft 25. Opladen: Westdeutscher Verlag.

Streeck, Wolfgang, 1999: Korporatismus in Deutschland. Zwischen Nationalstaat und Europäischer Union. Frankfurt/Main, New York: Campus-Verlag.

Tenbücken, Marc 2002: Corporate Lobbying in the European Union. Strategies of Multinational Companies. Frankfurt/Main.

Die Autoren

Dr. Gunnar Bender verantwortet die politische Kommunikation des Medienkonzerns AOL Time Warner in Deutschland. Bevor der promovierte Volljurist auf die Konzernebene berufen wurde, leitete er für mehr als drei Jahre den Government-Relations-Bereich der Internetsparte AOL in Deutschland, wo er mit seiner „Stop the Clock"-Kampagne im Jahr 2001 den höchsten deutschen PR-Preis „Goldene Brücke" in der Kategorie Issues Management gewann. Seit Anfang 2002 ist Bender Vorsitzender des Telekommunikations-, Internet- und Medien-Komitees der US-amerikanischen Handelskammer in Deutschland.

Lutz Reulecke ist Jurist und arbeitet seit 1996 in verschiedenen Funktionen für die Lobbyadressaten des Deutschen Bundestages. Dabei hat er das Spektrum der auf die Abgeordneten einwirkenden Lobbymaßnahmen sowohl zu Oppositions- als auch in Regierungszeiten kennengelernt. Tätigkeiten in der Abteilung für Politik und Regierungsbeziehungen der KirchGruppe und einem Mitglied des US-Congress halfen dabei, Erfahrungen nicht nur aus der Binnensicht des deutschen Parlaments zu sammeln.

Ausführliches Inhaltsverzeichnis

PR-Know-how für Profis

Manfred Piwinger/
Monika Prött Hg.

Ausgezeichnete PR

Von Profis lernen: Fallbeispiele exzellenter Kommunikation.

2002. 232 Seiten. Paperback. 25,90 €
ISBN 3-934191-60-6

Manfred Piwinger Hg.

Ausgezeichnete Geschäftsberichte

Von Profis lernen: Fallbeispiele außergewöhnlicher Präsentationen.

2003. 264 Seiten. Mit vierfarbigen Abbildungen. Paperback. 35,00 €
ISBN 3-934191-80-0

Viola Falkenberg

Interviews meistern

Ein Ratgeber für Führungskräfte, Öffentlichkeitsarbeiter und Medien-Laien.

1999. 260 Seiten. Paperback. 20,90 €
ISBN 3-927282-80-4

Viola Falkenberg

Pressemitteilungen schreiben

Zielführend mit der Presse kommunizieren. Zu Form und Inhalt von Pressetexten. Mit Checklisten und Übungen zur Kontrolle.

2004. 3., akt. Aufl. 232 Seiten. Paperback. 20,90 €
ISBN 3-927282-98-7

Frankfurter Allgemeine Buch
IM F.A.Z.-INSTITUT

Kommunikation

Michael Behrens

Wie Unternehmer Reden schreiben

Geistreich und treffend formulieren.

2004. 192 Seiten. Hardcover. 29,90 €
ISBN 3-934191-74-6

Christian Duve/Horst Eidenmüller

Mediation in der Wirtschaft

Wege zum professionellen Konfliktmanagement.

2003. 392 Seiten. Hardcover. 36,00 €
ISBN 3-933180-79-1

Hans-Peter Förster

Professionell Briefe schreiben

Neue Wege der Geschäfts-korrespondenz – kundengerecht und imagefördernd.

2004. 2. Aufl. 304 Seiten. Paperback. 20,90 €
ISBN 3-934191-39-8

Jürg W. Leipziger

Konzepte entwickeln

Handfeste Anleitungen für bessere Kommunikation

2004. 224 Seiten. Hardcover. 29,90 €
ISBN 3-89981-023-6